Hans-Jürgen Fründt

Dominikanische Republik

609dr hf

„Ante mis ojos, la isla de la Española,
la más hermosa tierra que ojos humanos
jamás hayan visto.“

(„Vor meinen Augen die Insel La Española,
das schönste Land, das menschliche Augen
jemals gesehen haben.“)

(*Christoph Kolumbus* 1492)

Impressum

Hans-Jürgen Fründt
Reise Know-How Dominikanische Republik

erschienen im
Reise Know-How Verlag Peter Rump GmbH
Osnabrücker Str. 79, 33649 Bielefeld

8., neu bearbeitete und komplett aktualisierte Auflage 2014

Gestaltung
Umschlag: G. Pawlak, P. Rump (Layout); André Pentzien (Realisierung)
Inhalt: G. Pawlak (Layout); André Pentzien (Realisierung)
Karten: Catherine Raisin, der Verlag
Fotonachweis: Susanne Muxfeldt (sm), Markus Harteis (mh), Frank Herbst (fh), der Autor (hf)
Titelfoto: Hans-Jürgen Fründt (Motiv: Am Strand von Las Terrenas auf der Halbinsel Samaná)

Lektorat: (Aktualisierung): André Pentzien

Druck und Bindung:
Wilhelm & Adam, Heusenstamm

ISBN 978-3-8317-2507-6

Printed in Germany

Dieses Buch ist erhältlich in jeder Buchhandlung Deutschlands, der Schweiz, Österreichs, Belgiens und der Niederlande.
Bitte informieren Sie Ihren Buchhändler über folgende Bezugsadressen:

Deutschland
Prolit GmbH, Postfach 9, D-35461 Fernwald (Annerod) sowie alle Barsortimente

Schweiz
AVA Verlagsauslieferung AG
Postfach, CH-8910 Affoltern

Österreich
Mohr Morawa Buchvertrieb GmbH
Sulzengasse 2, A-1230 Wien

Niederlande, Belgien
Willems Adventure, www.willemsadventure.nl

Wer im Buchhandel trotzdem kein Glück hat, bekommt unsere Bücher auch über unseren
Büchershop im Internet: www.reise-know-how.de

200dr hf

Wir freuen uns über Kritik, Kommentare und Verbesserungsvorschläge, gern auch per E-Mail an info@reise-know-how.de.

Alle Informationen in diesem Buch sind vom Autor mit größter Sorgfalt gesammelt und vom Lektorat des Verlages gewissenhaft bearbeitet und überprüft worden.

Da inhaltliche und sachliche Fehler nicht ausgeschlossen werden können, erklärt der Verlag, dass alle Angaben im Sinne der Produkthaftung ohne Garantie erfolgen und dass Verlag wie Autor keinerlei Verantwortung und Haftung für inhaltliche und sachliche Fehler übernehmen.

Die Nennung von Firmen und ihren Produkten und ihre Reihenfolge sind als Beispiel ohne Wertung gegenüber anderen anzusehen. Qualitäts- und Quantitätsangaben sind rein subjektive Einschätzungen des Autors und dienen keinesfalls der Bewerbung von Firmen oder Produkten.

Hans-Jürgen Fründt

DOMINIKANISCHE REPUBLIK

Vorwort

Schon *Kolumbus* äußerte sich vor über 500 Jahren begeistert über die heutige Dominikanische Republik, als er die Insel bei seiner ersten Reise entdeckte; sein Ausspruch über ihre Schönheit ist überliefert (s. Seite 1). Diese Schönheit wurde jedoch lange Jahrhunderte nur von wenigen Menschen gewürdigt, war man doch auf ganz andere Güter (Gold) aus. In den letzten Jahren hat sich dies geändert, das Interesse an der Karibikinsel ist sprunghaft gestiegen.

Die „Dom. Rep.", wie sie bereits respektlos abgekürzt wird, bietet eine weite Palette von abwechslungsreichen Landschaften, Stränden wie aus dem Bilderbuch und Städten, die einen tropischen Charme ausstrahlen.

Eine Zeit lang war die „Dom." – wenn schon abgekürzt, dann bitte so – etwas in Verruf geraten, galt als eine Art Mallorca der Karibik. Aber da tut man beiden Inseln Unrecht, denn wie auch Mallorca nur an ganz bestimmten Stellen seinem schlechten Ruf gerecht wird, hat die Dominikanische Republik mehr zu bieten als nur die Auswüchse von Sosúa – viel mehr. Wer nur in seiner Hotelanlage bleibt, erfährt nichts über den Inselall-

Palmen, ein Symbol der Karibik

022dr sm

tag. Wer sich aber auf das Land einlässt, mit offenen Augen und wenigstens einem Minimum an Spanischkenntnissen reist, kann die wirklichen Schönheiten entdecken.

Wir wollen Anregungen geben, einmal den Hotelkomplex zu verlassen und hinter die Urlauberkulissen zu schauen. Es lohnt sich, ist mit wenig Aufwand realisierbar, vermittelt dem Besucher bleibende Eindrücke – und lässt ihn womöglich *Kolumbus'* Begeisterung teilen.

Hans-Jürgen Fründt

Der Schmetterling ...

... zeigt an, wo man besonders gut Natur erleben kann oder Angebote im Bereich des nachhaltigen Tourismus findet.

MEIN TIPP:

... steht für spezielle Empfehlungen des Autors: abseits der Hauptpfade, persönlicher Geschmack.

Nicht verpassen!

Die Highlights der Region erkennt man an der **gelben Hinterlegung.**

Inhalt

7 Praktische Reisetipps A–Z 198

8 Land und Leute 254

Staat und Gesellschaft 269

Menschen und Kultur 279

9 Anhang 288

Exkurse

Karten

Übersichtskarten

Stadtpläne

Hinweise zur Benutzung

Bei der Verwendung von Namen haben wir uns überwiegend an die spanische Schreibweise gehalten. So taucht zwar im Text der Name *Kolumbus* auf, dies geschieht aber nur zur Illustration, ansonsten haben wir die spanische Schreibweise „Colón" verwendet.

- **Internetadressen,** die über zwei Zeilen laufen, werden ohne Trennstrich geschrieben, um Verwechselungen mit Bindestrichen zu vermeiden, die zur Adresse gehören können.

Spanische Begriffe

- Wenn bei Adressenangaben der Begriff **Apartado Postal** auftaucht, ist ein Postfach gemeint.
- **Calle:** Straße, in Adressenangaben auch c/ abgekürzt
- **Casa:** Haus
- **Cobrador:** der wichtigste Mann einer Guagua, kassiert die Fahrgäste ab
- **Colmado:** Tante-Emma-Laden
- **Comedor:** kleines, einfaches Restaurant mit begrenzter Auswahl
- **Guaguas:** Kleinbusse, die kreuz und quer durch Santo Domingo fahren, aber auch auf längeren Strecken im ganzen Land verkehren.
- **Iglesia:** Kirche
- **Malecón:** Promenade am Meer
- **Motoconchos:** „Mofataxen"; junge Männer knattern mit ihren Mofas oder Mopeds durch die Straßen und befördern Fahrgaste auf kurze Distanzen.
- **Museo:** Museum
- **Parque:** Park, kann auch ein kleiner zentraler Platz sein
- **Playa:** Strand
- **Plaza:** Platz, generell nach einer Persönlichkeit benannt

Abkürzungen

- Wenn bei einer **Adresse der Zusatz s/n genannt** wird, dann steht dies für *sin número* (ohne Hausnummer). Das ist die offizielle Adressenangabe; sie wird immer dann gebraucht, wenn es sich um unverwechselbare Gebäude handelt.
- **Av.** steht für Avenida (breite Straße).
- **c/** wird für Calle (Straße) in Adressen benutzt.
- **R.D.$** bedeutet dominikanischer Peso und steht für *República Dominicana*, das $-Zeichen bedeutet hier nicht Dollar, sondern Peso.

1 Santo Domingo S. 12

Santo Domingo, die riesige 3-Millionen-Stadt ist ein Moloch und zugleich ein koloniales Juwel. Das historische Zentrum mit seinen vielen Kolonialbauten liegt am Fluss, wo einst im 15. Jh. alles begann. Dieses Viertel, die **Zona Colonial (S. 19),** ist von überschaubarer Größe, hier lässt es sich nett spazieren. Viele historische Gebäude, die teils noch aus Kolumbus' Tagen stammen, stehen hier und haben zahllosen Karibikstürmen getrotzt. Der Moloch Santo Domingo breitete sich viele Jahrzehnte später aus, mäanderte in die Außenbezirke, und die Stadt vergrößert sich immer noch. Die Außenbezirke sind keine karibischen Schönheiten, auch wenn es einige reizvolle Sehenswürdigkeiten dort gibt. Das koloniale Viertel dagegen versprüht noch seinen ureigenen Charme. Und nur 10 Minuten Fußweg entfernt kann man beim **Parque Enriquillo (S. 39)** schon wieder in den quirligen dominikanischen Alltag eintauchen.

2 Der Osten S. 56

Der Osten ist die Küste der Strände und der unterschiedlichsten Urlaubskonzepte. In **Boca Chica (S. 62)** versammeln sich die Feierfreudigen, in **Juan Dolio (S. 67)** Ruhesuchende, in **Bayahibe (S. 78)** Individualisten und in **Punta Cana (S. 86)** Gäste, die das All-Inclusive-System schätzen. Und alle Orte eint, dass sie einen schönen Strand aufweisen. Wobei ohne jegliche Diskussion der Strand in Punta Cana der schönste ist – mit Abstand! Über geschätzte 30 Kilometer erstreckt er sich vor türkisfarbenem Meer und unter Millionen von Palmen. Hochhausriesen gibt es nicht, praktisch alle Hotelanlagen sind sehr schön gestaltet und nicht höher gebaut als eine Palme aufragt. Die Strände der übrigen Orte sind deutlich kleiner, haben aber auch alle ihren ureigenen karibischen Reiz.

3 Der Südwesten S. 96

Für **Entdecker.** Die Gegend ist heiß und trocken, viel wächst hier nicht. Und doch hat auch diese Zone ihren Reiz, z.B. bei einem Spaziergang durch die Kleinstadt **Barahona (S. 107).** Wer aus der Hektik von Santo Domingo kommt, schaltet hier gleich einen Gang runter und das nicht nur wegen der Hitze. Der **Lago Enriquillo (S. 113)** ist der größte Binnensee der Antillen und liegt 44 m unter (!) dem Meeresspiegel. Dort, auf einer Insel, leben zahlreiche Krokodile, die besucht werden können. Etwas weiter südlich befindet sich der **Nationalpark Jaragua (S. 112)** mit einem wunderbaren Strand und einer Kolonie zartrosafarbener Flamingos.

4 Das Zentrale Hochland S. 118

Eine recht untypische Gegend für die Karibik zeigt sich in der Landesmitte. Eine weitgeschwungene Gebirgskette mit mehreren Dreitausendern verläuft hier. Der höchste Berg der gesamten Karibik, der **Pico Duarte (S. 133),** erhebt sich auf 3087 Metern. Zu seinen Füßen liegt der Ort **Jarabacoa (S. 130)** auf gut 600 m Höhe in einer Vegetationszone mit Pinien und Laubbäumen. Auch sind die Temperaturen hier sehr viel erträglicher als an der Küste. Ein ideales Gebiet für Outdoorsportarten, die von einigen spezialisierten Veranstaltern angeboten werden. Mehrere tolle **Wasserfälle (S. 131)** rauschen ganz in der Nähe des Ortes Jarabacoa hinunter und lassen sich relativ leicht besuchen. Ebenfalls im Zentrum des Landes, auf niedrigerem Höhenniveau, liegt **Santiago (S. 123),** die zweitgrößte Stadt der Dominikanischen Republik. Sie ist einer der besten Orte zum Einkaufen. Und mit **La Vega (S. 127)** befindet sich hier auch eine der ältesten Ortschaften der gesamten „Neuen Welt".

5 Die Nordküste S. 138

Eine abwechslungsreiche Küste mit vielen Stränden, wo sich ein Großteil der Touristen auf wenige Orte verteilt. Somit bleibt noch genügend Raum für Entdeckungen. **Puerto Plata (S. 143)** mit seinem internationalen Flughafen ist der Hauptort. In **Sosúa (S. 154)** treffen sich heute Party-Touristen, während des 2. Weltkrieges war es Zufluchtsort für europäische Juden. **Cabarete (S. 160),** ein kleiner Ort mit sehr schönem Strand, ist Treff der Surfer. Weiter im einsamen Westen ließ Kolumbus einst die erste Siedlung auf dem gerade entdeckten amerikanischen Kontinent bauen.

6 Samaná S. 174

Die schöne Halbinsel Samaná verfügt über eine üppige Vegetation, sehr schöne Strände, teilweise versteckte Buchten und eine insgesamt entspannte Atmosphäre. Kein Wunder, dass es etliche Ausländer dauerhaft hierher zog. Sie dominieren heute den touristischen Sektor vor allem in **Las Terrenas (S. 180),** aber auch im abgelegenen Ort **Las Galeras (S. 193).** Die überwiegend kleinen Hotels haben meist Charme. Die **Playa Bonita (S. 186)** ist besonders reizvoll, aber auch die abgelegene **Playa Rincón (S. 197)** ist eine Strandperle. Die Hauptstadt **Samaná-Stadt (S. 188)** liegt zwar auch am Meer, hat aber keinen dauerhaften Tourismus. Trotzdem lohnt ein Bummel über den Malecón.

1 Santo Domingo

Eine Millionenstadt mit einem charmanten kolonialen Viertel, wo noch Häuser stehen, in denen bereits Kolumbus wohnte. Hier atmet jede Ecke Geschichte, hat sich sehr vieles aus altspanischen Tagen in die heutige Zeit gerettet. Wunderbar zu beobachten auf der Terrasse eines der Lokale vor dem ehemaligen Kolumbus-Sitz, zum Sonnenuntergang, wenn selbst diese quirlige Metropole einen Gang runterschaltet.

< Im kolonialen Viertel

SANTO DOMINGO

Santo Domingo ist eine 3-Millionen-Stadt mit einem reizvollen Altstadtkern, in dem noch zahlreiche Gebäude aus den Anfängen der spanischen Besiedlung stehen – selbst Kolumbus wohnte schon hier. In diesem Viertel liegen Hotels, Restaurants und jede Menge Sehenswürdigkeiten, außerhalb des historischen Zentrums erstreckt sich dann die moderne und quirlige Großstadt.

Überblick

NICHT VERPASSEN!

- Die **Kathedrale** ist die älteste noch bestehende Kirche auf dem amerikanischen Kontinent | 19
- **Calle de las Damas,** eine der ältesten Straßen Amerikas mit einer Vielzahl an Kolonialgebäuden | 21
- **Panteón Nacional** – eine Ruhe- und Gedenkstätte für dominikanische Helden und verdiente Bürger, die sehr viel dominikanischen Stolz ausstrahlt | 23
- **Alcázar de Colón,** wuchtiges Gebäude ohne einen einzigen Nagel gebaut, das der Kolumbus-Familie gehörte und Sitz des Vizekönigs war | 26
- **Calle El Conde,** einzige Fußgängerstraße der Stadt und geschäftiges Zentrum im Kolonialen Viertel | 31
- **Parque Colón:** ein Kolumbusdenkmal erhebt sich im Zentrum, aber am Rande liegt u.a. das **Café el Conde,** von dessen Terrasse man wunderbar dem Treiben zuschauen kann | 52

Diese Tipps erkennt man an der gelben Hinterlegung.

Santo Domingo ist riesig und alles andere als eine Karibikschönheit. Die Stadt erstreckt sich über mehr als zehn Kilometer entlang der Küste. Das Straßensystem ist zumindest im Zentrum weitestgehend rechteckig angelegt, während die einzelnen äußeren Viertel durch kilometerlange Einfallstraßen verbunden sind. An die drei Millionen Menschen leben in Santo Domingo, ca. ein Viertel der dominikanischen Gesamtbevölkerung. Das sagt schon viel aus über die Atmosphäre, die hier herrscht.

Santo Domingo ist eine **moderne Stadt,** die alles hat, was man sonst im Lande nicht überall findet. Viele größere Firmen haben hier ihren Sitz, es gibt **riesige Shoppingcenter** in den Außenbezirken, und es herrscht insgesamt eine ziemliche Geschäftigkeit.

Leider hat dieser Umstand auch eine **hohe Verkehrsdichte** zur Folge. Viel zu viele Autos quälen sich tagtäglich über die Einfallstraßen. Wer die Stadt nach Osten oder nach Norden über die Autobahn verlässt (oder umgekehrt erreicht), zahlt eine **Maut.** Doch das hält die wenigsten davon ab, mit dem Auto in die Innenstadt zu fahren. Und das bedeutet fast kontinuierliches Stop-and-Go-Fahren. Man benötigt schon gute Nerven als Autofahrer in Santo Domingo.

Um die Verkehrsströme zu entzerren, wurden teilweise höhergelegte Express-Straßen gebaut, und seit ein paar Jahren gibt es auch eine unterirdische Metro. Dies hat sicherlich schon geholfen, aber das Verkehrschaos bleibt nach wie vor bestehen.

Einen Kontrast hierzu bildet das kleine, ruhige **historische Zentrum,** die „Zona Colonial". Es liegt am Fluss **Río Ozama,** hier lässt es sich entspannt herumspazieren. Eine zentrale Achse bildet die lebhafte Fußgängerzone El Conde, an der etliche Geschäfte liegen. Links und rechts davon wird es sofort ruhiger, die historischen Gebäude liegen meist in Flussnähe.

In der **Altstadt** herrscht relativ wenig Verkehr. Sicher, es fahren schon Taxen, Busse und Privatpersonen durch die Altstadtgassen, aber es bleibt noch überschaubar, zumindest im Vergleich zum großen Rest der Stadt.

Geschichte

Santo Domingo nimmt für sich den Titel der ältesten noch bestehenden Ortschaft in der Neuen Welt in Anspruch. Die **Gründung** am Ufer des Río Ozama erfolgte aufgrund eines Gerüchtes, dass dort Gold zu finden sei. Als die Spanier sich auf Hispaniola niederließen, gründeten sie 1493 zuerst die Siedlung Isabela an der Nordküste. Miguel Diaz, einer der Gründer, bekam Streit mit Bartolomé Colón und flüchtete in die Wälder. Er schlug sich bis zur Südküste durch und erreichte die Ufer des Río Ozama. Dort wurde er von den Einheimischen freundlich aufgenommen. Diaz nahm sich eine Häuptlingstochter zur Frau, und diese erzählte ihm, dass beim nahen Fluss Haina Gold zu finden sei. Diaz ging sofort zurück, um mit dieser Nachricht mit Colón wieder Frieden zu schließen. Dieser ordnete den sofortigen

Santo Domingo, Innenstadt
©Reise Know-How 2014
DomRe01
★ Jardín Botánico,
★ Parque Zoológico
Paris
Josefa Brea
Barahona
Caracas
Avenida Duarte
Parque Enriquillo
La Marina
Boca Chica,
★ Tres Ojos
Puente Ramón Matía
A. Mella
Río
Atarazana
Puente Flotante
★ Faro a Colón,
★ Acuario
Ozama
Avenida 27 de Febrero
Paris
Abreu
Barahona
Avenida San Martín
Expresso 27 de Febrero
Monte Cristi
Avenida México
Leopoldo Navarro
Caribe Tours
Avenida 30 de Marzo
Avenida Mella
Rosa Duarte
Avenida México
Avenida Pedro Henríquez Ureña
Charles Piet
Las Mercedes
El Conde
Duarte Macoris
Arz. Meriño
Isabel la Católica
Las Damas
La Marina
Arz. Nouel
Santomé
Padre Bellini
Palo Hincado
Arzobispo Portes
Paseo Presidente Billini
Museo del Hombre Dominicano
Parque de la Independencia
Bibliotheca Nacional
Museo de Historia Natural
Felix María del Monte
Leopoldo Navarro
Avenida Bolivar
Enrique Henriquez
Dr. Delgado
Clínica Abreu
Presidente
Bellini Burgos
Hmnos Deligne
Avenida Casimiro de Moya
Cervantes
Socorro Sánchez
Pasteur
Direktbus nach Bávaro
Santiago
Av. Máximo Gómez
Obelisco macho
Ausschnitt s. hintere Umschlagklappe
Avenida Independencia
(Malecón)
Avenida George Washington
KARIBISCHES MEER
Essen und Trinken
1 Restaurant El Conuco

Historische Rekorde

Kolumbus betrat 1492 die Insel, ihm folgten ungezählte Europäer. Da die heutige Dominikanische Republik nach Kuba die zweite Insel war, die in größerem Stil kolonisiert wurde, sind viele Premieren mit ihrem Namen verbunden. Die Insel spielte in den **Anfängen der spanischen Überseegeschichte** eine wichtige Rolle, bis sich das allgemeine Interesse aus bekannten Gründen mehr nach Mexiko und Peru richtete. Dort waren die wahren Reichtümer zu holen. Folgerichtig endet die Chronik der historischen Überseeneuerungen auch in den 30er Jahren des 16. Jahrhunderts, keine 20 Jahre nach der Eroberung des Aztekenreiches und der Entdeckung der Goldschätze durch Hernán Cortés.

Die Liste mit den historischen Daten beginnt mit einem Spanier namens Rodrigo de Xeres. Wenn wir seinen Nachnamen richtig deuten, stammte er aus Jerez, einem Ort in Südspanien, der seit Jahrhunderten eine erste Adresse für Sherry (spanisch: Jerez) ist. Der Mann wusste wohl um weltliche Genüsse, denn er ist in die Geschichte eingegangen als der **erste Europäer, der eine Zigarre aus Tabak geraucht hat!** Vor Kolumbus war dieses Laster in Europa unbekannt, man stelle sich das einmal vor! Allerdings bekam Rodrigo nach seiner Rückkehr nach Spanien mächtig viel Ärger. Die heilige Inquisition verurteilte den Mann zu mehreren Jahren Kerker. Ein Mann, der Rauch aus Mund und Nase blies, klarer Fall damals, der konnte nur mit dem Teufel im Bunde sein.

Die Liste mit den Attributen **Erste/r ... der Neuen Welt,** das heißt im neu entdeckten amerikanischen Kontinent, ist unendlich lang. Hier eine Auswahl von Ereignissen, die sich fast alle in Santo Domingo zugetragen haben.

- 1493 wurde die erste halbwegs brauchbare **Landkarte** (der Neuen Welt) gezeichnet.
- 1493 wurde die erste **Siedlung** gegründet (La Isabela).
- 1494 kamen die ersten **Franziskanermönche.** Am 6.1.1494 fand die erste **heilige Messe** auf amerikanischem Boden statt.
- 1498 wurde mit Santo Domingo die erste **größere Stadt** gegründet. Im selben Jahr wurde die erste **Straße,** die auch diesen Namen verdient, gebaut: La Fortaleza, sie gibt es noch heute unter dem Namen Calle de Las Damas.
- 1502 wurde das erste **Kloster** und 1503 das erste **Hospital** gegründet.
- 1505 wurde die erste **eigenständige Münze** geprägt.
- 1510 wurde der Alcázar als erster **Herrschaftssitz** gebaut.
- 1523 wurde mit dem Bau der ersten **Kathedrale** begonnen. Im selben Jahr wurde auch die erste **Bananenernte** eingefahren.
- 1520 wurde das erste **Buch** in Amerika gedruckt.
- 1538 wurde die erste **Universität** gegründet.

Umzug an die Südküste an. Am Ufer des Río Ozama wurde am 4. August 1494 die neue Stadt gegründet.

Zuerst gab man der Stadt den Namen **Nueva Isabela,** später aber **Santo Domingo,** da sie an einem Sonntag (spanisch: Domingo) gegründet worden sein soll.

1502 verlegte man die Stadt auf die rechte Seite des Flusses, nachdem ein Wirbelsturm die erste Siedlung zerstört hatte, und so wurde ihre endgültige **Lage** festgelegt.

Santo Domingo avancierte schnell zu einer wichtigen Stadt und erreichte einen gewissen Wohlstand. Die Stadt war eine obligatorische Anlaufstation für die Spanier, die, vom Mutterland kommend, nach Mexiko wollten. Die **Bedeutung der Stadt** sank allerdings, als die riesigen Gold- und Silberfunde in Südamerika bekannt wurden. Von da an gewann der Hafen von Havanna auf Kuba an Bedeutung, lag er doch günstiger für die Schiffe, die von Cartagena (Kolumbien) und von Veracruz (Mexiko) schwer beladen nach Spanien fuhren. Trotz allem zog Santo Domingo immer noch Piraten an. So plünderte 1586 *Francis Drake* die Stadt, danach fiel sie in einen Dornröschenschlaf.

1930 wurden weite Teile der Stadt durch einen verheerenden **Hurrikan** zerstört. Der Diktator Trujillo ließ die Stadt wieder aufbauen und änderte gleichzeitig ihren Namen in **Ciudad Trujillo** (Stadt Trujillo) um. Diese Bezeichnung wurde nach seiner Ermordung 1961 sofort wieder zurückgenommen.

Heute ist Santo Domingo nach Havanna die zweitgrößte Stadt im karibischen Raum.

Sehenswertes

Das koloniale Viertel („Zona Colonial")

Santo Domingo ist eine Stadt der Gegensätze. Einerseits hektisches Großstadtleben, andererseits die Beschaulichkeit im kolonialen Teil. Historische Bauten aus den Anfangsjahren des 16. Jahrhunderts sind komplett in einem Viertel unweit des Hafens zu besichtigen.

Parque de Colón

Ein idealer Startpunkt ist der Parque de Colón, am Ende der Fußgängerstraße Calle El Conde. Der Park ist nicht, wie der Name vermuten lässt, eine weitläufige Anlage, sondern ein relativ kleiner gepflasterter Platz. In der Mitte dieses Platzes erhebt sich ein **Denkmal zu Ehren von Kolumbus** (spanisch: *Colón*), zu seinen Füßen liegt übrigens *Anacaona,* eine Taino-Herrscherin. Einige mächtige Bäume stehen hier und spenden Schatten. Darunter sind Sitzbänke platziert, die besonders in der Abenddämmerung gut genutzt werden. Dann spenden auch einige Laternen ein etwas diffuses Licht, sodass sich fast eine ganz friedvoll-entspannte Stimmung einstellt. Wunderbar genießen kann man dies z.B. auf der Terrasse vom legendären **Café El Conde.**

Kathedrale

Am Park befindet sich auch die Kathedrale, offizieller Name lautet **Catedral Primada de América,** da es die erste Kathedrale auf amerikanischem Boden war. Sie ist der Jungfrau María gewidmet und trägt deswegen auch den Zusatznamen *Catedral de Santa María la Menor.* 1523 wurde mit dem Bau begonnen, um 1540 wurde er fertiggestellt. 1546 erklärte sie *Papst Paul III.* zur ersten Kathedrale der Neuen Welt. Sie gilt heute als **eines der ältesten noch bestehenden Gotteshäuser in Amerika.** Die Kathedrale wirkt relativ schlicht, gemessen an ihrer Bedeutung. Selbst im Inneren stechen nur vereinzelt besonders schöne Altäre und Glasmalereien hervor, vielleicht auch das ein Ergebnis der Piratenplünderungen. An der Wand hängen verschiedene **Gemälde,** darunter eines der Jungfrau *Virgen de Altagracia* aus dem Jahr 1523. Die Kathedrale zählt 14 Seitenkapellen, wertvollster Kirchenschatz ist der **Silberaltar.** Außerdem sind hier mehrere Bischöfe bestattet. Früher befand sich auch das **Grab von Kolumbus** in der Kathedrale, schwer bewacht von Soldaten. Mittlerweile wurde die Urne mit *Kolumbus'* vermeintlichen Überresten umgebettet in den Faro a Colón (siehe Exkurs „Wo ist das Grab des Kolumbus?").

■ **Kathedrale,** Am Parque Colón zwischen c/ Isabel la Católica und c/ Arzobispo Meriño. 9–16 Uhr, während einer Messe kann sie nicht besichtigt werden. Eintritt: 70 R.D.$ mit einem Audioguide.

Plazoleta de las Curas

Direkt hinter der Kathedrale liegt die Plazoleta de las Curas, ein mittelgroßer Platz, wo sich eine **Statue von Arzobispo** (Erzbischof) **Meriño,** Staatspräsident Ende des 19. Jh., erhebt. Der Platz wurde durch einen Gitterzaun von der vorbeiführenden Straße abgetrennt, ist aber begehbar. Ein Hinweisschild an der gegenüberliegenden Hauswand klärt darüber auf, dass dort im 16. Jh. hoch gestellte Regierungsmitglieder wohnten. Die vergitterten Fenster öffneten sich morgens zur Straße, und vereinzelt wurden Vorbeikommenden Erfrischungen gereicht.

176dr hf

090dr hf

Calle de las Damas

Hier liegen **Gebäude aus der Kolonialzeit,** und somit wird sie auch zu den ältesten noch existierenden Straßen Amerikas gezählt. Hier kann man noch mit ein wenig Fantasie den kolonialen Atem spüren. Alle Häuser sind schick restauriert, bestehen aus wuchtigen, innen kühlenden Mauern. Draußen erheben sich verschnörkelte Gaslaternen, und zur Zeit des Sonnenunterganges öffnen sich die vorher fest verschlossenen Fenster. Dann erst schauten einst die jungen Damen schüchtern hinaus, gegen Versuchungen von außen durch schmiedeeiserne Gitter geschützt. Gleich biegt ein Edelmann hoch zu Ross um die Ecke ... So in etwa spielte sich das Leben vor einigen Jahrhunderten ab; mit viel Geschick wurde versucht, diese Atmosphäre nachzuempfinden.

⌃ Fortaleza Osama

‹ Eingang der Kathedrale

Fortaleza Ozama

Wer nach rechts geht, stößt alsbald auf die Fortaleza Ozama. Diese **Festungsanlage** wurde schon zu Beginn des 16. Jahrhunderts hier an einer strategisch günstigen Lage an der Flussmündung angelegt. Den Festungsturm, **Torre del Homenaje,** mit seinen zwei Meter dicken Wänden, den steilen Aufgängen und den alten Kanonen, mussten alle Schiffe passieren und Ehrenbezeigungen abgeben.

Wo ist das Grab des Kolumbus?

Kolumbus hatte kein Glück! Vier Reisen unternahm er in die Neue Welt und fand doch nicht, was er suchte. Tragischerweise setzte sich diese Ruhelosigkeit über seinen Tod hinaus fort. Am 20. Mai 1506 starb er in Valladolid (Spanien). Seinem letzten Wunsch, in Santo Domingo begraben zu werden, entsprach man erst 1544. Bis dahin wurde seine Urne in der Kathedrale von Sevilla (Spanien) untergebracht. Nachdem man schließlich den wahren Wert seiner Entdeckungen erkannt hatte, wurde der Bitte von *María del Toledo,* einer Schwiegertochter des Admirals, entsprochen und seine **Urne nach Santo Domingo** überführt. In der dortigen Kathedrale wurde er feierlich neben *Diego* und seinem Enkel *Luís* beerdigt.

1795 wurde im Vertrag von Basel festgelegt, dass Spanien die Insel an Frankreich abzutreten habe. Dies hielt zwar nur kurze Zeit stand, aber *Kolumbus* sollte in spanischer Erde ruhen. So überführte man ihn **nach Kuba,** damals noch spanische Kolonie. Die Urne wurde in der Kathedrale von Havanna deponiert.

1877 wurden in der Kathedrale von Santo Domingo Reparaturen durchgeführt. Dabei fand der Priester *Billini* an der ehemaligen Grabstelle eine Urne. Man öffnete sie in einem feierlichen Akt und entschied, dass seinerzeit die **falsche Urne** nach Kuba geschickt worden war, nämlich die von *Diego.*

Die Sache wurde aber noch komplizierter. Nachdem 1898 Spanien die letzten Kolonien verloren hatte, damit auch Kuba, sollte *Kolumbus* **endgültig nach Spanien** zurückkehren. Die Urne wurde abermals über den Atlantik geschickt und in die Kathedrale von Sevilla gebracht. So findet man heute in der dortigen Kathedrale, die immerhin als drittgrößte Kathedrale der Welt gilt, eine imposante Grabstätte von *Kolumbus.*

Aber trotz aller Wirrungen wurde **in Santo Domingo** eine nicht minder eindrucksvolle Grabstätte in der dortigen Kathedrale über Jahre betreut und von Marinesoldaten schwer bewacht. Gerüchte wurden später laut, die besagten, dass nur ein Teil der Asche von Kuba nach Spanien geschickt worden war. Später wurde die restliche Asche angeblich an *Kolumbus'* Heimatstadt Genua übergeben, aber auch dies bestätigt offiziell niemand. Die Frage bleibt: Wo ist das Grab des *Kolumbus?*

Ein letztes Mal (?) wurde *Kolumbus* **1992 umgebettet.** Zur 500-Jahr-Feier der Entdeckung Amerikas wurde ihm eine würdevolle Grabstelle im Museum Faro a Colón hergerichtet.

Um das Rätsel endgültig zu lösen, werden derzeit **DNA-Analysen** der sterblichen Überreste durchgeführt. Ein erstes Zwischenergebnis liegt vor, denn die Gebeine aus Sevilla ergaben, dass dort nur **15 % des Skeletts von Kolumbus** ruhen. Bei dem ganzen Hin und Her war wohl einiges durcheinander geraten.

Jetzt fehlt nur noch eine abschließende Untersuchung der Grabeinlagen in Santo Domingo, die aber bislang von den dominikanischen Behörden verweigert wurde.

Heute erstreckt sich hier ein **weitläufiger Garten,** der ein Ruhepol im ansonsten recht hektischen Santo Domingo ist. Reste der alten Stadtmauer sind hinter dem Turm noch erkennbar, und vom dortigen **Aussichtspunkt** schaut man auf den vorbeifließenden Río Ozama. In einiger Entfernung wird das heutige, quirlige Santo Domingo deutlich, lange Autoschlangen quälen sich über zwei Brücken.

Der Turm und die Festungsanlage wurden bereits 1502 erbaut, lange Zeit fungierten sie als Gefängnis, auch *Trujillo* hat sie dazu benutzt. Die gesamte Anlage gilt heute als das **älteste militärische Gebäude von Amerika.** Eine Statue im Innenhof erinnert an einen der ersten Gouverneure, *Nicolas de Ovando.* Viel mehr kann nicht besichtigt werden, außer einer bunten Mischung von militärischem Gerät im Garten.

■ Geöffnet: Di–So 9–17 Uhr, Eintritt: 170 R.D.$.
■ Hinweis: Am Eingang bieten einige **Guides** ziemlich selbstverständlich ihre Dienste an, die aber nicht im Preis eingeschlossen sind. Ist eigentlich auch überflüssig, da es nicht übermäßig viel zu sehen und zu erklären gibt.

Casa de Bastidas

Weiterhin befindet sich direkt neben der Festung auch das Haus von *Rodrigo de Bastidas,* die Casa de Bastidas. **Bastidas** war einer der Eroberer und späterer Gouverneur von Kolumbien. Das 1505 erbaute Haus ist stilvoll um einen großen Innenhof angelegt, heute finden hier wechselnde Kunstausstellungen statt.

Casa Cortés

Dieses Haus steht an der Ecke der Straßen El Conde und Las Damas und ist eines von etwa 15 Häusern, die Gouverneur *Ovando* Anfang des 16. Jh. bauen ließ. Er überließ diese prächtigen Häuser seinen Gefolgsleuten, die sich bei der Eroberung von Amerika hervortaten. Dieses Haus z.B. bekam *Hernán Cortés,* der Mexiko eroberte, heute beherbergt es ein **französisches Kulturinstitut.**

Hostal Nicolás de Ovando

Ein paar Schritte auf der Calle de las Damas weiter, passiert man auf der rechten Seite das eindrucksvolle Hostal Nicolás de Ovando. Es besteht aus zwei Gebäuden, dem ehemaligen Sitz von Gouverneur *Ovando* und dem Haus der Familie *Davila.* Beide Gebäude wurden miteinander verbunden, sodass ein sehr **stilvoller Hotelkomplex** entstand.

Panteón Nacional

Einige Schritte weiter liegt links der Panteón Nacional, heute ein Museum. Das Staatswappen und die Nationalflagge deuten den Stellenwert an, eine Ehrenwache unterstreicht dies noch. Heute ruhen hier 44 berühmte dominikanische Persönlichkeiten, die eine Rolle in der Geschichte des Landes gespielt haben, darunter *Gregorio Luperón, José Antonio Salcedo, Juan Sánchez, Emilio Prud'Homme, Padre Billini.* Weiterhin gibt es einen freien Platz ohne Beschriftung für den toten, unbekannten Soldaten. Im Inneren brennt außerdem eine ewige Flamme.

Ursprünglich als Jesuitenkloster gegründet, wurde 1714 mit dem Bau begonnen. Im Laufe der Jahrhunderte wurde es u.a. als Tabaklager und als Theater zweckentfremdet. **Diktator Trujillo** wollte hier einen Ehrenfriedhof für dominikanische Nationalhelden errichten, ließ deshalb das Gebäude gründlich res-

Sklavenhandel

Sogar ein Kirchenmann, **Fray Bartolomé de las Casas,** sprach sich zunächst für den Sklavenhandel mit den Schwarzen aus. Seine Intention war, die restlichen, nicht von den Spaniern umgebrachten Indianer zu schonen und aus ihnen gute Christen zu machen. Er schlug deshalb vor, dass als Ersatz die körperlich kräftigeren Schwarzen dienen sollten, denen sowieso keine christliche Rettung mehr zuteil werden konnte. Er hat zwar in späteren Jahren seine Haltung korrigiert, aber zunächst unterstützte er diese zynische Idee.

Zuerst hielt sich der Sklavenhandel von Afrika nach Amerika noch in bescheidenem Rahmen. Die **Portugiesen** waren die Ersten, die von ihren Stützpunkten an der westafrikanischen Küste Dörfer überfielen und auf Menschenraub gingen. Die Sklaven wurden zunächst nur zur Iberischen Halbinsel gebracht und dort verkauft.

Nach der **Entdeckung Amerikas** änderte sich aber die Situation. Riesige Ländereien wurden von den Spaniern und Portugiesen in Besitz genommen, es fehlte überall an Arbeitskräften.

An eine Bezahlung dachte niemand, also wurden **zunächst die Indianer** zur Arbeit gezwungen. Sie waren jedoch die harte Schufterei in den Silberminen und auf den Plantagen nicht gewohnt und starben deshalb massenhaft. Auf Hispaniola nahm die Ausrottung der Ureinwohner dramatische Ausmaße an. Zählten sie 1492 bei der Entdeckung noch gut 1 Mio. Menschen, so waren es 1508 nur noch 60.000 und 1517 gar nur noch 14.000. 1508 begannen die Pflanzer, Indianer von benachbarten Inseln teilweise mit Gewalt oder auch mit falschen Versprechen nach Hispaniola zu locken. Dies brachte aber nicht den gewünschten Erfolg.

Bei der Suche nach neuen Arbeitskräften kam man auf die **Schwarzen aus Westafrika,** die bis dahin nur auf der Iberischen Halbinsel verkauft wurden. Da die „Nachfrage" rapide anstieg, reichte der Nachschub aus Spanien bald nicht mehr. Deshalb zogen autorisierte Sklavenhändler jetzt direkt nach Westafrika, um die Schwarzen zu rauben. Bald verbündeten sich die Händler des Öfteren mit einem Stamm, der dann zur Sklavenjagd gegen einen feindlichen Stamm gewonnen werden konnte.

Die Sklavenjäger verfrachteten so viele Menschen, wie es eben noch ging, auf ihre Schiffe. Der **Transport über den Atlantik** erfolgte unter völlig unmenschlichen Bedingungen, daher starb ca. ein Fünftel der Schwarzen auf hoher See. Die Prämisse der Händler lautete, soviel Sklaven wie möglich bei möglichst geringen Kosten über den Atlantik zu bringen. Deshalb wurde der Laderaum maximal ausgenutzt. Die Händler gingen von vornherein von einer hohen Verlustquote aus. Die Sklaven lagen dicht gedrängt zusammen, teilweise waren die Laderäume so niedrig, dass niemand stehen konnte. Die Folgen waren klar: verbrauchte Luft und hohe Temperaturen unter Deck. Es gab sogar Schiffe, auf denen sie so dicht beieinander saßen, dass sie sich nicht einmal zum Schlafen hinlegen konnten. Sie waren entweder paarweise aneinander gekettet oder mittels einer langen Kette an den Füßen verbunden. Die Sklaven lagen in ihrem eigenen Kot, kamen vor Durst fast um und mussten einen unglaublichen Gestank ertragen. Sollten sie einmal an Deck geholt werden, damit sie wenigstens Luft schnappen konnten, sprangen sie oft genug über Bord, den Tod vorziehend.

Den Sklaven wurde nur eine Mindestration an Lebensmitteln und Wasser gegeben. Die Hygiene bestand darin, dass allen der Kopf kahl geschoren wurde, um eventuelles Ungeziefer zu vernichten. Am Ende der Reise wurden sie dann mit Salzwasser (!) gewaschen. Süßwasser war den Händlern dafür zu schade. Für die Notdurft reichten die paar Kübel nicht aus, sodass oft genug die Ruhr ausbrach. Dann lagen Tote und Kranke zusammen.

Die Sklaven kamen somit natürlich in denkbar schlechtem Zustand am Ziel an. Das störte die Pflanzer aber nicht weiter, da sie einen ständigen Bedarf an Nachschub hatten. Der neue Eigentümer brannte den Sklaven sein Zeichen in die Haut, damit waren die Besitzverhältnisse geklärt. Sollte ein Sklave später weiter verkauft werden, erhielt er ein neues Zeichen!

Sklaven waren natürlich **völlig rechtlos,** konnten verkauft, bestraft und bis zur körperlichen Erschöpfung geschunden werden. Sie durften keine Ehe schließen und hatten keine Rechte an ihren Kindern. Die Lebensdauer war durch die Schufterei, das schlechte Essen und die drakonischen Strafen selbst für nichtige Vergehen sehr niedrig. Die Besitzer hatten zwar ein Interesse, dass ihre Ware nicht zu früh verstarb, wollten sie aber auch nicht bis ins hohe Alter behalten und durchfüttern (eine reine Kostenfrage). Diese einfache, aber menschenverachtende Rechnung erforderte immer neuen Nachschub. Immer wieder versuchten Sklaven diesem Elend durch Flucht zu entgehen. Meist wurden sie wieder eingefangen und brutal bestraft. Einige Pflanzer richteten sogar Bluthunde gezielt auf flüchtige Sklaven ab.

Sklavenaufstände gab es immer wieder, aber mit Hilfe des Militärs und der besseren Waffen wurden die meisten niedergeschlagen. Es gab nur einen einzigen Sklavenaufstand, der letztendlich zur Befreiung und Abschaffung der Sklaverei führte, den Aufstand von Haiti.

taurieren. So bekam er von seinem Kollegen, dem spanischen Diktator *Franco,* den riesigen Kupferkandelaber, der von der Kuppel hängt, geschenkt. In der oberen Etage sind zwei Gitter angebracht, die aus Nazideutschland stammen sollen. Wer genau hinschaut, erkennt auch das Hakenkreuz im Ornament. Eigentlich wollte *Trujillo* hier auch zur letzten Ruhe gebettet werden, aber dazu kam es dann nicht mehr. Heute wird jeden Abend zu Beginn der Dunkelheit die dominikanische Fahne würdevoll eingeholt. Währenddessen stoppt der Verkehr auf der Straße, die Fahrer steigen aus, nehmen Haltung an, genau wie Passanten, die auch alle stehen bleiben. Aus Respekt sollten dies auch ausländische Besucher machen.

■ Geöffnet: täglich 8–21 Uhr, Eintritt gratis.

Museo de las Casas Reales

Ein Haus weiter befindet sich das **Museum der königlichen Häuser** aus dem Jahr 1505. Während der Kolonialzeit residierten hier alle Entscheidungsträger, das königliche Gericht und sogar die Münzanstalt. Ausgestellt sind unter anderem Gegenstände der Tainos, Nachbildungen der Schiffe des *Kolumbus* nebst genauer Routenbeschreibungen seiner Reisen. Außerdem sieht man eine der ältesten Apotheken der Stadt, königliche Räume und eine private Waffensammlung von *Trujillo.* Man kann an Führungen teilnehmen, bei denen alle Details erklärt werden.

■ Geöffnet: Di–Sa 9–17 Uhr, So 9–16 Uhr, Eintritt: 100 R.D.$.

177dr hf

Gegenüber von diesem Gebäude steht noch eine **alte Sonnenuhr** aus dem Jahre 1753. Es heißt, dass sie an dieser Stelle errichtet wurde, damit die hohen Herren im königlichen Gebäude immer die genaue Uhrzeit vor Augen hatten. Wenn man genau hinschaut, kann man auch heute noch die exakte Uhrzeit ablesen, es sei denn, der Himmel ist wolkenverhangen.

Alcázar de Colón

Am Ende der Calle de las Damas stößt man auf einen weitläufigen Platz, die Plaza de la Hispanidad, an dem der Alcázar de Colón liegt. Erbaut wurde er von *Diego Colón* in den Jahren 1509 bis 1514 unter Verwendung von Korallengestein. Ursprünglich war es der Sitz des Vizekönigs. Über Jahrzehnte hinweg gehörte dieses Haus der **Kolumbusfamilie.** Diverse Möbel, Gebrauchsgegenstände und persönliche Dinge, Gemälde, Rüstungen, Wandteppiche und Dokumente aus jener Epoche sind zu besichtigen. Erstaunlich auch dies: Das gesamte Gebäude wurde erbaut, ohne einen einzigen Nagel zu verwenden; noch heute drehen sich die Türen auf alten Beschlägen.

■ Geöffnet: Di–Sa 9–17, So 9–16 Uhr; Eintritt: 100 R.D.$.

⌃ Im feierlich geschmückten Panteón Nacional

› Alcázar de Colón vor der Plaza de la Hispanidad

Calle de Atarazana

Hier verläuft auch die kleine Straße Calle la Atarazana, an der einige **restaurierte Häuser aus der Kolonialzeit** stehen. Dort waren früher hauptsächlich Warenlager untergebracht, aufgrund der Nähe zum Hafen. Ebenfalls wird gemunkelt, dass sich die erste Kneipe der Neuen Welt in einem dieser Häuser befunden haben soll. Die Atarazana passt sich harmonisch an das restaurierte Gesamtbild des kolonialen Viertels an. Zur Zeit des Sonnenuntergangs kann man hier ganz entspannt in einer der Terrassenbars unter freiem Himmel sitzen, einen Drink einnehmen, ein paar Palmen rauschen derweil sacht im Wind.

Die Straße Atarazana verläuft hinter dem Hauptplatz abschüssig zu den Resten der ehemaligen Stadtmauer aus dem 17. Jh., sie ist noch ein Stückchen begehbar. Früher befand sich dahinter nur der Fluss, heute führt eine Schnellstraße vorbei.

Casa del Cordón

Zurück in Richtung Fußgängerzone Calle El Conde passieren Spaziergänger entlang der Calle Isabel la Católica das Gebäude Casa del Cordón, ein weiteres Kolonialgebäude, das durch eine auffällige steinerne Kordel (spanisch: *Cordón*) am Eingangstor geschmückt ist. Es gilt als das **älteste Steingebäude aus Santo Domingo,** da es für den späteren Gouverneur von Jamaica, *Francisco de Garay,* im Jahre 1503 erbaut wurde.

Der **Pirat Francis Drake** ließ 1586 die reichen Damen der Stadt hier antreten, um sie um ihren Schmuck zu erleichtern, als Lösegeld für die gefangenen Ehemänner. Ein wenig passt diese Episode zur aktuellen Nutzung, denn momen-

091dr hf

tan ist eine Bank, die *Banco Popular*, hier untergebracht.

Casa y Museo de Duarte

Eine gut gemachte Ausstellung zum Leben und Wirken des dominikanischen Nationalhelden ist in seinem Geburtshaus zu sehen. Das Haus wurde um 1760 erbaut und von der Familie Duarte bewohnt. Die Ausstellung zeigt den Lebensweg des Nationalhelden anhand von Fotos, Gemälden, Manuskripten und persönlichen Gegenständen.

■ **Adresse:** c/ Isabel la Católica 308, Tel. 809 687 1436, geöffnet: Mo–Fr 8–18, Sa 9–16 Uhr, Eintritt: 20 R.D.$.

Cafetería el Conde am Parque de Colón

210dr hf

Ein kurzer Exkurs klärt auf über die **Unterschiede zwischen echtem und nachgemachtem Bernstein.** Nicht ganz unwichtig zu wissen, werden doch überall von fliegenden Händlern zu sagenhaften Preisen „echte" Bernsteinketten angeboten. Dem kann man aber aus dem Weg gehen, denn im unteren Stockwerk wird garantiert echter Bernsteinschmuck angeboten.

Adresse: c/ Arzobispo Meriño 452, Tel. 809 682 3309, geöffnet: Mo–Sa 8.30–18, So 9–13 Uhr.

Kirche Santa Barbara

Drei Blocks weiter nördlich wird die Kirche der heiligen Barbara erreicht, auffällig vor allem wegen der unterschiedlich hohen Türme. Von hier genießt man einen **schönen Blick auf das koloniale Viertel.** Die Kirche entstand um 1560, wahrscheinlich sogar noch früher. 1571 zerstört von einem Erdbeben wurde sie zwischen 1574 und 1578 wieder aufgebaut. Pirat *Francis Drake* legte 1586 ein Feuer, und zwei weitere Erdbeben im 17. Jh. fügten der Kirche erneut schwere Schäden zu. Jedes Mal wurde sie wieder renoviert, was aber letztlich zu einer Vermischung von Baustilen führte.

Adresse: c/ Isabel la Católica

Monasterio de San Francisco

Am Ende der steilen Straße Calle Emiliano Tejera liegt das Monasterio de San Francisco, leider nur noch als **Ruine.** Das Kloster datiert vom Jahr 1508 und gilt als das älteste der Neuen Welt. Er-

Bernsteinmuseum

Das Bernsteinmuseum Museo del Mundo Ámber widmet sich ausschließlich dem Bernstein. In den oberen, klimatisierten (!) Räumen werden dem Besucher die verschiedenen **Gesteinsarten** dargelegt, man erhält einen Einblick in die **Abbaumethoden,** und schließlich erfährt man alles über die unterschiedlichsten **Einschlüsse.**

Sir Francis Drake, Pirat der Königin

Viele Piraten tummelten sich in der Karibik, einige agierten sogar im staatlichen Auftrag. Immer ging es darum, die Reichtümer der Spanier zu erbeuten. Die bemerkenswerteste seeräuberische Leistung vollbrachte der später geadelte *Francis Drake.* 1567 wagte er es, einen **Maultiertransport im Dschungel bei Panama** anzugreifen. Im zweiten Anlauf, der erste scheiterte kläglich, erbeutete er soviel Silber, dass er es nicht wegschaffen konnte und einen Teil verstecken musste.

1579 gelang *Drake* ein noch dreisteres Stück. Er segelte mit fünf Schiffen los, um als erster Nichtspanier **Feuerland zu umrunden** und die Spanier im Rücken anzugreifen. Die Durchfahrt durch die Magellanstraße kannten nur die Spanier, sie galt als Staatsgeheimnis! Nach diversen Schwierigkeiten, er verlor insgesamt vier Schiffe, schaffte er es tatsächlich, durch die Magellanstraße zu segeln. Nun konnte er die **spanischen Schiffe mit Leichtigkeit plündern.** Die Spanier fühlten sich auf dem Pazifik derart sicher, dass es praktisch keine Bewachung auf den Schiffen gab. Er plünderte mehrere Schiffe, unter anderem die *Cacafuego,* die die Beute eines Jahres nach Panama bringen sollte. Unvorstellbare Reichtümer fielen *Drake* in die Hände.

Auf seinem **Rückweg nach England** wählte er, da der Weg durch die Magellanstraße zu gefährlich war, eine andere Route. Er segelte über den Pazifik, kam nach Indonesien, umrundete die Südspitze Afrikas und traf schließlich 1580 in England ein, drei Jahre nach seinem Auslaufen.

Diese Tat führte zu einer Staatskrise zwischen Spanien und England. *Drake* brach 1586 noch einmal in die Karibik auf und plünderte u.a. dabei auch Santo Domingo. Einen Monat hielt er die Stadt besetzt und erpresste alle Reichtümer, die die Bewohner besaßen.

baut ab 1508 auf Anordnung von Gouverneur *Nicolás de Ovando* für den Franziskanerorden. Es dauerte aber ziemlich lange, denn die Kirche wurde erst 1556 fertig gestellt. Kurze Zeit später (1586) plünderte Pirat *Francis Drake* das Kloster, und abermals dauerte es sehr lange, bis alle Schäden beseitigt waren. Das war erst 1664 der Fall, aber schon 1673 wurde das Gebäude erneut zerstört, diesmal durch ein Erdbeben. Ein weiteres Erdbeben im Jahr 1751 gab dem Kloster den Rest. Was noch übrig blieb, wurde 1809 bei einem Aufstand beschädigt, später nutzte die Bevölkerung die wenigen verbliebenen wuchtigen Steine für ihren eigenen Hausbau. 1930 fegte ein **Hurrikan** über das Land und zerstörte die allerletzten Bestandteile des ehemaligen Klosters.

Viele **historische Legenden** ranken sich um das Gebäude. So soll hier der bekannteste Häuptling *Enriquillo* (siehe

⊡ Fußgängerzone El Conde

auch Westseite/Lago Enriquillo) unterrichtet worden sein, *Bartolomé Colón* liegt hier begraben, und viele der Eroberer des amerikanischen Kontinents erbaten sich göttlichen Beistand. Es soll sogar eine unterirdische Verbindung zum Alcázar geben. Leider wurde es bislang versäumt, diese Anlage zu restaurieren.

Adresse: c/ Hostos, Ecke c/ Tejera

Calle Hostos

Von diesem Punkt geht es zurück in die Innenstadt über die abschüssige Calle Hostos. Hier verändert sich der **Charakter der Häuser** schon leicht, nicht mehr die wuchtigen Kolonialbauten dominieren, sondern einfache Steinhäuser aus späteren Zeiten. Gleichwohl sind diese ganz gut gepflegt, im Gegensatz zum **Hospital de San Nicolás de Barí.** Einst war es das erste Hospital der Neuen Welt, errichtet bereits 1503. Piratenüberfälle, Erdbeben und allgemeiner Verfall beschleunigten den Niedergang. Anfang dieses Jahrhunderts mussten Teile des Gebäudes abgerissen werden, und das Hospital zeigt sich nur noch als Ruine.

Adresse: c/ Eugenio María de Hostos

Calle El Conde

Die Straße Calle El Conde ist so etwas wie die Verbindung zwischen dem kolonialen Viertel und der modernen Stadt. Deswegen wurde sie auch zur **Fußgängerzone** umfunktioniert. Am späten Nachmittag flaniert hier alle Welt ent-

178dr hf

lang, nach Einbruch der Dunkelheit wirkt sie jedoch alsbald relativ ausgestorben. Die Conde ist etwas über einen Kilometer lang und fällt fast ein wenig aus dem Rahmen des historischen Viertels. Sie ist eine klassische **Einkaufs- und Flaniermeile.** Hier liegen Geschäfte (Schuhe, Bekleidung, CDs, Supermarkt, Souvenirs), aber auch einige Lokale. Leider dominieren hier auch immer mehr die amerikanischen Ketten, und die werden von der dominikanischen Jugend regelrecht gestürmt. Aber es gibt auch Ausnahmen, an beiden Endpunkten liegen zwei Klassiker-Lokale, die seit Jahrzehnten sehr beliebt sind. Und ziemlich in

der Mitte befindet sich ebenfalls seit Jahrzehnten ein schlauchförmiges Lokal namens „Cafetera". Insgesamt ist die Conde die einzige Fußgängerzone weit und breit und man kann hier halbwegs entspannt herumschlendern.

Verteilt über die ganze Straße stehen zahlreiche Hinweisschilder, die historische Informationen zu den einzelnen Gebäuden in der Conde geben. So erfährt man beispielsweise, dass in dem 1927 erbauten, sehr schicken Haus **Edificio Baquero** der erste Fahrstuhl des Landes installiert war. Das Haus war lange Zeit das höchste Gebäude im Land, es steht an der Ecke zur calle Hostos. Man erfährt aber auch, dass sich im schmalen Café Cafetera spanische Exilanten trafen auf ihrer Flucht vor Diktator Franco.

137dr hf

Parque de la Independencia

Am Ende dieser Straße liegt der Parque de la Independencia. Den Eingang markiert ein altes Stadttor, die **Puerta del Conde.** Hier befand sich in der Frühzeit der Kolonisation die Westgrenze von Santo Domingo. Der Name des Tores erinnert an den *Conde de Peñalba,* der sich 1655 mit einem Trupp Soldaten gegen ein britisches Invasionsheer stellte. Am 27. Februar 1844 wurde hier vor dem Tor erstmals die dominikanische Fahne gehisst als erster Akt der nationalen Unabhängigkeit. Seit 1912 ist das Gelände direkt hinter dem Tor zu einem kleinen Park umgestaltet. Am Eingang des Parks ist im Pflaster der Kilometerstein Null eingelassen. Von diesem Punkt werden alle Distanzen zu sämtlichen Orten der Insel gemessen.

Im Park liegt der **Altar de la Patria,** in dem die drei großen nationalen Helden *Duarte, Sánchez* und *Mella* ruhen. Den Altar darf allerdings nur besichtigen,

☐ Puerta del Conde

wer züchtig angezogen ist, d.h. beispielsweise in Shorts wird man von den Wachsoldaten abgewiesen! Außerdem wird jeder, der eine Mütze trägt, gebeten, diese in die Hand zu nehmen: „La gorra, en la mano" lautet der etwas barsche Befehl. Punkt 18 Uhr wird in einer feierlichen Zeremonie die Nationalflagge eingeholt.

Calle Padre Billini

Ein weiterer Spaziergang entlang der Calle Padre Billini führt durch die westliche Altstadt, vorbei an **schicken alten Häusern** und einigen Bauten aus der Kolonialzeit. Ausgangspunkt bleibt wieder der Parque de Colón, von dem man an der Festungsanlage Ozama vorbeigeht, bis die Calle Padre Billini erreicht wird. Speziell am Sonntag herrscht hier eine ungeahnte Ruhe, beste Gelegenheit also, auf Details zu achten.

Kirche Santa Clara

Zunächst wird die Kirche Santa Clara passiert, als Gotteshaus von außen kaum zu erkennen. Ein relativ schlichtes, aber **großes Gebäude** mit zwei gewaltigen Eingangstoren aus Holz. Erbaut zwischen 1550 und 1559 auf Veranlassung von *Rodrigo Pimentel,* einem reichen Adeligen, dessen Wappen über dem Portal angebracht ist. Nach seinem Tod lebten Nonnen in der Kirche, und heute ist hier eine Schule untergebracht.

179dr hf

Adresse: c/ Padre Billini, Ecke c/ Isabel la Católica

Casa de Tostado

Einen Straßenblock weiter liegt das Haus des ehemaligen Stadtschreibers *Franscisco de Tostado,* erbaut 1516. Heute ist in dem großen hellen Gebäude das **Museo Familia Dominicana** untergebracht, das das Wohnhaus einer reichen dominikanischen Familie zeigt. Diese orientierte sich erkennbar am europäischen Stil, und so ist das Haus eben auch eingerichtet, es zeigt wenig typisch Dominikanisches.

c/ Padre Billini, Ecke c/ Arzobispo Meriño, Tel. 809 689 5000, geöffnet: Mo–Sa 9–17, So 9–14 Uhr, Eintritt: 100 R.D.$

Statue von Padre Billini

Gegenüber auf einem kleinen, hübschen Platz erhebt sich die Statue zu Ehren von **Don Francisco Billini,** der die sterblichen Überreste von *Kolumbus* einst in der Kathedrale entdeckte. Padre *Billini* hält wohlmeinend schauend eine Hand über einen Jungen, der ihn entrückt anschaut. *Billini* kümmerte sich in seinen späten Jahren engagiert um die Kranken der Stadt.

☐ Statue von Padre Billini

Plaza Fray de Las Casas

Abermals nur einen Block weiter öffnet sich ein kleiner Platz zu Ehren von **Bartolomé de las Casas,** Plaza Fray de las Casas. Er war einer der ersten, der die Gräueltaten an den Ureinwohnern durch die Spanier öffentlich verurteilte. Mitten auf dem Platz blickt ein nachdenklicher *Las Casas* gen Himmel, ringsherum laden Bänke zum Verschnaufen ein.

Convento de los Dominicanos

Es schließt sich das 1538 erbaute Convento de los Dominicanos an. Ein **prachtvoll verziertes Gebäude,** in dem sich verschiedene Baustile mischen. Besonders auffällig sind die Deckengewölbe im Inneren, eine Darstellung von vier antiken Göttern, die rings um die Sonne gruppiert sind. Diese symbolisieren die vier Jahreszeiten, die ihrerseits von zwölf Tierkreiszeichen begrenzt werden.

Hier existierte übrigens auch die **erste Universität der Neuen Welt,** durch *Papst Paul III.* erhielt das Kloster 1538 den Status Universidad Tomás de Aquino.

Gleich nebenan steht die kleine Kapelle **Capilla de la Tercera Orden,** die von den Dominikanern im 18. Jh. erbaut wurde und wo erstmals Lehrer ausgebildet wurden.

Plaza Duarte

Gegenüber erhebt sich in einem kleinen Park, der Plaza Duarte, die **Statue von Staatsgründer Juan Pablo Duarte.** Er, in staatsmännischer Pose, umringt von einer Frau, die einen Siegeskranz hält, und einem Schwertträger.

Kirche Regina Angelorum

Als letztes Sakralgebäude dieser Straße wird die Kirche Regina Angelorum erreicht, 1537 an der Ecke zur Calle José Reyes erbaut. Ein hellgraues Steingebäude, das relativ klein ausfällt, aber ein eindrucksvolles **Eingangstor** besitzt. Darüber wurde eine **Madonnenfigur** in die Wand eingelassen, ein Hinweisschild erklärt, dass diese Madonna zu Ehren von *Padre Billini* errichtet wurde, der hier bestattet wurde.

Puerta de la Misericordia

Wer jetzt noch vier Blocks der Calle Padre Billini folgt, erreicht die Calle Hincado. Nach rechts wird in wenigen Minuten wieder das lebhafte Zentrum um den Parque de la Independencia erreicht. Wer sich aber nach links wendet, gelangt nach kurzem Weg zu den **Überresten eines alten Stadttores,** der Puerta de la Misericordia, die so genannt wurde, weil die Stadtbevölkerung sich hier früher Gottes Beistand erbat nach dem Erdbeben von 1842. Erbaut schon 1543 war dieses Tor das erste Stadttor in der Befestigungsmauer, von hier führten Wege nach Santiago im Norden und Haina im Westen. Nur noch ein zwanzig Meter langes Mauerrestchen verblieb von dem einst stolzen Bauwerk, zu sehen sind noch ein paar Schießscharten und eine Satue zu Ehren von *Fray Francisco del Rosario Sánchez.* Noch einen Block weiter Richtung Meer erreicht man den Malecón.

Entlang des Malecón

Charakter des Malecón

Als Malecón wird die **kilometerlange Straße entlang der Küste** bezeichnet. Der eigentliche Name des Malecón lautet Avenida George Washington, und in seinem Ausläufer unweit des kolonialen Viertels Paseo Presidente Billini. Diese Straße erstreckt sich über mehrere Kilometer und führt immer entlang der Meeresküste.

Trotz der Tatsache, dass die mehrspurige Avenida George Washington eine der am höchsten frequentierten Einfallsstraßen der Stadt ist, flanieren jeden Abend Menschen am Malecón entlang.

Wer will, findet in den Nischen immer noch ein halbwegs ruhiges Plätzchen. Hier ziehen sich vor allem die Liebespärchen zurück. Viele Stadtbewohner treffen sich dort abends und lassen sich vom Meeresrauschen, von einer Merenguekassette oder der unverzichtbaren Rumflasche berauschen. Den Straßenlärm scheint keiner wahrzunehmen.

Monumento a Montesinos

Am Malecón liegen auch einige der teuersten und besten Hotels und Restaurants der Stadt, und einige riesige Monumente säumen den Weg.

So befindet sich am Anfang das riesige Monumento a Montesinos, das gut 30 Meter hoch ist. *Montesinos* war ein Kirchenmann, der früh zu einem der ersten **Verteidiger der von den Spaniern geknechteten Indianer** wurde. In breiten Buchstaben ist seine Anklage an die Kolonialherren in Altspanisch zu lesen, die

180dr hf

deutsche Übersetzung lautet: „Sagt, mit welchem Recht und unter welcher Gerechtigkeit haltet ihr in grausamer und schrecklicher Knechtschaft diese Indianer? Sind sie keine Menschen? Sind sie keine vernunftsbegabten Wesen? Seid ihr nicht verpflichtet, sie zu lieben wie euch selbst?"

Obelisco hembra und Obelisco macho

Wenn man den Malecón weiter entlangspaziert, passiert man zwei Obelisken. Der kleinere sieht aus wie eine Stimmgabel und erinnert an die Abgeltung der dominikanischen Auslandsschulden durch den Trujillo-Hull-Vertrag 1942 und die Wiedergewinnung der Souveränität, die eine Zeitlang in amerikanischen Händen war. 1961 wurde er nach dem Fall des Trujillo-Regimes teilweise zerstört, dann aber wieder aufgebaut. Heute ist er allgemein unter dem Begriff **Obelisco hembra,** weiblicher Obelisk, bekannt.

Der zweite Obelisk ist wegen seiner Phallusgestalt auch unter dem Namen **Obelisco macho,** männlicher Obelisk, bekannt. Er wurde errichtet, um an die Umbenennung von Santo Domingo in Ciudad Trujillo im Jahre 1936 zu erinnern. Vor einigen Jahren wurde er bunt bemalt, u.a. findet sich dort nun ein Porträt der drei ermordeten Schwestern *Mirabal* (siehe Ortsbeschreibung Salcedo).

Etwa vier bis sechs Kilometer außerhalb des Zentrums wird schließlich die Stelle passiert, an der **Diktator Trujillo ermordet** wurde. Dort, wo der Malecón in die Autopista 30 de Mayo mündet, befindet sich ein kleines Denkmal.

Stadttor Puerta de la Misericordia

181dr hf

⌃ Denkmal obelisco hembra

Beim Parque Enriquillo

Avenida Duarte

Etwa acht bis zehn Blocks entfernt vom kolonialen Viertel bietet sich ein völlig anderes Bild der Stadt, nämlich laut, quirlig, geschäftig. Entlang der Straße Avenida Duarte liegen einige Kaufhäuser und diverse Geschäfte. Es sind zu Fuß vielleicht zehn Minuten von der Altstadt, die führen aber in eine andere Welt. Ausgehend von der Fußgängerzone El Conde einfach der Calle Duarte Macorís bis zur breiten Avenida Mella folgen. Zunächst läuft man noch durch das Altstadtviertel mit teils restaurierten, aber auch weniger gut erhaltenen Häusern. So nach und nach ändert sich dann das Bild, die historischen Gebäude weichen neueren Häusern.

Dann wird die breite Querstraße Avenida México erreicht, und nun ändert sich alles schlagartig, man befindet sich im karibischen **Verkehrschaos** des 21. Jahrhunderts. Wohnblocks recken sich in den Himmel, und der Verkehr quält sich hupend vorbei, Fußgängern kaum eine Chance lassend, auf die andere Straßenseite zu gelangen.

Dort befindet sich eine Art Geschäftszentrum. Es gibt mehrere **große Kaufhäuser,** aus riesigen Lautsprechern scheppern deren Angebote in unglaublicher Lautstärke hinaus. Viele kleinere Geschäfte ergänzen die Palette, hier findet man wirklich alles.

Knapp unterhalb dieser Zone erstreckt sich das überschaubare **chinesische Viertel,** unverkennbar an den beiden riesigen Torbögen. Es ist nur etwa 400 m lang und erstreckt sich hauptsächlich links und rechts der Avenida Duarte. Einige chinesische Lokale nebst chinesischen Geschäften gibt es hier, sowie ein paar menschengroße Skulpturen in traditioneller chinesischer Tracht. Dieses Viertel gilt als die drittgrößte „Chinatown" in der Karibik und achtgrößte

› Mini-Geschäft am Parque Enriquillo

weltweit. Mehr als **15.000 Chinesen** leben mittlerweile im Land. Es gibt übrigens auch zweisprachige Verkehrsschilder, beispielsweise steht das Parkverbot auf Spanisch und in chinesischen Schriftzeichen auf dem Schild.

Das Tollste aber ist, dass diese Zone eine Metamorphose durchgemacht hat, eine Art Wiedergeburt erlebte. Jahrzehntelang herrschte hier ein heilloses Durcheinander. Vor den oben erwähnten Geschäften machten sich Hunderte von kleinen und kleinsten Händlern mitten auf dem eh schon engen Fußweg breit; an ein Durchkommen war kaum zu denken. Vorbei und vergessen! Alle fliegenden Händler sind verschwunden. Zurückgedrängt in weiter hinten liegende Ecken, aber diese Zone um den Parque Enriquillo ist verglichen mit früher regelrecht ruhig zu nennen. Zwei Straßen sind sogar komplett gesperrt, dort verkaufen Händler aus festen Kiosken nun ihre Waren, auch dies verglichen mit früher sehr gesittet.

Parque Enriquillo

Ein richtiger Ruhepol ist diese überschaubare Grünanlage noch immer nicht, aber selbst Touristen können hier mal eine Runde verschnaufen und auf einer Bank sitzend das Treiben betrachten. Ein paar Bäume spenden Schatten, Schuhputzer suchen Kundschaft, dies und das wird angeboten, aber generell gibt es auch hier so gut wie keine fliegenden Händler mehr. Trotzdem geht es nicht übermäßig ruhig zu, denn rings um diesen Park liegen die Abfahrtsstellen der Guaguas in den östlichen Inselteil.

Mercado Modelo

Unweit von hier befindet sich auch die **Markthalle** Mercado Modelo, Av. Mella, Ecke Calle Altagracia, in der an unzähligen Ständen überwiegend Kunsthandwerk verkauft wird. Einige Stände bieten jedoch auch noch die traditionellen Heilkräuter an. Beim Mercado Modelo liegt auch das sogenannte **Klein-Haiti.** Dies ist ein Freiluftmarkt, wo in unzähligen kleinen Verkaufsbuden alles Mögliche gehandelt wird, was es in Haiti gerade nicht gibt. Die Händler kaufen unglaubliche Mengen, beladen ihre bunt bemalten Wagen bis zum Geht-Nicht-Mehr und bringen dann alles über die Grenze. Eine raue, aber auch sehr ärmliche Ecke.

182dr hf

Die Trujillo-Ära

1930 kam General **Rafael Trujillo an die Macht,** zwar demokratisch gewählt, aber auch nicht ganz sauber, denn die Gegenkandidaten zogen es vor, lieber rechtzeitig aufzugeben. Hier deutete *Trujillo* erstmals an, wie er zu regieren dachte.

Dann half ihm ein „glücklicher" Umstand. Am 3. September verwüstete ein Hurrikan weite Teile von Santo Domingo, zahllose Holzhäuser stürzten ein, nur die Kolonialbauten der Spanier überlebten aufgrund ihrer meterdicken Wände; es wurden über 2000 Tote gezählt. Großangelegte Hilfe kam vor allem aus den USA, somit konnte der Diktator sein **Image** durch die rasche Beseitigung der Sturmschäden heben. Das brachte ihm anfänglich sogar Sympathien bei der Bevölkerung, seine Macht wuchs derweil. Er wurde Oberbefehlshaber der Streitkräfte und kontrollierte darüber hinaus den Waffenhandel, den Ankauf der Uniformen und sogar die Verpflegung der Soldaten.

Später **beherrschte er weite Teile der Geschäftswelt,** so die Zuckerrohrmühlen und die Versicherungsbranche. Der Trujillo-Clan hatte das Monopol auf Rum und Salz, außerdem gehörten ihm die besten Kaffee- und Reisplantagen. Weiterhin kontrollierten die Mitglieder mehrere Firmen und sogar einige Nachtclubs aus dem Rotlichtbezirk der Hauptstadt. Vier Brüder wurden in hohe Ämter gehievt und einem Schwager die Staatslotterie zugeschanzt.

Die erwachsene Bevölkerung musste zwangsweise Mitglied in der Staatspartei werden, damit gab es **keine legale Opposition.** Zur Kontrolle seiner Macht hielt *Trujillo* sich ein riesiges Spitzelheer, man spricht von 20.000 bezahlten Zuträgern. Kein Mensch wagte, Kritik zu äußern oder gar eine oppositionelle Haltung einzunehmen. Etwaige Verdächtige landeten im Gefängnis oder verschwanden ganz einfach. Allein 1959, also kurz vor dem Ende der Diktatur, wurden 2000 Menschen verhaftet und verschwanden hinter Gefängnismauern. *Trujillo* schien unangreifbar fest im Sattel. Auf diese Weise wurde er immer reicher und mächtiger. *Trujillo* war mittlerweile in einer Position, in der er sich nahezu alles erlauben konnte. Er schlug sich sogar 1936 selbst für den Friedensnobelpreis vor.

Durch die europäischen Kriegsereignisse profitierte das Land, denn die Nachfrage nach Zucker stieg. 1947 war das Land schuldenfrei, und der Trujillo-Clan zählte **zu den reichsten Familien der Welt.** Er fuhr in den folgenden Jahren einen strammen antikommunistischen Kurs, was von den **USA** aufgrund der Ereignisse um Kuba nur unterstützt wurde.

Trujillo war allgegenwärtig. Nicht nur, dass der höchste Berg seinen Namen trug, auch die Hauptstadt wurde umgetauft und das Portrait des Diktators hing überall, auf Plätzen, in Amtsstuben, in Hotelfoyers.

Obwohl er 31 Jahre herrschte, bekleidete er das Präsidentenamt offiziell nur von 1930 bis 1938 und von 1942 bis 1952. 1952 übernahm sein Bruder *Hector Trujillo* das Amt, doch dies war mehr offizieller Natur. *Trujillo* kontrollierte mittlerweile etwa 60 Prozent der Zuckerproduktion, er besaß mehrere Raffinerien, Farmen und Hotels. Was ihm nicht gehörte, wurde von anderen Familienmitgliedern kontrolliert, ein Staat war zum Familienbetrieb geworden.

Trujillos Söhne genossen Narrenfreiheit, besonders sein Lieblingssohn *Ramfis.* In über 30 Jahren häufte der Clan ein riesiges Vermögen an, man schätzt es auf 700 Mio. US-Dollar. In den letzten Jahren seiner Macht begann *Trujillo* sein Vermögen ins Ausland zu transferieren, und nach und nach setzte sich seine Familie ab. *Ram-*

fis war einer der Ersten, die ins Ausland geschickt wurden. Er sollte in den USA eine militärische Ausbildung absolvieren, aber er trieb sich lieber in Hollywood im Kreise der Filmstars herum. Mehrfach ging durch die Presse, dass er angebeteten Filmdiven großzügige Geschenke machte. So soll *Zsa Zsa Gabor* einen Mercedes 190 SL erhalten haben und *Kim Novak* mit Brillanten und Nerzen beschenkt worden sein. Insgesamt soll *Ramfis* eine Million Dollar verschenkt haben. Da die USA im gleichen Zeitraum die Dominikanische Republik mit 1,3 Millionen Dollar unterstützte, wurde in Washington gespottet, ob es nicht einfacher sei, dieses Geld gleich nach Hollywood zu überweisen. *Ramfis* wurde schließlich von der Akademie verwiesen.

Im Mai 1961 wurde **Trujillo Senior ermordet.** Eine Verschwörergruppe stoppte den Wagen des Diktators auf der Avenida George Washington und eröffnete das Feuer. *Trujillo* starb im Fond des Wagens, von 27 Kugeln getroffen. Den Leibwächtern gelang es, einen der Attentäter noch auf der Straße zu erschießen, die anderen flüchteten.

Sofort begann der Clan mit einer **Racheaktion gegen die Attentäter.** Fünf Täter wurden schnell gefasst und erschossen. Sechs wurden später im Gefängnis ermordet, einer starb unter dubiosen Umständen in den USA. Auf den letzten Überlebenden der Verschwörer, *Antonio Imbert,* wurde noch 1967 ein Attentat ausgeübt, das er jedoch überlebte. Zu der Zeit stand ein Kopfgeld von einer Million Dollar aus, das *Ramfis* auf *Imberts* Kopf ausgesetzt hatte, doch *Antonio Imbert* überlebte diese Hetzaktion und gilt heute als Nationalheld. Anlässlich des 30. Jahrestages des Attentates 1991 war er einer der Hauptredner. Er ließ keinen Zweifel daran, dass er eine solche Tat wiederholen würde, um der Tyrannei ein Ende zu bereiten.

Ramfis wurde zwar am 30.5.1961 zum Oberbefehlshaber der Streitkräfte ernannt, trat jedoch kurz darauf wieder zurück und ging ins Exil. In seiner kurzen Amtszeit versuchte er alles, um das Land endgültig auszuplündern und Devisen außer Landes zu schaffen. So kaufte er beispielsweise den gesamten Dollarvorrat des Landes mit wertlosen dominikanischen Pesos auf und überwies die Dollar nach Kanada. Nach und nach hatten alle Familienmitglieder das Land verlassen, als letzter ging *Ramfis.* Er nahm nicht nur die letzten Reichtümer des Clans mit, sondern wollte nicht einmal die Leiche des ermordeten Vaters zurücklassen.

Zunächst hielt sich der Clan in Paris auf, aber schon bald reisten sie weiter nach Madrid, wo Diktator *Franco* ihnen Unterschlupf gewährte. Später stellte der neu gewählte Präsident *Juan Bosch* fest, dass umgerechnet etwa eine Milliarde Mark in der Staatskasse fehlte.

Das Land versuchte sich mühsam aus dem Klammergriff der Diktatur und seiner Helfershelfer zu befreien. Einen Versuch stellte der **Prozess gegen Ramfis** dar. Er wurde 1965 in Abwesenheit von einem dominikanischen Gericht zu 30 Jahren Zwangsarbeit verurteilt. *Ramfis* genoss jedoch weiterhin das Leben in der Großstadt Madrid. Dort verursachte er am 17.12.69 einen schweren Verkehrsunfall: Sein Ferrari raste gegen den Jaguar der Herzogin von Albuquerque. Zwölf Tage später verstarb *Ramfis* an den Folgen des Unfalls. Mindestens 250 Millionen Euro lagen derweil auf verschiedenen Konten in der Schweiz, gut verwaltet von gekauften Treuhändern. Die Trujillo-Familie spaltete sich später in drei Gruppen, die sich noch jahrelang erbittert um das Geld stritten.

183dr hf

An der Plaza de la Cultura

Die Plaza de la Cultura ist ein **echter Ruhepunkt** in dieser quirligen Stadt. Der Platz liegt an der Av. Máximo Gómez und ist mit einem **Sammeltaxi oder Bus** zu erreichen, der die Avenida Bolívar befährt. Abfahrt: z.B. vom Parque de la Independencia. In dieser weitläufigen Parkanlage liegen einige interessante Museen, die den Besuch lohnen.

Museo de Historia Natural

Das Museo de Historia Natural informiert über **einheimische Flora und Fauna.** Eine bunte Mischung aus ausgestopften Tieren, Skelettfunden, endemischen Vögeln und plastischen Nachbildungen der verschiedenen Landschaftszonen, die auf der Insel zu finden sind. Beeindruckend auch die Wal-Skelette, sowie die Darstellung der Welt und des Universums.

■ Avda. Máximo Gómez, Ecke César Nicolás Pensón, Tel. 809 689 0106, geöffnet: Di–So 9–17 Uhr, Eintritt: 50 R.D.$

Parque Enriquillo

Museo del Hombre Dominicano

Das Museo del Hombre Dominicano (Museum der Dominikaner) ist ein komplexes Museum. Es zeigt Gegenstände und Lebensweise der Tainos, erklärt ihre Kunst und ihre Steinritzungen, geht weiter auf die **Geschichte** der Sklavenverschleppung und der ersten Siedlungen auf der Insel ein und informiert auch über das aktuelle Leben. So sind u.a. Informationstafeln zum **Karneval** ausgestellt, und der Besucher erfährt Wissenswertes über die Herstellung der farbenfrohen Masken.

■ c/ Pedro Henríquez Ureña, Tel. 809 687 3622, geöffnet: Di–So 10–17 Uhr, Eintritt: 20 R.D.$

Museo Nacional de Historia y Geografía

Das Museo Nacional de Historia y Geografía (Museum der Geschichte und Geografie) zeigt Ausstellungsstücke von der Zeit der Unabhängigkeitserklärung bis zur Gegenwart, dominierend sind die Geschichte um den Freiheitskampf und die oft problematische Beziehung zum Nachbarstaat Haiti. Weiterhin sind Gegenstände der Trujillo-Ära gesammelt.

■ c/ Pedro Henríquez Ureña, Tel. 809 686 6668, geöffnet Di–So 10–17 Uhr, Eintritt: 20 R.D.$

Weitere Kultureinrichtungen

In diesem weitläufigen Park liegen außerdem die Nationalbibliothek **Biblioteca Nacional,** das Nationaltheater **Teatro Nacional.**

Außerhalb des Zentrums

Parque Mirador del Sur

Einige Parkanlagen, die einen Besuch lohnen, liegen weit außerhalb des Zentrums. Das Hinkommen ist nicht immer so ganz einfach, jedenfalls wenn man mit Sammeltaxen oder Bussen fahren will. Der Parque Mirador del Sur ist ein gut sieben Kilometer langer Grünstreifen, in dem man wirklich einmal Ruhe findet. Hier sind ein kleiner **See,** eine verwinkelte **Höhle** und ein **Aussichtspunkt,** Mirador del Sur, zu finden. Dort liegt auch eines der bekanntesten Lokale der Stadt, das Mesón de la Cava, das in eine Tropfsteinhöhle gebaut wurde.

■ Anfahrt: am besten über die Avenida Independencia oder über die Avenida Bolívar bis zur Avenida Núñez de Cáceres. Von dort zu Fuß oder per *Motoconcho* weiter.

Jardín Botánico

Der **botanische Garten,** Jardín Botánico, liegt weit außerhalb im Norden der Stadt ist dennoch ein lohnendes Ziel. Auf dem weitläufigen Gelände (180 ha) sind die einheimische Flora, exotische Pflanzen und vor allem eine Vielfalt an Orchideen zu bewundern. Besonders eindrucksvoll sind der japanische Garten und die kunstvolle Blumenuhr im Eingangsbereich.

Eine **Bimmelbahn** tuckert über das riesige Gelände, niemand muss durch das Areal laufen.

■ Avda. República de Argentina, Tel. 809 385 2611, geöffnet: tägl. 9–17 Uhr, Eintritt: 50 R.D.$.

32dr sm

Anfahrt: zuerst auf der Avenida 27 de Febrero bis zum Fernsehsender „Teleantillas" (gut sichtbar), dann zu Fuß oder per Motoconcho weiter.

Parque Zoológico Nacional

Unweit des botanischen Gartens liegt der **nationale Zoo,** Parque Zoológico Nacional. Neben der karibischen Tierwelt mit Flamingos und Krokodilen sind auch Exemplare aus Afrika zu sehen. Eine kleine Bahn tuckert durchs Gelände.

Avda. La Vega Real, Tel. 809 378 2149, geöffnet: Di–So 9–17 Uhr, Eintritt: 100 R.D.$.

Anfahrt: Die Avenida 27 de Febrero bis zur Kreuzung mit der Avenida Tiradente, diese führt direkt zum Zoo.

Ausflüge in die Umgebung

Faro a Colón

Das große Datum, der **500. Jahrestag der Entdeckung Amerikas** 1992, näherte sich unaufhaltsam, und der Präsident *Balaguer* wollte ein Zeichen setzen, wohl auch und vor allem sich selbst.

Hier wurde Trujillo ermordet

Faro a Colón

So wurde unweit des historischen Zentrums und des Hafens das größte Bauvorhaben des Landes geplant: ein Leuchtturm (Spanisch: *faro*) in Form eines christlichen Kreuzes. Die Maße waren alles andere als bescheiden: 240 Meter lang, 34 Meter breit und 46 Meter hoch. Auf einem weitläufigen Platz wurde dieses riesige Kreuz errichtet. Über etliche Stufen erreicht der Besucher den Eingang, nachdem er das Gebäude schon aus der Ferne auf sich wirken lassen musste.

Innen entstand ein **Museum zu Ehren von Kolumbus,** und alle Staaten des amerikanischen Kontinents wurden eingeladen, Exponate auszustellen, bislang fehlt aber noch so einiges. Von 156 Scheinwerfern wird jeden Abend ein gebündelter Lichtstrahl in Form eines Kreuzes an den nächtlichen Himmel projiziert. Theoretisch, praktisch klappt es dann doch nicht so oft, und schon gar nicht ist der Lichtstrahl im gesamten karibischen Raum zu sehen, wie versprochen. Schon von Boca Chica aus musste ich jedenfalls passen ...

Für diese Gigantonomie mussten ein paar Tausend Hütten und deren Bewohner weichen. Für den umliegenden Park wurde das Land komplett plattgewalzt, von Entschädigung für die 5000 betroffenen Familien war erst gar nicht die Rede.

Und über die **Kosten** wird geschwiegen. Waren es 15 Millionen Dollar? Oder doch das Doppelte, oder gar mehr? Manche munkeln, dass das Prestigeobjekt 150 Mio. Euro gekostet haben muss.

Mit viel Mühe wurde der Bau sechs Tage vor der offiziellen 500-Jahres-Feier

184dr hf

fertig. *Christoph Kolumbus* konnte nun umgebettet werden und hat hier endgültig (?) seine letzte Ruhestätte gefunden. Im Inneren befindet sich zunächst direkt hinter dem Eingang der prunkvolle Sarkophag von *Kolumbus*, wie immer schwer bewacht. Links und rechts verlaufen zwei Korridore, die eine Vielzahl von Räumen verbinden. Hier kann man die Kultur vieler (nicht aller, wie es geplant war) amerikanischer Länder bewundern. Weiterhin finden sich dort Informationen aus Japan, China und Spanien zu *Kolumbus*' Reisen. Auch nicht uninteressant ist die chronologische Darstellung, wie sich Santo Domingo über die Jahrhunderte verändert hat.

- **Geöffnet:** Di–So 9–17 Uhr, Eintritt: 100 R.D.$.
- **Anfahrt:** nach der Brücke Puente Mella rechts in die Avenida España, vorbei am Monumento a la Caña (Zuckerrohr-Monument), der Ausschilderung zum Faro folgen.
- Es geht auch **zu Fuß:** dazu von der Zona Colonial unterhalb vom Alcázar de Colón über die Brücke Puente flotante gehen. Auf der anderen Uferseite nach rechts gehen, hier wird „Faro" bereits ausgeschildert. Nach etwa 10 Minuten in Höhe einer Tankstelle die Straße nach links überqueren und die leicht ansteigende Allee hochgehen, auch hier wird der „Faro" ausgeschildert. Nach abermaligen 10 Minuten sollte das gewaltige Bauwerk zu sehen sein.

Acuario

Unweit des Faro liegt auch das Acuario Nacional, in dem in verschiedenen Aquarien karibische Meerestiere wie farbenfrohe **Fische,** aber auch **Meeresschildkröten** gehalten werden. Gibt einen Einblick in die Vielfalt der tropischen Fische, die man sonst beim Schnorcheln nie zu sehen bekommt.

Der Clou der Anlage ist das **Haibecken,** durch das ein gläserner Tunnel führt, der Besucher steht somit Aug in Aug mit Haien und kleinen Fischen, außerdem mit etlichen Mantas.

- Acuario, Avda. España 75, Tel. 809 766 1709, geöffnet: Di–So 9.30–17.30 Uhr, Eintritt: Ausländer 150 R.D.$, Kinder 75 R.D.$, Dominikaner 60 R.D.$.

Parque de Los Tres Ojos

Die drei Augen *(tres ojos)* sind **drei kleine Lagunen** in einer **riesigen Höhle,** die unterirdisch mit Wasser gespeist werden. Die kleinen Seen sind von exotischer Vegetation umgeben. Steile, verwinkelte Treppen führen in die beeindruckende Höhle.

Der erste See heißt „Aguas Azufradas", dann folgt „La Nevera" und schließlich „Las Damas".

Von hier aus geht es dann noch zu einem weiteren See, der „Los Zaragullones" heißt und nur unterirdisch mit einem kleinen Boot zu erreichen ist. Dazu in die Höhle bis zum hinteren Rand gehen und dort umsteigen in einen kleinen Kahn. Gegen eine kleine Gebühr zieht ein Junge das Boot an einer Leine durch eine dunkle Verbindungshöhle. Auf der anderen Seite klettert man über bizarre Felsformationen zum letzten See. Unzählige Stalagmiten und Stalagtiten runden das eindrucksvolle Naturschauspiel ab.

- Avda. de las Américas, unweit Parque del Este, Tel. 809 788 7056, geöffnet: täglich 8.30–17.30 Uhr, Eintritt: 50 R.D.$.

Praktische Reisetipps

Ankunft

Per Flugzeug

Der Aeropuerto Internacional Las Américas liegt etwa 20 km östlich der Hauptstadt auf einer kleinen Halbinsel. Wer hier ankommt und nach Santo Domingo will, hat keine große Auswahl an Transportmöglichkeiten. Es ist zwar theoretisch möglich, **per Bus in die Stadt** zu fahren, aber dies gerät ziemlich umständlich. Man muss entweder per Motoconcho oder per Taxi die rund drei Kilometer bis zur großen Schnellstraße zurücklegen. Dort überquert man die Straße und hält den nächsten Bus an. Diese sind aber meist schon rappelvoll, sodass mit schwerem Gepäck ernsthafte Probleme auftauchen könnten. Schließlich enden die meisten Busse an der Plaza Enriquillo, von wo es noch mindestens 15 Minuten Fußweg bis zum Zentrum sind. Alles in allem: trotz des niedrigen Preises nicht zu empfehlen!

Eine **Taxifahrt** zum Festpreis direkt bis vor die Hoteltür ist da schon angenehmer, vor allem nach einem zehnstündigen Flug. Preis: ca. 40 US$.

Per Bus

Metro-Busse haben ihren Terminal an der Avenida Winston Churchill, sehr weit vom Zentrum entfernt. Entweder man fährt per Taxi direkt zum Hotel (8–10 US$) oder per Guagua zum Parque Enriquillo. Dazu den Terminal verlassen und zwei Blocks nach links bis zur Avenida 27 de Febrero gehen. Dort die Straße überqueren und den nächsten Bus stoppen. Die meisten Busse fahren bis zur Avenida Duarte in der Nähe des Parque Enriquillo.

Caribe Tours hat ihren Terminal an der Avenida 27 de Febrero, Ecke Avenida Leopoldo Navarro. Auch von hier kann man per Guagua zum Parque Enriquillo gelangen. Hierzu die breite Avenida 27 de Febrero überqueren und auf der anderen Seite einen Bus stoppen. Bequemer ist es auch hier, sich per Taxi direkt zum Hotel fahren zu lassen, der Festpreis ins koloniale Viertel beträgt 200 R.D.$.

Per Guagua

Wer **aus dem Ostteil der Insel** kommt, landet meist am wuseligen Parque Enriquillo. Von hier ist es gar nicht so weit bis ins Zentrum, aber oft wird ein zögerlich schauender Gringo von vielen Seiten beschwatzt werden, sodass man schließlich doch in ein Taxi steigt. Es gibt aber ein unübersehbares Monument, an dem Sie sich orientieren können. Ein großer Torbogen mit chinesischen Schriftzeichen überspannt die Calle Duarte, ein zweiter steht etwa 300 m weiter. Diese beiden Bögen markieren das sogenannte **„chinesische Viertel".** Was vielleicht übertrieben ist, aber unbestritten liegen dort etliche chinesische Geschäfte.

Hier entlang geht es Richtung Zentrum. Man folge der leicht abschüssigen Straße Av. Duarte, nach gut 15 Minuten sollte die Fußgängerzone El Conde erreicht sein.

Wer aus dem Westteil kommt, landet am Parque de la Independencia und befindet sich damit mitten im Zentrum, genau gegenüber der Fußgängerzone El Conde.

Transport innerhalb der Stadt

Taxi

Santo Domingo ist riesig groß, alle Sehenswürdigkeiten, die außerhalb des kolonialen Viertels liegen, wären nur in Gewaltmärschen zu erreichen. Die verbieten sich aber wegen der Hitze, dem Lärm und des recht guten Transportsystems von selbst. Dieses durchschaut der Außenstehende aber erst nach einiger Zeit, kann es dann aber mit umso größerem Gewinn und Unterhaltung nutzen. Hier soll jetzt eine Art Leitfaden gegeben werden für erfolgreiche Fahrten kreuz und quer durch diese Mega-Metropole.

Die Fahrer zaubern eine Tariftabelle (Taxameter hat fast kein Wagen) heraus, auf der **Festpreise** genannt sind, zum Verhandeln bleibt manchmal jedoch auch noch Spielraum, das muss ein Gringo aber erst mal wieder lernen. Es gibt Festpreise zu allen möglichen Punkten der Stadt und zu Zielen auf der gesamten Insel. Es empfiehlt sich, vorher den Hotelportier nach dem ungefähren Preis zu fragen, damit man wenigstens einen Anhaltspunkt hat. Und immer vor dem Einsteigen nach dem Preis fragen, dann fällt das Neinsagen nämlich leichter.

Ein wenig sparen kann man schon, wenn man sein Taxi auf der Straße stoppt. Tausende fahren durch die Stadt auf der Suche nach Kundschaft.

Sammeltaxis

Neben den regulären Taxis kursieren aber noch weitere durch die Stadt, Sammeltaxen, *Carros públicos* genannt, vornehmlich auf den Hauptstraßen. Dummerweise unterscheiden die sich kaum von „normalen" Taxis, sie haben meist ein grünes oder gelbes Dach bzw. Zeichen auf dem Dach. Man hält sie durch **Handzeichen** an und steigt einfach ein. Sitzen schon ein paar Personen im Fahrzeug, handelt es sich ganz sicher um einen *Público,* falls nicht, unbedingt vorher fragen: „Derecho?", was soviel heißt wie: „Fahren Sie geradeaus?". Wird dies bejaht, funktioniert ein Sammeltaxi genau **wie ein Kleinbus,** ist nur etwas teurer. Man nennt also kein Ziel, fährt nur ein Stückchen geradeaus mit und steigt dann wieder aus. Aber auch das muss „sicher" wirken, der Gringo den Eindruck vermitteln, dass er sich bombensicher auskennt. Also, an einer markanten Kreuzung kurz „Parada" sagen (Anhalten), einen kleinen Schein kommentarlos nach vorne geben, aber niemals nach dem Preis fragen! Auf diese Weise werden bis zu acht Personen transportiert, doch, doch, das geht, fünf sitzen hinten, drei vorne, neben dem Fahrer wohlgemerkt!

Ist der *Público* aber leer, der Gringo also der Erste, der einsteigt, aufpassen! Viele Taxifahrer versuchen dann oftmals, dem Ausländer eine **„Carrera"** anzudrehen. Eine *Carrera* bedeutet, dass der Fahrgast das Taxi für sich allein hat und keine anderen Gäste zusteigen können. Dadurch schnellt der Preis natürlich in die Höhe.

Guaguas

Auf den gleichen Routen wie die Sammeltaxen fahren nämlich auch noch Busse und vor allem Guaguas. Letztere sind Kleinbusse, manchmal noch VW-Busse, meist aber kleine japanische Modelle, die auf mehr oder weniger **festen Routen durch die Stadt zirkulieren.** Es gibt Tausende, ja, wahrscheinlich sogar Zehntausende.

Die Guaguas zirkulieren ebenfalls auf den großen Straßen und halten auch auf Handzeichen. Der Fahrer deutet immer an, was Sache ist. Lässt er lässig seine linke Hand aus dem geöffneten Fenster kreisen, bedeutet es, dass er geradeaus fährt – das machen praktisch alle. Gleichzeitig deutet er mit den Fingern an, wie viele freie Plätze er noch hat, es sind immer drei. Hier werden immer so viele Leute hineingequetscht, wie es gerade noch geht. Ist der

[>] Zwei vorne, vier hinten – dieses Sammeltaxi ist noch nicht ganz voll

Bus randvoll, hängen sich weitere Fahrgäste an die Öffnung der Schiebetür, so kommen schnell 25–30 Fahrgäste in einem VW-Bus zusammen! Der wichtigste Mann einer Guagua aber ist der Cobrador, mit Kassierer wäre seine Funktion nur unzureichend übersetzt. Er hängt immer lässig aus dem Bus gelehnt, schreit das Fahrziel heraus, das ein Gringo sowieso nicht kennt, animiert Zögerliche, ausgerechnet in „seinen" Bus einzusteigen, platziert und, falls nötig, gruppiert Fahrgäste um. Alle folgen brav seinen Anweisungen. Er gibt dem Fahrer, der bei einem vollen Bus natürlich nichts sehen kann, die notwendigen Befehle: „Weiterfahren" oder „Parada" („Halt an") oder auch „Aguanta" („Warte noch ein wenig"). Kurzes Klopfen aufs Dach, und ab geht's. Wer einmal eingestiegen ist, bekommt irgendwann per Fingerzeig die Aufforderung, seinen Obolus nach vorne durchzureichen. Also, kommentarlos seinen Schein nach vorne geben und aufs Wechselgeld warten, das kommt irgendwann zurückgewandert. Nur bei Zielen außerhalb der Stadt muss der Ort genannt werden, denn da greifen unterschiedliche Tarife. Eine Guagua zu benutzen setzt voraus, sich schon etwas im Straßensystem auszukennen. Da die Kleinbusse ihre festen Routen haben, benutzt man sie am besten so, dass man sich bis zu einer großen Kreuzung fahren lässt, und dort steigt man dann um. So gelangt man meist schon in die Nähe seines Zieles (Preis: etwa 30–50 R.D.$).

Linienbusse

Dann wären da noch die grünen Linienbusse, die befahren in der Regel die großen Hauptstraßen. Wer hier mitfahren will, halte den Bus durch Handzeichen an, frage den Fahrer am besten, ob er an einem markanten Punkt, beispielsweise einer großen Straßenkreuzung vorbeifährt („Pasa por ...?" – „Fahren Sie am ... vorbei?") Wird dies bejaht, fährt man für oft nicht mehr als 20 Pesos bis in die unmittelbare Nähe seines Zieles. Das kommt natürlich etwas bequemer, als wie eine Ölsardine in einer Guagua eingequetscht zu sein, allerdings fahren die Busse auch nicht ganz so häufig. Seit einiger Zeit fahren nun auch Linienbusse, die nur an bestimmten **Haltestellen** stoppen. Was für uns selbstverständlich ist, war für die Dominikaner neu. Aber sie gewöhnen sich auch daran, denn diese Busse sind letztlich schneller.

212dr hf

Metro

Ganz neu ist die **U-Bahn,** genannt „Metro". Im Februar 2009 wurde die erste Linie eröffnet und alle waren begeistert. Zwar gab es auch hier zunächst Anlaufschwierigkeiten mit dem Erwerb der Tickets, aber die Dominikaner lernten rasch die Vorteile schätzen, denn die Menschen erreichen nun sehr viel schneller und viel bequemer ihr Ziel. Bislang gibt es nur eine 14,5 km lange Strecke, die aus touristischer Sicht nicht interessant ist. Neue Strecken sind in Arbeit, allerdings fuhr die Metro im ersten Jahr ein grandioses Defizit ein, trotz starker Nutzung.

Motoconchos

In den Randzonen fahren auch Motoconchos. Das sind „Mopedtaxis", gesteuert von meist jungen Burschen, die auf der Suche nach Kundschaft überall herumknattern. Einfach winken, und schon kommt einer angebraust. Sie befördern den Fahrgast über eine mittlere Distanz zu jedem gewünschten Ziel. Bis zu drei Personen sitzen hinter dem Fahrer auf dem Mofa oder dem Motorrad. Der Preis ist nie sonderlich hoch. Wer ihn vorher aushandeln will, gibt zu erkennen, dass er keine Ahnung vom Preisniveau hat. Normalerweise kostet eine Fahrt etwa 30–50 Pesos, die man am Zielort dem Fahrer in die Hand drückt, werden zwei Personen befördert, kann es teurer werden, ebenso nachts.

Allzu sicher ist die Sache natürlich nicht, niemand trägt einen Helm und wie verantwortungsvoll die Fahrer sind, weiß man auch erst hinterher.

Unterkunft

Entlang des Malecón erheben sich etliche große und zumeist nicht eben günstige Häuser. In den letzten Jahren wurden aber immer mehr Hotels im kolonialen Viertel eröffnet. Dort ist heute auch die Auswahl recht gut, es gibt sowohl reine Budget-Unterkünfte, als auch ziemlich hochpreisige Angebote.

185dr hf

186dr hf

Historisches Zentrum

■ **Hotel Nicolás de Ovando**④, Calle Las Damas, Tel. 809-685-9955, www.accorhotels.com. Wunderschönes Kolonialgebäude, bestehend aus drei Häusern, komplett renoviert und mit modernster Ausstattung versehen. Schöner Garten, sehr gutes und gemütliches Restaurant, Pool.

■ **Hotel Palacio**④, Calle Duarte 106, Ecke Salome Ureña, Tel. 809-682-4730, www.hotel-palacio. com. Insgesamt 35 Räume. Ein Eckhaus, das noch aus spanischer Zeit stammen könnte. Die kleinen Balkone, die schicken Holzfenster und der Patio runden das Bild harmonisch ab.

■ **Hostal Casa Grande**①, c/ Sánchez 254, Tel. 809-686-1199. Kleines, gepflegtes Haus von zwei Etagen mit einfachen Zimmern. Es gibt einige wenige DZ, ansonsten Mehrbetträume für bis zu sechs Personen. WiFi.

■ **Hotel Conde de Peñalba**③, Calle El Conde, Ecke Arzobispo Meriño, Tel. 809-688-7121, www. conde penalba.com. Zentral gelegenes Eckhaus, gegenüber der Kathedrale mit Zimmern, die, auf drei Etagen verteilt, funktional eingerichtet sind und ein wenig den Kolonialcharakter betonen. Unten befindet sich eine beliebte Cafetería mit WiFi.

■ **Mercure Hotel Comercial**③, c/El Conde, Ecke c/ Hostos, Tel. 809-688-5500, www.accorhotels. com. Das Haus mit 96 klimatisierten Zimmern wurde komplett renoviert und zeigt sich modern, funktional und sehr zentral gelegen. Unten befindet sich eine Cafetería. Wer übers Internet bucht, kann deutlich bessere Tarife erzielen.

⌃ Hotel Doña Elvira

< Motoconcho-Fahrer mit Helm und zwei Passagieren

■ **Hodelpa Caribe Colonial**③, c/Isabel la Católica 159, Tel. 809-688-7799, www.hodelpa.com. Modernes Hotel, das in einem ehemaligen Kolonialgebäude eingerichtet wurde. Insgesamt 54 Zimmer, darunter auch zwei Suiten mit eigenem Jacuzzi und privater Terrasse. Aber auch die Standard-Räume sind gut und funktional eingerichtet. Unten befindet sich ein kleines Restaurant, bis zum zentralen Parque Colón ist es gerade eine Minute Fußweg.

■ **Hotel Frances**④, Calle de las Mercedes Ecke c/ Arzobispo Meriño, Tel. 809-685-9331, www.accorhotels.com. Dieses schöne Hotel versteckt sich fast ein wenig, nur ein kleines Holzschild über dem Eingang verrät, dass in dem Kolonialgebäude ein ausgezeichnetes Hotel zu finden ist. Mit erstklassiger Einrichtung in 19 großzügigen Räumen, perfektem Service und einem guten und gemütlichen Restaurant im ruhigen Innenhof.

■ **Casa Doña Elvira**③-④, c/ Padre Billini 209, Tel. 809-221-7415, www.dona-elvira.com. Sehr ruhig neben dem belgischen Konsulat gelegen, mit einem hübschen Garten und Pool. Insgesamt 15 gut eingerichtete Räume in einem Kolonialgebäude, die mit Liebe zum Detail dekoriert wurden und Internetzugang haben.

■ **Hotel Atarazana**③, c/ Vicente Celestino Duarte 19, Tel. 809-688-3693, www.hotel-atarazana. com. Eine Deutsche betreibt dieses kleine, schmucke Haus mit sechs Zimmern. Untergebracht in einem schönen Kolonialgebäude in einer ruhigen Straße, ganz in der Nähe der Plaza España. Gute Einrichtung mit Blick fürs Detail, außerdem gibt es eine kleine Terrasse. Das Haus war bei meinem letzten Besuch geschlossen.

[>] Cafetería El Conde

Gastronomie

■ An der Ecke El Conde mit Calle Palo Hincado liegt die **Cafetería Paco,** die 24 Stunden geöffnet ist. Bei Sonnenaufgang treffen sich hier die Frühaufsteher und Nachtschwärmer.

■ **La Cafetera,** El Conde 253. Ein Klassiker seit 1929! Eigentlich nur ein schmaler, aber recht tiefer Schlauch mit einem langen Tresen, wo es neben Kaffee auch kleine Gerichte oder Bier gibt.

■ Am Parque Colón, am anderen Ende der El Conde, liegt die **Cafetería El Conde,** ein Treff, wo man nett draußen sitzen kann. Dies ist ein sehr beliebtes Lokal, speziell zum Sonnenuntergang kommen viele Dominikaner hierher. Es gibt eine internationale Speisekarte mit guten und reichhaltigen Portionen.

■ Direkt vor dem Platz am Alcázar de Colón liegen ein paar nette Lokalitäten, wie z.B. **Rita's Café.** Oder auch die seit ewigen Zeiten bewährte Lokalität **Pat's Palo,** von der gesagt wird, dass hier im Gebäude Amerikas ältestes Lokal untergebracht ist. Schon Anfang des 16. Jahrhunderts soll es hier eine Taverne gegeben haben, heute wird französische Küche serviert. Man kann ganz nett zur Sonnenuntergangszeit draußen sitzen. **Ángelo** liegt ebenfalls hier und hat, wie alle anderen Lokale auch, eine nette Terrasse. Serviert wird gute italienische Küche.

■ **La Bricciola,** c/ Arzobispo Meriño 152, Ecke Padre Billini, Tel. 809-688-5055. Ein italienisches Lokal mit schönem Innenhof, schick auf alten Stil gemacht.

■ **Pizzeria Pasatiempo,** c/ Isabel la Católica 204, Tel. 689-4823. Hier gibt es gute Pizza und Pasta.

■ **Mesón d'Bari,** c/ Hostos, Ecke c/ Salomé Ureña, Tel. 809-687-4091. Ein gemütliches Lokal mit langem Holztresen, angenehmem Ambiente und guter Hausmacherküche. An den Wänden hängen so viele Gemälde, dass man sich in einer Galerie wähnt. Am Wochenende verändert sich das Lokal zu einem Musikschuppen. Dann wird voll aufgedreht und es kommen die *rich and beauty* Dominikaner mit ihren dicken Wagen.

■ **Mesón de Luis,** c/ Hostos gegenüber vom Hotel Comercial. Ein kleines Lokal mit nur wenigen Tischen und einem kleinen Holztresen. Dort gibt es dominikanische Gerichte, zwar in überschaubarer Auswahl, aber guter Qualität.

■ **El Conuco,** c/ Casimiro de Moya, Ecke Hmnos. Deligne, Tel. 809-686-0129. Ein uriges Restaurant mit ausschließlich dominikanischen Speisen. Gerichte, Speisekarte und Ambiente sind gezielt dominikanisch-ländlich gehalten, die Kellner tragen entsprechende Trachten, sprechen teilweise auch mit ländlichem Akzent.

■ **Sega Zone,** c/ Conde 56. Eines von mehreren Lokalen am oberen Ende der Fußgängerzone El Conde, wo man auf einer ruhigen Terrasse ganz nett speisen kann. Die Karte bietet ein gemischtes Programm mit einer Tendenz zu französischen Gerichten.

Adressen

Banken

■ **Scotiabank:** c/ Isabel la Católica, Ecke c/ Las Mercedes, (Visa, Master).

■ **Bankautomat:** in der Calle El Conde genau neben der Cafetería El Conde (mit Maestro) und beim Supermarkt Jumbo, c/ El Conde, Ecke c/ Duarte.

Ärztliche Betreuung

■ **Clínica Abreu,** c/ Beller 42, Ecke Av. Independencia, Tel. 809-688-4411. Gilt als eine der besten Adressen im ganzen Land, wo auch Botschaftsangehörige sich behandeln lassen.

092dr hf

Botschaften

■ **Embajada (Botschaft) de la República Alemania,** Calle Gustavo Mejía Ricart 196, Ecke Av. Abraham Lincoln, Edificio Torre Piantini, 16. Stock, Tel. 809-542-8949, www.santo-domingo.diplo.de.
■ **Embajada (Botschaft) de Suiza,** Av. Jiménez Moya 71, Tel. 809-533-3781, www.eda.admin.ch/santodomingo.
■ **Consulado (Konsulat) Honorario General de Austria,** km 11 Autopista Duarte, ggb. „Alfarería", Tel. 809-947-7888, cdo.austria@codetel.net.do.

Shopping

■ **Supermarkt Jumbo:** c/ El Conde, Ecke c/ Duarte. Einer der besser bestückten Lebensmittelläden im Zentrum.
■ Ebenfalls in der El Conde, aber auch beim Parque Colón liegen **Souvenirläden.**
■ **Zigarren:** zwei Geschäfte mit guter Auswahl an handgedrehten dominikanischen Zigarren: *Boutique del Fumador*, c/ El Conde 109; *Museo del Tabaco*, c/ El Conde 101. Beide Shops liegen beim Parque Colón.
■ **Post:** am Parque de Colón, fast Ecke Verlängerung der Conde. Kann schnell übersehen werden, ist ein sehr kleines, unscheinbares Haus mit einem recht kleinen Schild „Imposdom". Geöffnet: Mo–Fr 9–17 Uhr.

Weiterreise

Per Metro-Bus

■ Der Terminal liegt an der Av. Winston Churchill, Ecke Francisco Prats Ramírez, Tel. 809-227-0101, www.metroserviciosturisticos. com.
■ nach Santiago: zwischen 7 und 20 Uhr stündlich
■ nach Puerto Plata: 6, 7, 9, 11, 14, 15, 16, 18.30 Uhr.

Per Caribe Tours

■ Der zentrale Busterminal liegt an der Av. 27 de Febrero, Ecke c/ Leopoldo Navarro. Info: Tel. 809-221-4422, www. caribetours.com. do.
■ nach Azua (120 km): 6.15, 6.30, 9.45, 10.15, 13.45, 14, 15, 17.15, 17.30 Uhr
■ nach Barahona (200 km): 6.15, 9.45, 13.45, 17.15 Uhr, Fahrzeit: knapp 3 Std.
■ nach Dajabón (295 km): 6.30, 8, 9.30, 13, 14, 15.45 Uhr
■ nach Jarabacoa (155 km): 7, 10, 13.30, 16.30 Uhr, Fahrzeit: 2½ Std.
■ nach La Vega (125 km): zwischen 6 und 18 Uhr fast halbstündig
■ nach Monte Cristi (270 km): 6.30, 8, 9.30, 13, 14, 15.45 Uhr
■ nach Puerto Plata (215 km): zwischen 6 und 19 Uhr stündlich, Fahrzeit: 3–3½ Std.
■ nach Río San Juan (150 km): 7.30, 9, 13, 14, 15.30 Uhr
■ nach Samaná (ca. 170 km): 7, 8.30, 10, 13.30, 14.30, 16 Uhr, Fahrzeit: knapp 2½ Std.
■ nach Sánchez (ca. 130 km): s. Samaná, Fahrzeit: 2 Std.
■ nach Santiago (155 km): zwischen 6 und 18 Uhr halbstündlich, Fahrzeit 2 Std.
■ nach Sosúa (240 km): zwischen 6 und 19 Uhr stündlich, Fahrzeit 3½–4 Std.
■ nach Haiti (395 km u.a. bis Port-au-Prince und Cap Haïtian): 11 Uhr
■ **Hinweis:** Die Busse werden generell auf Kühlschrank-Niveau durch die Aircondition heruntergekühlt. Ich empfehle deshalb dringend ein Sweatshirt, eine Jacke und auch eine Mütze mit in den Bus zu nehmen.

▷ Caribe Tours fährt etwa 40 Orte im ganzen Land an

Per Expressbus

Es gibt einen Expressbus **nach Bávaro** (300 km), der mit nur einem Pausenstopp in gut 4 Std. durchfährt. Abfahrt: 7, 9, 11, 13, 15, 16 Uhr von der Estación Juan Ramírez Sánchez 31, nahe Av. Máximo Gómez, Tel. 809-682-9670.

Per Guagua

Vom Parque Enriquillo fahren unzählige Kleinbusse **in den Ostteil der Insel.** Sie steuern Ziele bis zu so entfernten Orten wie Miches (180 km) oder Higüey (145 km) an.

Es stehen immer etliche Busse abfahrbereit, der Cobrador schreit lautstark seine Fahrtroute. An manchen Bussen, besonders den klimatisierten, sind sogar Hinweisschilder angebracht. Man gehe einfach zu den parkenden Bussen hin und nenne sein Ziel. Im Zweifel einmal mehr nachfragen *(Va directo?)*, ob er auch direkt bis zu dem jeweiligen Bestimmungsort fährt. Express-Busse haben Aircondition und fahren direkt zum Ziel. Unterwegs kann man aussteigen und vereinzelt auch einsteigen, aber diese Busse halten nicht ständig an. Lokale Busse dagegen halten immer, sobald jemand an der Straße winkt, deshalb sind sie etwas billiger.

Diese Busse fahren ständig in Richtung Boca Chica (31 km), Juan Dolio (45 km), La Romana (110 km), aber auch nach Hato Mayor (110 km), Miches (180 km) und Higüey (145 km).

Zum Flugplatz per Guagua fahren zu wollen, halte ich für nicht empfehlenswert. Zuerst müssen Urlauber bis zum Parque Enriquillo laufen oder fahren, dann eine Guagua in Richtung Boca Chica nehmen und in La Caleta aussteigen. Die Guaguas fahren nämlich nicht direkt zum Flugplatz. Von La Caleta bis zum Flugplatz sind es aber noch gut drei Kilometer. Es stehen zwar meist Motoconchofahrer parat, aber diese Variante kann schnell zum gewagten Balanceakt werden, wenn Passagiere sich mit einer Hand an der Schulter des Fahrers festklammern und mit der anderen versuchen, ihr Gepäck festzuhalten ...

Guaguas in den **Westteil** fahren vom Parque de la Independencia nach San Cristóbal (46 km) ab. Es gibt aber auch noch die guten Verbindungen mit Caribe Tours zur Westseite.

187dr hf

2 Der Osten

Strände ohne Ende sind an der Ostküste zu finden, jedenfalls rund um Punta Cana. Über 30 Kilometer verläuft dort ein Puderzuckerstrand vor türkisfarbenem Meer. Deutlich kleiner, aber dennoch ausgesprochen schön und mit karibischem Flair sind die Strände in Bayahibe, Juan Dolio oder Boca Chica.

< Traumstrand Punta Cana

DER OSTEN

188dr hf

Ganz im Osten der Insel liegt das karibische Strandparadies schlechthin. Wunderschöne Strände finden sich um **Punta Cana,** sie erstrecken sich über sagenhafte 30 Kilometer vor Millionen von Palmen. Dort stehen zwar viele große Hotelanlagen, aber keine hässlichen Hochhausriesen. Es ist zugleich die Hauptzone vom All-Inclusive-Urlaub. Die Strände der anderen Orte sind zwar auch nicht schlecht, bleiben aber deutlich kleiner. In **Bayahibe,** einem ehemaligen kleinen Fischerdorf, treffen sich die Individualisten, während in **Boca Chica** eher Party-Gäste urlauben. Und nach **Juan Dolio** zieht es vor allem Ruhesuchende.

NICHT VERPASSEN!

- **La Romana.** Der zentrale Parque Duarte und seine angrenzenden Straßen zeigen das ganz normale dominikanische Alltagsleben | 74
- **Altos de Chavón,** kurioses Freilichtmuseum mit einem künstlichen Dorf und einem Amphitheater | 77
- **Bayahibe,** laid-back-Atmosphäre in einem keinen Fischerdorf, das so langsam erwacht und auch schon einen Happen vom touristischen Kuchen abbekommen hat | 78
- **Punta Cana** ist das karibische Strandparadies schlechthin, es bietet allerdings überwiegend das All-Inclusive-System | 86

Diese Tipps erkennt man an der gelben Hinterlegung.

[>] Am Strand von Boca Chica

Überblick

Die Ostseite weist zwei sehr unterschiedliche Landschaftsbilder auf. Während die **Atlantikküste** üppige tropische Vegetation und weitläufige Strandzonen besitzt, dabei touristisch kaum erschlossen ist, bildet die **Karibikküste** das genaue Gegenstück: Das Klima ist überwiegend trocken, die Strandzonen sind gesprenkelt mit hervorragenden Hotelanlagen, die größtenteils über ausländische Reiseveranstalter buchbar sind. Viele Strände sind somit entdeckt und entsprechend vermarktet worden. Boca Chica und Juan Dolio erlebten in den letzten Jahren eine stürmische Entwicklung, wobei speziell Juan Dolio sich wieder zurückentwickelt. Hier konnten einige richtig große Hotelanlagen wohl nicht mehr wirtschaftlich betrieben werden, sie wurden geschlossen. Eine Anlage war sogar sechs Jahre ungenutzt, dann baute man sie zu Apartments um. Das scheint sowieso der Trend in Juan Dolio zu sein, in den letzten Jahren entstanden zahlreiche Apartmentblocks bzw. wurden ehemalige Hotels umgestaltet. Offensichtlich gibt es noch genügend Nachfrage, dass sich dieses Geschäft lohnt. In Juan Dolio gibt es kaum touristische Infrastruktur, ganz anders als im benachbarten Boca Chica: dort entstanden neue Hotels, mehr Touristen kamen, und das gesamte Ambiente veränderte sich. In Boca Chica hat sich eine feierfreudiger Tourismus breit gemacht, und auch Sextouristen zieht es hierhin. Am Wochenende strömen außerdem regelmäßig viele Tagesgäste aus Santo Domingo an diese schnell erreichbaren Strände. Stille Ecken sind nicht mehr so leicht zu finden. Es gibt allerdings auch noch einige wenige ruhigere und unbekanntere Strandzonen, wie z.B. die Bucht von Bayahibe: Nicht dass hier die Zeit stehen geblieben wäre, das nun nicht, aber noch immer gibt es in Bayahibe einfache Unterkünfte für den schmalen Geldbeutel. Allerdings fallen auch beinahe täglich ganze Busladungen von Tagestouristen hier ein, die mit einem Boot auf eine einsame Insel gebracht werden. Diese Tagesgäste sind aber am Abend verschwunden, und dann gehört der kleine Ort wieder sich selbst.

Im **Landesinneren** liegen unzählige Dörfer, deren Bewohner immer noch vom Zuckerrohranbau oder bescheidener Landwirtschaft leben.

Größere Industriebetriebe liegen nur in den sogenannten *Zonas Francas.* Das sind Freihandelszonen, in denen ausländische Investoren unter günstigen Bedingungen investieren konnten und steuerliche Vorteile genießen. In diesen Industriezentren sind Tausende beschäftigt. Diese **Zonen** sind vor allem um La Romana und San Pedro de Macorís angesiedelt.

An der **äußersten Spitze im Osten** ist das Klima sehr trocken und die Gegend deshalb auch nur dünn besiedelt. Hier sind jedoch einige kilometerlange

Strandzonen zu finden. Keine Frage, dort liegt das Strandparadies der Insel! Die Strände von Bávaro und Punta Cana ziehen sich über ungefähr 30 Kilometer entlang der Küste. Die weißen Strände sind von Palmen gesäumt, Strandläufer können immer wieder neue interessante Ecken entdecken. Obendrein ist das Klima hier noch etwas heißer und trockener als im übrigen Teil der Insel, sonnige Tage sind also (fast) das ganze Jahr über garantiert.

142dr hf

Diese Strände suchen ihresgleichen uns sind einfach nur schön. Hier hat in den letzten 20 Jahren eine unglaublich dynamische Entwicklung stattgefunden. Direkt an den Palmenstränden entstanden **erstklassige Hotelanlagen,** so an die 50 großflächige und weitläufige Hotels sind es mittlerweile geworden. Und das Schönste: Hochhausriesen wie an den spanischen Küsten gibt es nicht, **kein Haus überragt die Palmen.**

Auch die gesamte Infrastruktur im Hinterland hat sich verändert, es gibt gute Straßen, viele Zulieferbetriebe und mittlerweile auch eine Schnellstraße von Santo Domingo.

^ Gaudi für Touristen in Boca Chica

> In der Calle Duarte

Boca Chica

Boca Chica liegt gut 30 km östlich der Hauptstadt und hat einen ca. drei Kilometer langen **Strand.**

Man kann nicht drum herum reden: Boca Chica ist kein Ort für einen Familienurlaub. Hier treffen sich Urlauber, die feiern wollen und hierher kommt auch der Sextourist, das muss so klar gesagt werden dürfen. Die Lokale liegen so gut wie alle in einer Straße (Calle Duarte), die abends gesperrt und damit zur **Fußgängerzone** wird. Dort liegen Kneipen, Musikbars, Discos, also das ganze Feierprogramm. Und sie dehnt sich immer noch weiter aus, was bedeutet, dass ehemals gute und ruhige Hotels nun mittendrin liegen. Das Flair von Boca Chica wird ziemlich deutlich von dieser

Zone geprägt, richtig ruhige Ecken sind zumindest am Strand nicht zu finden.

Der Strand ist prinzipiell durchaus reizvoll, wurde aber in den letzten Jahren mit dem verstärkten Aufkommen des Tourismus auch **entsprechend frequentiert.** Zunächst liegt ein relativ breiter Streifen am Ende der Zufahrtsstraße. Dieser wird rasch ziemlich schmal, da eine Reihe von Lokalen folgt, die ihre Tische teilweise bis ans Wasser gestellt haben. Einerseits sitzt man dort recht nett im Sand, andererseits kann man kaum vernünftig vorbeispazieren. Nach dem Passieren dieser Lokal-Meile folgt nun ein breiterer Strand, wo es auch wieder ruhiger wird. Ein optisch klarer Nachteil ist, dass nach rechts auf ziemlich unschöne Industrieanlagen geschaut wird.

Der Clou von Boca Chica ist ein ca. 500 Meter im Meer liegendes **Riff,** das die ganze Bucht abschirmt, sodass ein riesiges Naturschwimmbecken entstanden ist. Das Wasser ist dadurch kaum mannshoch und absolut ruhig. Deswegen spricht man auch gern von dem größten natürlichen Schwimmbad der Welt. Am Ende der Bucht liegt ein kleines mit Palmen gesäumtes **Inselchen,** das man problemlos erreichen kann.

Boca Chica ist etwas für Leute, die **Trubel** mögen. Am Strand kommen ständig Händler vorbei, es knattern fast die ganze Nacht die Motorräder und die Generatoren, und gegen Morgen verabschieden sich die letzten Diskoheimkehrer. Eventueller Ausweg: Ein etwas teureres Hotel am Ende des Strandes oder

189dr hf

besser noch, ein Haus, das weiter abseits liegt, suchen. Wer dagegen Beachlife mit Remmidemmi sucht, der wird sich in Boca Chica wohl fühlen. Einziger Vorteil immer noch: Von hier können problemlos **Ausflüge** ins nahe Santo Domingo unternommen werden, und abends nach Rückkehr kann man dann noch schnell eine Runde baden.

Praktische Reisetipps

Anreise

- Vom internationalen **Flughafen** bei Santo Domingo kann man mit dem Taxi nach Boca Chica fahren, der Preis beträgt ca. 25 US$.
- **Von Santo Domingo** kann Boca Chica problemlos per **Guagua** erreicht werden. Die Direktbusse

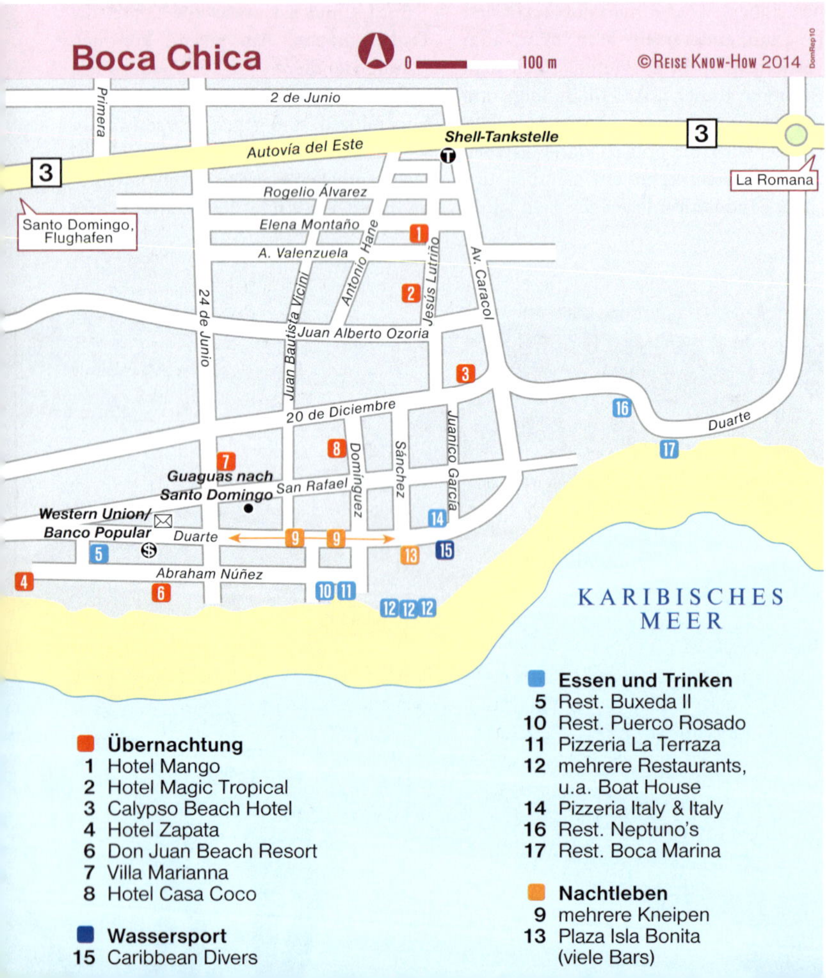

fahren bis zum zentralen Platz, wer dagegen einen Bus erwischt, der noch zu einem weiter östlich gelegenen Ort fährt, muss an der Hauptstraße aussteigen. Diese Busse fahren meist nicht direkt in den Ort hinein, sondern halten bei der Shell-Tankstelle an der Hauptstraße, allgemein bekannt als „la bomba“. Von dort kann man die letzten 500 Meter entweder zu Fuß Richtung Strand laufen oder per *Motoconcho* zurücklegen. Die Abfahrtsstelle in Santo Domingo liegt am Parque Enriquillo.

■ Wer aus einem **Ort im Osten** kommt (z.B. Juan Dolio, La Romana oder Hato Mayor), steigt ebenfalls gegenüber der Tankstelle aus. Die Busse fahren alle in die Hauptstadt und keiner fährt bis in den Ortskern hinein.

Unterkunft

In Boca Chica gibt es eine **große Bandbreite,** von absolut billig bis erstklassig teuer. Schon vor zwei Jahrzehnten gab es ein paar einfache Unterkünfte in der Calle Duarte, die aber mittlerweile im Epizentrum der **Kneipen-Meile** liegen, man kann also wirklich nicht von einer ruhigen Lage sprechen. Andererseits zählen sie zu den preiswertesten Häusern. Da sich die Kneipenmeile an der Calle Duarte immer noch ausdehnt, wurden inzwischen auch bislang ruhige Häuser erreicht, und zumindest eines scheint dadurch deutlich verloren zu haben. Deswegen können diese Häuser hier auch nicht mehr empfohlen werden. Da hilft nur noch auf ein weiter vom Zentrum gelegenes Haus auszuweichen.

■ **Casa Coco**②, Calle Domínguez 8, Tel. 809-523-4409, www.hotelcasacoco.com. Liegt weit genug von der Kneipenmeile entfernt, aber doch nicht einmal fünf Gehminuten vom Strand. Ein insgesamt relativ kleines (8 Zimmer), aber absolut korrektes Haus mit Pool und Bar, ein Frühstück wird auch serviert. Französische Betreiber.

■ **Calypso Beach Hotel**③, c/ Caracol, Ecke c/ 20 de Septiembre, Tel. 809 523 4666, http://calypsobeachhotel.com. Mittelgroßes, ockerfarbenes Haus, das gegenüber der weithin sichtbaren Villa Florencia liegt, in insgesamt zentraler Lage, aber doch weit genug entfernt von der Haupt-Kneipen-Meile. Korrekte Zimmer mit Balkon. Pool und WiFi.

■ **Don Juan Beach Resort**④, Calle Framboyán (direkt am Strand), Tel. 809-523-4511. Ein großes, modernes Gebäude mit 225 Zimmern, alle sind hervorragend ausgestattet, teilweise mit Kühlschrank und Balkon. Eine bewachte und abgeschirmte Anlage unweit des Zentrums.

■ **Hotel Zapata**②-③, Calle Abraham Núñez 27, Tel. 809-523-4777, www.hotelzapata.com. Ein korrekt eingerichtetes Haus mit 22 Zimmern, nicht allzu groß, aber mit direktem Zugang zum Strand und abseits des Trubels, mit eigenem Restaurant.

■ **Hotel Mango**②, Calle A. Valenzuela 2, Tel. 809-523-6477, www.hotelmango.com. Die 23 Zimmer und neun Apartments sind einfach, aber korrekt. Es gibt eine Bar, Kleinigkeiten zu essen und kostenloses WiFi. Liegt in einer sehr ruhigen Seitenstraße, mit Pool und gemütlichem Garten.

■ **Hotel Magic Tropical**①, Tel. 809-523-4254, liegt genau gegenüber dem *Hotel Mango*, hat einen großen Garten mit Pool, einen umlaufenden Balkon und 20 Zimmer ohne prätentiöse Einrichtung.

■ **Villa Marianna**②, c/ 24 de Juni 11, Tel. 809-523-4679, villamarianna@bocachicaplaya.com. Das Steinhaus liegt im ruhigen Bereich des Ortes, es ist nicht groß, hat einen kleinen Pool, eine Bar und 16 korrekte Zimmer sowie acht Apartments.

Gastronomie

Direkt am Strand liegen etliche Restaurants, hier kann man teilweise am Meer sitzend speisen. Es gibt hauptsächlich internationale Küche, man kann schön in gemütlichen Sitzen abhängen und den Meerblick genießen.

■ In der **Calle Duarte** liegen etliche Bars, in denen es nur tagsüber ruhig ist, abends und nachts wird hier schwer aufgedreht und abgefeiert.

247dr hf

■ Am Strandzugang liegt **The Boat House,** mit einem Bootskörper als Tresen.

■ **Pizzeria La Terraza,** hat – wie der Name verspricht – eine sehr große Strand-Terrasse.

■ Neben der Pension *Pequeña Suiza* entstand die **Plaza Isla Bonita** mit mehreren Lokalen.

■ Im **Neptuno's,** Tel. 809-523-4703, neben dem *Belive Hamaca,* gibt es leckere Fischgerichte.

■ **Pizzeria Italy & Italy,** Tel. 809-523-4001, liegt in der Calle Duarte, mitten im Zentrum, ist aber nicht die Einzige.

■ **Puerco Rosado.** Ein nett gestaltetes Restaurant mit großer Terrasse und breiter Auswahl, das am Ende der Kneipen-Meile am Strand liegt.

■ **Buxeda II,** c/ Duarte. Kleines, einfaches Lokal, in dem dominikanische Küche gepflegt wird, es ist eines der ganz wenigen am Ort.

■ **Boca Marina,** c/ Duarte 12 A, Tel. 809-688-6810. Ein für den Ort fast schon elegantes Lokal mit Empfangsdame im Eingangsbereich. Erstklassige Fischgerichte, die auf der netten Terrasse mit Meerblick noch mal so gut schmecken.

Aktivitäten

Das Angebot an Wassersportarten ist noch relativ gering.

■ Zum **Schnorcheln** eignet sich das Gebiet nur bedingt. Auf der dem Strand zugewandten Korallenseite sind nur wenige Fische zu beobachten, auf der anderen Korallenseite ist das Wasser wiederum zu aufgewühlt. Die besten Schnorchelgebiete liegen bei der vorgelagerten Insel.

■ Für **Taucher:** Der PADI-Schein kann bei *Treasure Diversim* im Don Juan Beach Resort erworben werden. Hier können auch Tauchausrüstungen geliehen werden.

■ Von Lesern hoch gelobt wird die deutsche Tauchschule **Caribbean Divers,** Calle Duarte 28, Tel. 809-854-3483, www.caribbeandivers.de.

■ Boca Chica ist vor allem als Standquartier geeignet, um selbstorganisierte **Ausflüge** nach Santo Domingo oder in den Ostteil der Insel zu unternehmen. Organisierte Touren werden in einigen Hotels angeboten.

Adressen

- **Banken:** *Banco Popular,* Calle Duarte; *Banregión,* Calle Duarte, *Western Union,* Calle Duarte.
- **Post:** Calle Duarte, schnell zu übersehen, liegt hinter der Plaza.

Weiterreise

- Ständig fahren Guaguas nach **Santo Domingo,** die Fahrgäste am zentralen Platz einsammeln. Meist dauert es nicht lange und eine Guagua wird vorbeikommen, diese Strecke wird hochfrequentiert. Irgendwann wird ein Bus kommen, der entweder direkt bis Santo Domingo fährt, oder zu einem zentralen Punkt fährt, von dem andere Busse abfahren. Hier muss dann umgestiegen und auch jetzt erst der Preis entrichtet werden.
- Zu den Orten, weiter im Osten, wie **Juan Dolio, Higüey, La Romana** oder **Hato Mayor,** fahren ebenfalls ständig Guaguas. Sie passieren aber nicht den Ort selbst, sondern halten nur kurz an der Hauptstraße auf Handzeichen. Ständig fahren Busse aus Santo Domingo kommend vorbei.

Eine der zahlreichen Bars in der c/ Duarte

Juan Dolio

Als Juan Dolio wird ein Ort bezeichnet, der als solcher gar nicht existiert. Er besteht nur aus einer kleinen Ansammlung von Hotels und Kneipen nebst wenigen Wohnhäusern. Eine Art Mittelpunkt stellt die **Plaza de la Luna** dar, ein zweiter, etwa einen Kilometer entfernt, die **Plaza Chocolate.** Allzuviel darf man in beiden Zentren nicht erwarten, viel mehr als eine Handvoll Geschäfte und der eine oder andere Tresen sind nicht zu finden.

Parallel zum Strand verläuft eine Straße, in den Anfängen nur eine staubige Piste, heute aber durchgängig geteert. Dort liegen die wenigen Hotels und Lokale, aber auch noch einige private Häuser. Der Strand ist durchaus attraktiv, kann aber nur von bestimmten Stellen betreten werden. Speziell in den letzten Jahren setzte eine Bautätigkeit ein, es entstanden und entstehen immer noch Apartment-Anlagen. Demgegenüber sieht man hier aber auch gar nicht so wenige „se vende“-Schilder, also Häuser, die zum Verkauf stehen.

In den Anfängen des Tourismusbooms in den frühen 1980er Jahren war Juan Dolio durchaus ein attraktives Ziel. Damals existierten die großen Zentren von Punta Cana oder Playa Dorada noch nicht. Einige Jahre ging es touristisch in Juan Dolio gar nicht schlecht. Etliche große Hotelanlagen entstanden, im Zuge dessen auch einige kleinere, und so manches Lokal eröffnete ebenfalls. Es war für alle Platz und vor ein paar Jahren wurde sogar der Strand verschönert, also insgesamt keine schlechten Grundvoraussetzungen. Und dennoch verschlechtert sich die Situation in Juan Dolio seit Jahren. In den letzten Jahren kamen immer weniger Gäste, was dazu führte, dass es momentan nur noch ein einziges kleines Hotel gibt und zwei große. Alle anderen sind geschlossen, selbst zwei riesige Anlagen. An sehr vielen Häusern (auch von Privatpersonen) hängt ein Schild: „zu verkaufen". Allerdings entstehen weiterhin neue Apartment-Komplexe und auch die Regierung möchte hier den Tourismus wieder gezielt fördern durch Investitionen. Kann gut sein, dass sich der Tourismus mehr in diese Richtung entwickelt, das muss für den Moment abgewartet werden.

Die **Entfernungen** in Juan Dolio sind groß; wer vom Ortsschild bis zum Endpunkt der Straße am Meer läuft, legt gut vier Kilometer zurück. So verteilen sich die **wenigen touristischen Zentren** auf vereinzelte Anballungen rund um einige wenige kommerzielle Zentren von überschaubarer Größe. Der eben beschriebene Weg endet vor einer jetzt geschlossenen riesigen Hotelanlage.

Wer diesen Bereich umrundet hat, erreicht einen breiten, zweispurigen **Malecón** mit Grünstreifen in der Mitte. Hier liegen etliche große Apartmenthäuser.

Ungefähr 100 Meter weiter im Inland verläuft die alte **Hauptstraße Santo Domingo – San Pedro.** Viel los ist hier nicht, wer Ruhe sucht, dürfte auf seine Kosten kommen.

Praktische Reisetipps

Anreise

■ Vom **Flugplatz** bei Santo Domingo kann man mit dem Taxi nach Juan Dolio fahren, Preis offiziell 50 US$, aber auch mit dem Bus. Dazu bis zur Schnellstraße gehen/fahren und dort nach rechts orientieren, d.h. nicht die Straße überqueren und einfach den nächsten Bus anhalten.

■ Von **Santo Domingo** (Parque Enriquillo) gelangt man per Guagua nach Juan Dolio. Es gibt allerdings keine klar erkennbare Haltestelle, der Cobrador wird in der Regel fragen, wo man auszusteigen wünscht. Ein guter Service, den man angesichts der Weitläufigkeit auf jeden Fall nutzen sollte. Wer an der Straße das Hinweisschild „Playa Juan Dolio" entdeckt (knapp hinter der Shell-Tankstelle), befindet sich etwa auf Höhe des Hotels *Fior di Loto.*

Unterkunft

■ **Hotel Coral Costa Caribe**④, Tel. 809-686244, www. coralhotels.com. Große Anlage, etwa in der Mitte der Strandstraße gelegen, insgesamt 422 sehr gut eingerichtete Zimmer. Es gibt außerdem ein Casino, eine Disko, mehrere Restaurants, sechs Bars, darunter auch eine Pool-Bar.

Hotel Fior de Loto①-②, Tel. 809-526-1146, www.fiordilotohotel.com. Der Klassiker von Juan Dolio. Ein buntgestaltetes Haus, in dem auch Yoga, Dance, Massage angeboten werden. Insgesamt sehr auffällig gestaltet, einfache Zimmer, teilweise mit Kühlschrank und mit kleinen Balkonen.

Hotel Barceló Capella④, Tel. 809-227-2356, www. barcelo.com; Topanlage mit diversen Gebäuden, einer Showbühne, einem Pool in Strandnähe nebst Bar und vor allem einem direkten Strandzugang.

Gastronomie

Restaurant El Sueño, Tel. 809-526-3903, Lokal mit mittelgroßer Terrasse bietet vor allem italienische Pizza.

Plaza Chocolate, dort befinden sich u.a. eine Bar, ein Supermarkt, eine Schweizer Bäckerei und es gibt einen Internetzugang.

Vista al Mar, schick eingerichtetes Lokal mit angenehmer Meerblick-Terrasse, direkt am Strand gelegen, es gibt Pasta und Fleischgerichte.

El Bambú, liegt schräg gegenüber vom Vista al Mar. Ein bisschen auf rustikal gestricktes Lokal, gut geeignet zum Abhängen bei einem Feierabend-Bier.

Bella Venezia, Tel. 809-526-1214. Eine Karaoke-Bar, die auch eine kleine Speisekarte bietet, u.a. mit Pasta, Fisch, Fleisch. Das Lokal liegt urig unter einem Palmendach.

Bar de Tapas, ein sehr kleiner, aber modern aufgemachter Laden direkt an der Hauptzufahrtsstraße.

Adressen

Plaza de la Luna, hier gibt es einen Minimarket, einen Andenkenshop, Internetzugang und ein Telefoncenter.

Plaza Spress liegt an der Hauptzufahrtstraße, hier befindet sich ein kleiner Supermarkt und die *Banco Popular.*

Plaza La Llave bietet einen kleinen Supermarkt, ein Reisebüro, welches Ausflüge in die Umgebung vermittelt, sowie einen kleinen touristischen Shop.

Aktivitäten

Ausflüge: Die großen **Hotels** bieten in der Regel Ausflüge an, beispielsweise nach Santo Domingo oder auch Reitausflüge in die nähere Umgebung.

Weiterreise

Egal ob es nach **Santo Domingo** oder **weiter in den Osten** der Insel gehen soll, man muss an der Hauptstraße einen vorbeifahrenden Bus stoppen und darauf hoffen, dass noch ein Platz frei ist.

190dr hf

Am Strand von Juan Dolio

San Pedro

Die Stadt heißt mit vollem Namen San Pedro de Macorís und ist für die meisten nichts weiter als eine **Umsteigestation auf dem Weg nach La Romana oder Sabana de la Mar.** Auf den ersten Blick erscheint die Stadt auch nicht sonderlich anziehend. Sie wirkt hektisch, viele Busse und Taxen parken an den zentralen Kreuzungen, und die Fahrer bieten lautstark ihre Dienste an. Herausragende Sehenswürdigkeiten sind nicht zu entdecken.

Dabei hatte San Pedro einst eine einzigartige Bedeutung. Ende des 19. Jahrhunderts wurde die Stadt von Kubaflüchtlingen, die wegen des Unabhängigkeitskrieges geflohen waren, gegründet. Schon bald hatten sie den **Zuckerrohranbau** eingeführt, und durch die weltweite Zuckerkrise, die der Erste Weltkrieg auslöste, kam Wohlstand in die Stadt. Noch heute wird in der Umgebung von San Pedro intensiv Zuckerrohr angebaut.

Heute ist San Pedro bekannter für seine **Baseball-Spiele.** Viele Spieler haben es geschafft, in den US-amerikanischen Profiligen zu Ruhm zu gelangen. Mittlerweile spielen in den USA mehr Dominikaner als aus jedem anderen lateinamerikanischen Land. Mitten auf dem ersten Kreisverkehr nach dem Überqueren des Flusses zeigt ein Kunstwerk die beiden wichtigsten Säulen des Ortes: Baseball und Zuckerrohr.

Neben dem Sport und dem Zuckerrohr ist der Ort bekannt für seine **Universität,** der *Universidad Central del Este.*

Baseball in San Pedro

Wieso kommen gerade so viele Spieler aus San Pedro? Man sagt, dass dies mit der Zuckerrohrproduktion vergangener Tage zusammenhängt. Die Väter der heutigen Profispieler schufteten noch in den **Zuckerrohrmühlen,** währenddessen spielten die Kinder auf den Feldern Baseball.

Später, als junge Männer, mussten sie notgedrungen auch in den Mühlen arbeiten, spielten aber nebenbei natürlich noch Baseball. Durch die Möglichkeit, das ganze Jahr über trainieren zu können, entwickelten sie viel **körperliche Kraft.** Zusammen mit dem unbezwingbaren **Willen, der Malocherei in den Mühlen zu entkommen,** ergab das eine erfolgversprechende Mischung. Die Alternativen waren deutlich vorgezeichnet: entweder auf ewig in den Zuckerrohrfeldern arbeiten oder als Profi in den USA spielen.

Mittlerweile gehen die **Talentspäher der US-Profiteams** einen anderen Weg, sie suchen direkt auf der Insel. Viele Jugendliche sehen Baseball als ihre einzige Chance, zeigen sich richtig hungrig. Fast alle großen US-Profiteams unterhalten mittlerweile eine **sogenannte Akademie** in der Dominikanischen Republik. Dort werden talentierte Jugendliche zusammengefasst und bekommen eine Art Grundgehalt von 500–900 US-Dollar. Ein Vermögen, verglichen mit dem Mindestlohn von 150 US-Dollar, der in vielen Branchen gezahlt wird. So werden sie schnell zu den Haupternährern der Familie. In den Akademien erhalten sie eine Rundum-Betreuung. Natürlich sollen sie im Baseball perfektioniert werden, gleichzeitig werden sie aber auch unterrichtet und erhalten eine Art Schulbildung. Schon der Sprung in eine dieser Akademien gilt als Erfolg.

Aber natürlich wollen alle mehr, **träumen von einer Profikarriere.** Regelmäßig spielen etwa 70 Dominikaner in der ersten Profiliga und gut 500 in den unteren Klassen in den USA. Jedes Team darf aber nur 24 Ausländer verpflichten, mehr Visa gibt es nicht. Da sind die Plätze schnell vergeben, doch die Lateinamerikaner erfüllen noch einen Zweck, sie locken auch wieder mehr Zuschauer an, aus den großen hispani-

[>] Übung macht den Meister: Auch diese Jungs träumen von einer Karriere in den USA

schen Gemeinden in New York, Florida, Texas und Kalifornien.

Kritiker weisen darauf hin, dass dieses System nur funktioniert, weil die Latinos zu viel zu günstigen Konditionen unterschreiben. Außerdem sprechen sie von einer erneuten Ausbeutung, denn trotz allem würden sie schlecht bezahlt und zur Unterwürfigkeit erzogen. Es gibt Beispiele, die diese Behauptung stützen. Ein Nachwuchsspieler darf erst einen Vertrag unterschreiben, wenn er 17 Jahre alt ist. 1996 wurde der Fall eines **talentierten Jungen** bekannt, der bei einem Team in Florida unter Vertrag genommen wurde, für 30.000 US$. Irgendwie kam heraus, dass er aber tatsächlich erst 16 Jahre alt war. Die Ligakommission annullierte den Kontrakt. In der Nacht vor seinem siebzehnten Geburtstag gaben sich die Manager die Türklinke in die Hand, legten immer neue Angebote auf den Tisch. Im Morgengrauen unterschrieb er bei den *Toronto Blue Jay,* für 1,1 Millionen US$!

Unerreicht und damit auch **riesiges Vorbild** bleibt immer noch ein anderer Junge aus San Pedro, *Sammy Sosa.* Er unterschrieb in Chicago einen Dreijahresvertrag für 16,5 Millionen US$! Unglaublich, aber wahr, *Sosa* war ursprünglich Schuhputzer. Er vergaß seine Vergangenheit nicht. In San Pedro ließ er in einem von ihm gebauten Einkaufszentrum einen Brunnen errichten. Dort steht nun unter dem Denkmal der eigenen Person der Hinweis, dass jede Spende, die dort in den Brunnen geworfen wird, den Schuhputzern von San Pedro zugute kommt. *Sammy Sosa* gelang im Sommer 2007 obendrein ein denkwürdiger Rekord. Als fünfter Spieler überhaupt in der Geschichte der höchsten US-Liga schaffte er den sechshundertsten Homerun.

020dr sm

192dr hf

Mobiler Schuhfachhandel

Praktische Reisetipps

Anreise

- Von **Santo Domingo** (Plaza Enriquillo) fahren ständig *Guaguas* nach San Pedro.
- Von **Sabana** bzw. **Hato Mayor** gibt es ebenfalls permanente Verbindungen, teilweise auch per Sammeltaxi. Aus **La Romana** kommen Busse, die meist weiter nach Santo Domingo fahren. Sie alle treffen sich am zentralen Umsteigeplatz vor dem Baseballstadion.

La Romana

Dieses **Städtchen** wirkt bei weitem nicht so hektisch wie andere Orte vergleichbarer Größe. La Romana wird von Straßen durchzogen, die im Schachbrettmuster angelegt sind, dadurch fällt die **Orientierung** recht leicht.

La Romana ist heute mit 190.000 Einwohnern die viertgrößte Stadt des Landes, und sie ist flächenmäßig nicht gerade klein. Es dauert schon so einige Zeit, bis man sich dem Zentrum genähert hat. In den Außenbezirken zeigt sich La Romana wenig spektakulär, Wohngebiete wechseln sich ab mit langgezogenen Einkaufsstraßen. In den Randgebieten zum Meer sind Industriezentren zu finden, und im östlichen Bereich wurde

Zuckerrohr verarbeitet, man erkennt noch heute im dortigen Straßenbild die Schienen der Schmalspurbahnen, mit denen die Ernte transportiert wurde.

In der näheren Umgebung befindet sich mit dem **Casa de Campo** eines der teuersten Ferienresorts der ganzen Karibik, inklusive eines Privatflughafens.

Sehenswertes

Wenn man heute durch die Straßen schlendert, mag man es kaum glauben, aber tatsächlich zählt La Romana **zu den ältesten Ortschaften der Neuen Welt.** Immerhin trieb sich ein spanischer Glücksritter hier schon im Jahre 1502 herum, natürlich auf der Suche nach Gold. Und da er am Fluss ein Lager errichtete, gilt dies heute als Stadtgründungsdatum. Wenn *Juan de Esquivel,* so der Name jenes Spaniers, wüsste, dass sein damaliges armseliges Lager heute eine historische Bedeutung hat!

Irgendwann verschwand *Esquivel* wieder, und lange Zeit passierte nicht viel. Aber dann schwappte durch den **Zuckerboom** auch nach La Romana etwas Geld, die Stadt prosperierte – aber wohlgeordnet –, und das sieht man heute noch im **Stadtbild.**

Sehenswert ist natürlich eben dieses Stadtbild rund um die Plaza Duarte. So finden sich hier viele **buntbemalte Holzhäuser,** jedes in seiner ureigenen Farbe. Sie strahlen einen speziellen Charme aus, der nicht darüber hinwegtäuschen darf, dass heute keine begüterten Menschen hier wohnen. Trotzdem pflegen sie ihre Häuser mit viel Engagement. Die Holzhäuser sind speziell in den Straßen zwischen dem Park und der Avenida Libertad, der Straße, die parallel zur Küste verläuft, zu finden.

Der zentrale Platz, der **Parque Duarte,** eignet sich gut als Ausgangspunkt, er strahlt eine gemütliche Ruhe aus, ein paar Restaurants und fliegende Händler sind zu finden. Geschmückt ist der Platz mit einigen lebensgroßen Kunstwerken, die Ochsen darstellen, sowie mit einigen ebenfalls lebensgroßen Skulpturen von Baseballspielern. Zuletzt wurde hier am Dienstag, Donnerstag und Samstag ein **Kunsthandwerkermarkt** abgehalten, auf dem überwiegend Haitianer ihre Waren anboten, denn an diesen Tagen legten Kreuzfahrtschiffe im Hafen von La Romana an.

Direkt am Park liegt auch die **Kirche** Santa Rosa de Lima, der Stadtpatronin, und wiederum dahinter ist der **Mercado Municipal** zu finden.

Abgesehen von dem sehenswerten Stadtbild ist La Romana vor allem **Ausgangspunkt für Ausflüge** zu dem Künstlerdorf Altos de Chavón, zur Isla Saona und zur vorgelagerten Isla Catalina.

Praktische Reisetipps

Anreise

- Von **Santo Domingo** per Guagua vom Parque Enriquillo. Endstation ist der zentrale Platz Parque Duarte.

Unterkunft

Die Auswahl an Hotels in La Romana ist bescheiden, sieht man einmal vom Casa de Campo ab.

- **Hotel Olimpo**③, Av. Padre Abreu, Ecke c/ Pedro A. Lluberes, Tel. 809-550-7646. Recht modernes

Haus mit 57 Zimmern, nicht weit vom Hotel Frano entfernt, daher aber schon ein gutes Stückchen außerhalb des Zentrums gelegen. Ein Restaurant und ein eigener Parkplatz sind auch vorhanden.

■ **Hotel River View**②, c/ Restauración 17, Tel. 809-556-1181. Ziemlich zentral, nur zwei Blocks vom Parque Duarte. Der versprochene Blick zum Fluss wird wohl nicht von allen Zimmern möglich sein. Insgesamt recht schlicht, dafür aber einigermaßen ruhig.

Gastronomie

■ **Cafetería Trigo de Oro,** am Parque Duarte, mit der Möglichkeit, draußen zu sitzen. Kleine Gerichte in ruhiger Atmosphäre, aber vor allem französisch geprägtes Backwerk, Wein und andere Delikatessen.

■ **Alondra Pizzeria,** liegt zwei Blocks nördlich des Parque an der Calle Francisco del Castillo Márquez 88, Tel. 809-550-4115. Man sitzt nett draußen unter Bäumen.

Adressen

■ **Banken:** *Banco del Comercio Dominicano,* am Parque Duarte; *Scotiabank,* Parque Duarte mit Geldautomaten.

■ **Post:** Calle Reales, zwei Blocks nördlich vom Parque Duarte.

Weiterreise

- Abfahrt der Busse nach **Higüey:** Calle Ramón Berges.
- Abfahrt der Busse nach **Santo Domingo:** Calle Eugenio Miranda.
- Beide Straßen liegen am Parque Duarte. Der **zentrale Busterminal** ist allerdings weit außerhalb angesiedelt, an der Avenida Padre Abreu. Zumeist bringen einen die Busse vom Parque Duarte dorthin, damit man umsteigen kann.
- Busse nach **Bayahibe** fahren von der Avenida Libertad ab, die drei Blocks südlich vom zentralen Platz liegt.

Umgebung von La Romana

Altos de Chavón

Dieser Ort liegt ungefähr acht Kilometer von La Romana entfernt an einem Hang, hoch oben über dem **Río Chavón.** Daher stammt auch der Name, der soviel wie Anhöhe des Chavón bedeutet.

In den 1970er Jahren war ein US-Amerikaner namens *Charles Bluhdorn* der Chef der mächtigen *Gulf & Western Company.* Warum auch immer, *Bluhdorn* ließ 1974 ein Künstlerdorf errichten, das heute zu einem gut besuchten **Freiluftmuseum** geworden ist.

In einer weitläufigen Parkanlage wurde ein **künstliches Dorf** mit Gebäuden, die einer italienischen Stadt aus vergangenen Jahrhunderten nachempfunden sein sollen, gebaut. Dominikanische Künstler und Studenten arbeiten hier und verbessern ständig die Anlage. Zu sehen gibt es hübsch gestaltete Häuser, eine **Kunstausstellung** und ein **Museum** mit Erklärungen zum Leben und der Kunst der *Tainos.* Dies ist übrigens eines der wenigen Museen, das zweisprachige Tafeln aufweist (Spanisch/Englisch). Weiterhin sind ein paar Restaurants, Geschäfte und ein 5000 Zuschauer fassendes **Amphitheater** geschaffen worden. Hervorzuheben ist noch der spektakuläre Ausblick auf den Fluss und die urwüchsige Vegetation. Trotz der durchdachten Gestaltung der Anlage lässt sich der Eindruck von Künstlichkeit nicht unterdrücken.

- **Anfahrt:** Es gibt keinen öffentlichen Busverkehr, so muss notgedrungen ein **Taxi** genommen werden. Man vereinbare gleich einen Termin für die Rückfahrt, an der Anlage warten nicht immer Taxis auf Fahrgäste, Motoconchos dürfen dort nicht mehr hinfahren. Die Zufahrt ist nur durch die Ferienanlage *Casa de Campo* (siehe unten) möglich, alle Besucher müssen sich mit dem Reisepass ausweisen und 25 US-Dollar Eintritt bezahlen. Besichtigungszeit: 8–16 Uhr. Infos unter: www.altosdechavon.com.

Casa de Campo

Auf dem Weg zu den Altos de Chavón wird die **exklusivste Ferienanlage der ganzen Insel** passiert, die einen wahrlich bescheidenen Namen trägt, die Casa de Campo (Landhaus). Hier wurde tatsächlich ein Zentrum geschaffen, das keine Wünsche offen lasst. Die Anlage umfasst ein Dutzend Pools, fast 1000 Zimmer, zwei Dutzend Tennisplätze, zwei Golfplätze, ein Fitness-Center und sogar eine eigene Landepiste für Kleinflugzeuge. Es ist die teuerste Hotelanlage der Insel mit Preisen von ca. 125 bis 700 US$ pro Tag, je nachdem, für welche Unterbringung man sich entscheidet, ob einfaches Haus,

Villa oder Villas Excel mit drei Zimmern. Den Gästen stehen eigene Elektroautos zur Verfügung, mit denen sie auf dem riesigen Gelände herumfahren können.

■ Für **Infos:** www.casadecampo.com.do.

Bayahibe

Bayahibe war einmal einer dieser Orte Marke Geheimtipp, wo sich nur eine Hand voll Individualreisender trafen. Es gab einen sehr schönen Palmenstrand,

107dr hf

Konsequenz: Ein riesiger Parkplatz wurde asphaltiert für all die Zubringerbusse, und wer immer im Dorf konnte, schaffte sich ein Motorboot an. Mehrere Dutzend Boote dümpeln nun ständig in der Bucht. Schließlich errichteten Investoren die ersten All-Inclusive-Hotels, eines davon okkupierte kurzerhand den halben Strand. Schön bewacht von bewaffneten Posten. Viel Platz am Strand bleibt nun nicht mehr für die Individualisten, zumal es auch noch einen Militärposten und eine Reihe von Schnickschnack-Buden dort gibt. Die ehemalige Strandidylle ist verschwunden, nur im Dorf selbst geht das Leben so träge über die Bühne wie eh und je. Und die einfachen Unterkünfte sind auch geblieben. Doch selbst dort im alten Dorf wird nun schon spürbar gebaut, mehrstöckige Apartment-Anlagen entstehen.

Bayahibe bleibt trotzdem ein Ziel für Leute, die ruhiges Strandleben mit Einblicken in das Alltagsleben der Dorfbewohner bevorzugen. Dazu kommen allerdings jeden Tag Hunderte von Urlaubern, die einen Tagesausflug auf die **Isla Catalina** oder **Isla Saona** von Bayahibe aus unternehmen, aber die sind am Abend wieder weg. Man muss abwarten, ob die neuen Apartment-Anlagen auch stärkere Veränderungen bedeuten.

ruhiges Dorfleben, einfache Unterkünfte, und man blieb unter sich.

Das ist vorbei. Zunächst dezimierte Hurrikan George den schönen Palmenbestand. Dann kamen immer mehr Punta-Cana-Tagesgäste, die einen Bootsausflug zur Isla Catalina unternahmen. Die

< Die Kirche Santa Rosa de Lima

Und dann gibt es noch den Strandabschnitt **Playa Dominicus.** Er liegt etwa drei Kilometer von Bayahibe entfernt. Die Straße von La Romana nach Bayahibe gabelt sich 1–2 km vor dem Ort. Links geht es zur Playa Dominicus, rechts nach Bayahibe. Der Strand zeigt sich in seiner Infrastruktur völlig anders. Er ist nicht übermäßig lang, aber sehr schön, doch auch hier ist nur noch ein relativ kleiner Abschnitt öffentlich zugänglich, den Rest hat sich ein Hotel reserviert. In Playa Dominicus wurden etliche Ferienkomplexe gebaut, überwiegend Ferienwohnungen, aber auch ein paar Hotels gibt es. Neben All-Inclusive-Anlagen existieren auch zwei Häuser für Individualreisende. Die beiden Häuser sind etwas höherpreisig, aber auch qualitativ besser als die meisten Bayahibe-Unterkünfte. Das gilt im Übrigen für den ganzen Ort, der auch Playa Dominicus Americanus genannt wird.

Praktische Reisetipps

Anreise

■ Anreise ist von La Romana per Guagua möglich. Die Abfahrtsstelle liegt vor einem großen Supermarkt an der Calle Libertad, das ist die Straße, die aus dem Ort herausführt, vielleicht fünf Gehminuten vom zentralen Platz entfernt. Vom Platz eine Straße nach rechts (also zum Fluss) runtergehen bis zur Querstraße, von dort aus noch ein paar Meter nach links. Frequenz: alle 15–20 Minuten.

Unterkunft

Im Dorf werden einige einfache Zimmer vermietet, die fast alle in der Preiskategorie von ① liegen. Wer in den Ort kommt, erkennt sofort eine Art touristische Hauptstraße, dort liegen die Unterkünfte und einige Restaurants.

■ **Hotel Bayahibe**②-③, Tel. 809-833-0159, www.hotelbayahibe.net, ein modernes grün-weißes Steinhaus, das noch zu den größeren Häusern zählt. Es bietet Kühlschrank, Aircondition und Kabel-TV.

■ **Villa Iguana**①-③ je nach Standard, Tel. 809-757-1059, www.villaiguana.de. Gästehaus im Ortskern mit drei Apartments, sieben DZ und einem Penthouse auf dem Dach. Deutsche Leitung.

■ **Hotel La Llave del Mar** ①-②, Tel. 809-823-3128. Gar nicht so kleines Haus in blau-gelber Farbe, das unweit der Bushaltestelle liegt. Zimmer haben Balkon, TV und Aircondition.

■ **Cabaña Taino**②, Tel. 829-924-9403. Kleine Anlage mit wenigen Zimmern unweit Hotel Bayahibe mitten im Ortskern gelegen. Korrekte Zimmer mit Aircondition, Kabel-TV und WiFi.

■ **Hotel Eden**④, Avda. de la Laguna 10, Tel. 809-833-0856, www.santodomingovacanze.com. Großzügige Anlage an der Playa Dominicus mit Apartments und Bungalows, die gut, aber etwas nüchtern eingerichtet sind. Ein Pool sowie ein großes Restaurant sind angeschlossen.

Gastronomie

Im Dorf gibt es ein paar Restaurants, die schnell gefunden sind.

■ **Chiky Blue,** Tel. 809-853-0514. Italienisches Restaurant, in dem hauptsächlich Pizza serviert wird. Schöne Lage mit einer Terrasse unter Palmen, von der man nett aufs Wasser schaut.

■ **Bamboo Beach,** Tel. 829-410-1326. Liegt ebenfalls unter Palmen und bietet auch einen tollen Blick auf den Strand, serviert wird französische Küche.

■ **Restaurante Doña Clara.** Noch ein Lokal mit netter Meerblick-Terrasse. Geboten werden Fischgerichte, Meeresfrüchte sowie nationale, aber auch internationale Speisen.

■ **Bar Cobra,** kleine Bar mit schöner Holzterrasse zum Meer. Dort kann man sich mit einem Drink auf eine Art Schaukel setzen und sich regelrecht schwingend wegträumen von dieser Welt.

■ **Mare Nostrum,** Tel. 809-833-0055, liegt sehr schön am Wasser und bietet gute italienische Küche.

■ **Pizzeria Marina,** Tel. 833-0465, ist schick eingerichtet und bietet ebenfalls italienische Küche. Zu finden in dem Neubau „Plaza Comercial Bayahibe".

Adressen

■ **Bank Ban Reserva:** liegt im Ort beim Hotel Bayahibe und hat einen Geldautomaten.

■ **Geldwechsel:** Mehrere Wechselstuben im Dorf.

■ **Tauchen** oder **Bootsausflüge** zu den Inseln: *Scubafun,* Calle Principal. 28, Tel. 809-833-0050, www.scubafun.info; *Casa Daniel,* Calle Principal 1, Tel. 809-833-0010, www.casa-daniel.com.

Weiterreise

■ Täglich, etwa zweimal pro Stunde fährt eine Guagua nach La Romana.

Umgebung von Bayahibe

Isla Saona

Mittlerweile gilt auch der Besuch auf der etwa 30 km entfernten Insel Isla Saona zum Standardprogramm der meisten Anbieter. Das überrascht zunächst ein-

Bootsausflug von Bayahibe

193dr hf

194dr hf

Warten auf Touristen in Bayahibe

mal, gehört sie doch **zum Nationalpark Parque Nacional del Este,** somit darf sie nur mit einer Erlaubnis betreten werden. Die Erlaubnis erhält man dadurch, dass man eine organisierte Tour über ein Reisebüro oder Hotel bucht.

Die Insel misst immerhin 110 km^2 und ist dünn besiedelt, es existieren lediglich **zwei kleinere Ortschaften.** Randaspekt: Das Touristikministerium weist darauf hin, dass die Isla Saona die niedrigste Sterblichkeitsrate des Landes aufweist.

Parque Nacional del Este

Dieser Park umfasst eine trapezförmige Halbinsel im äußersten Südosten des Landes und die Insel Saona. Sandstrände, Steilküsten und Mangrovensümpfe bestimmen die **Küstenlandschaft.**

Im Parkinneren befinden sich ausgedehnte **Trocken- und Feuchtwälder** mit Mahagoni-, Mesquit-, Weißgummi-, wilden Oliven- und Pockholzbäumen. Besonders interessant ist die Zapfenpalme, die von den Ureinwohnern zur Herstellung von Brot genutzt wurde. Außerdem erwähnenswert ist die Saona-Kirschpalme, eine einzigartige Pflanze, die nur hier vorkommt.

Bisher wurden 112 **Vogelarten** identifiziert, von denen acht nur auf Hispaniola und weitere elf nur in der Karibik heimisch sind. Dazu zählen die Blaukronenamazone, die Palmkrähe und der Große Todus. Beide einheimischen **Landsäugetiere,** der Schlitzrüssler und Hutia, sowie der Nashornleguan sind hier im Park zu beobachten.

Beeindruckend sind weiterhin Steinzeichnungen und **Wandmalereien der Tainos** in ausgedehnten Höhlensystemen.

Wer sich die Fahrt zur Isla Saona sparen will, kann am Strand entlang laufen, am Hotel Dominicus vorbei bis zum Haus der Parkranger. Dort wird der Obolus (100 R.D.$) entrichtet, und dort sind die Höhlen von Guaragua zu finden, wo Wandmalereien der Tainos besichtigt werden können.

Individualreisende können von Bayahibe versuchen, auf eigene Faust hinzukommen.

Wem dies zu abenteuerlich erscheint, der sollte sich gleich einer **organisierten Tour** anschließen. Diese werden von verschiedenen Orten aus angeboten und beinhalten neben dem Transport jede Menge Drinks, Fahrt mit kleinen Booten durch den dortigen Mangrovenwald, Essen am Strand, Möglichkeit zum Schnorcheln und manchmal sogar Wasserski. Die Besucher werden nur an einem bestimmten Punkt der Insel abgesetzt, Naturschutz und Tourismus gehen sich auf diese Weise aus dem Weg. Auf der Insel gibt es ein Restaurant, in dem ein Buffet angeboten wird, aber auch ein paar Colmados mit dominikanischen Speisen.

Im *Casa Daniel* kann ebenfalls eine Tour in deutlich kleineren Gruppen zur Isla Saona gebucht werden. Diese Touren sind mittlerweile aber, wie ein Leser treffend schrieb: „Massenveranstaltungen mit viel Musik, Tanz und Alkohol".

Isla Catalina

Die Insel Isla Catalina ist ein **unbewohntes Inselchen,** das vor La Romana liegt. Angeregt durch einsame Strände und unberührte Landschaft kann man dort einen geruhsamen Tag mit etwas Robinson-Feeling verbringen.

Ein Ausflug nach Catalina gehört heute zum **Standardprogramm eines jeden Reisebüros oder Hotels.** Morgens wird gestartet, ein Bus holt die Gäste ab und bringt sie nach Bayahibe zu wartenden Segelbooten, meist riesige Katamarane. Dann geht's mit viel Hallo und Rumpunch rüber auf die Insel. Wer dem etwas entgehen will, kann abtauchen; die Isla Catalina wird von schönen Korallenriffen begrenzt.

Kann ein derartiger Trip **auf eigene Faust** organisiert werden? Im Prinzip ja, dazu muss man nur nach Bayahibe fahren und ein wenig neugierig herumgucken. Dann wird bestimmt ein Fischer eine entsprechende Offerte aussprechen. Wenn die Tour vielleicht auch etwas preiswerter gestaltet werden kann, auf der kleinen Insel trifft man sich dann doch wieder.

Higüey

Den meisten ist dieser Ort nur als **Umsteigestation** bekannt, denn hier muss die Guagua gewechselt werden, wenn man zu den Stränden von Macao, Bávaro und Punta Cana will.

Bereits 1504 wurde der Ort auf Befehl von *Nicolás de Ovando* **gegründet,** zählt somit zu den ältesten Orten der Insel.

Spannender dürfte aber sein, dass dem Ort **magische Kräfte** zugesprochen werden. Einst soll sich sogar *Kolumbus* auf wunderbare Weise aus einer misslichen Situation befreit haben, als eine Gruppe Tainos die Spanier überfallen hatte und drauf und dran war, den Admiral niederzumetzeln. Da erschien ihm helfend

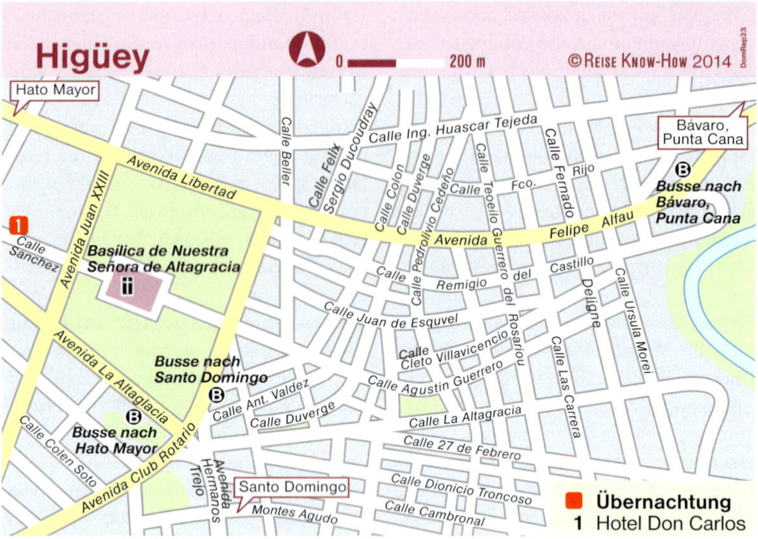

die heilige Jungfrau, die *Tainos* ließen sofort von ihrem Vorhaben ab. Soweit die Legende.

Kurze Zeit später wurde jedenfalls eine Wallfahrtskirche errichtet, in deren Innerem das Bildnis der heiligen Jungfrau aufbewahrt wird, und Higüey wurde somit zum **Wallfahrtsort.** Jedes Jahr am 21. Januar kommen Tausende Pilger hierher, der Día de Altagracia gilt heute als einer der wichtigsten Feiertage des Landes, und damit ist Higüey heute der bekannteste Wallfahrtsort der Dominikanischen Republik. In der auffälligen, in modernem Stil erbauten Basilika befindet sich das Bildnis der Jungfrau Nuestra Señora de la Altagracia, der zahlreiche Wunder zugesprochen werden. Die Kirche ist dank ihres hoch aufragenden Betonbogens nicht zu übersehen. Das Bauwerk ist übrigens auf dem 50-Peso-Schein abgebildet.

Heute zählt Higüey immerhin 150.000 Einwohner und ist die **Hauptstadt** der östlichen **Provinz La Altagracia.** Die Stadt liegt 150 km von Santo Domingo entfernt, was in früheren Jahrhunderten bedeutete, dass sie äußerst isoliert und beinahe vergessen war. Hier wurde lange Zeit im größeren Stil Zuckerrohr angebaut. Etwa ab den 1980er Jahren änderte sich das wirtschaftliche Fundament, als Europäer und Amerikaner die 50 km entfernten Strände von Bávaro und Punta Cana entdeckten. Durch den rasch folgenden Bauboom entstanden viele Arbeitsplätze, sodass die Stadt rasant wuchs.

[>] Auf dem 50-Pesos-Schein abgebildet: die Basilika von Higüey

Praktische Reisetipps

Anreise

Es existieren durchgehende Verbindungen von **Santo Domingo,** ab Parque Enriquillo. Wer weiter nach Punta Cana will, sage dem Busfahrer Bescheid, der hält dann an der Abfahrtsstelle, die etwas außerhalb vom Zentrum liegt.

Unterkunft/Gastronomie

Hotel Don Carlos②, c/ Juan Ponce de León, Ecke c/ Sánchez, Tel. 809-554-2713, Fax 809-554-4033. Recht gute Wahl für den Ort, viele Geschäftsreisende. Ein mittelgroßer Zweckbau, etwa einen Block hinter der Kathedrale. Unterschiedlich große Zimmer, die im Anbau sollen besser sein. Ein Restaurant ist auch vorhanden.

146dr hf

Adressen/Weiterreise

- Die Guaguas und Pick-ups nach **Punta Cana** und **Bávaro** fahren von einer Straßenkreuzung ab, an der der Bus aus Santo Domingo seine letzte Station hat, der Terminal heißt Parada Sitrabapur. Die Abfahrtsstelle liegt etwas versteckt, aber die Fahrer der Guaguas setzen die Reisenden in unmittelbarer Nähe des Terminals ab, nur kurz dem Busfahrer Bescheid geben, dass man nach Punta Cana möchte. Fahrplan: ständig von etwa 5 bis 20 Uhr.
- Nach **Santo Domingo** fahren bequeme Busse von einer zentralen Stelle, genau gegenüber dem Park, in dem die Basilika steht. Es handelt sich hierbei um komfortable Reisebusse mit Aircondition, die nach festen Fahrplänen fahren, etwa einmal pro Stunde.

Punta Cana

Keine Frage, hinter diesem Namen verbirgt sich **eines der schönsten Strandziele der Karibik.** Auf einer Länge von gut 30 Kilometern zieht sich ein heller Sandstrand durch nie gezählte Buchten, begrenzt von in Millionen zählenden Palmen und sonst nichts. Da scheint es dann beinahe nebensächlich, dass diese Strandzone eigentlich mehrere Namen trägt: Playa Bávaro, Playa Macao, Punta Cana und Playa del Cortecito. Feinheiten, die den meisten Urlaubern egal sein dürften, denn die fühlen sich offenbar sehr wohl dort, egal in welchem Bereich.

Unter dem Begriff „Punta Cana" wird dieser gesamte Küstenabschnitt bei den meisten Reiseveranstaltern verkauft, im Land selbst hat sich auch der Name **„Costa del Coco"** (Kokosnuss-Küste) verbreitet. Tatsächlich wäre dieser gar nicht einmal so falsch gewählt, denn Kokospalmen säumen die gesamte Küste und weite Teile des Hinterlandes. Vor noch nicht einmal 20 Jahren gab es auch nicht allzu viel hier. Dieser Zipfel des Landes besaß außer den Kokosnüssen und damit außer Palmen herzlich wenig. Die nächstgrößere Stadt **Higüey** liegt immer noch gute 50 km entfernt. Warum also hierher fahren, sagten sich die Dominikaner. Ausländer kamen sowieso nicht. Dann aber entdeckte die Tourismusindustrie irgendwann einmal **die traumhaften Strände vor den Palmen** und eine Schwindel erregende Entwicklung nahm ihren Lauf. Zuerst entstanden nur einige wenige Hotelanlagen unterhalb des heutigen Flugplatzes an einem Strandabschnitt, der Punta Cana genannt wurde. Dieser Name wurde dann später übernommen für die gesamte Küstenlinie. Denn bald sprach sich vor allem in Europa herum, welch tolle Strände es hier gibt. Und dann dauerte es nicht mehr lange, bis ein **Bauboom** einsetzte. Noch 1990, als der Autor hier zum ersten Mal das Gebiet erforschte, konnten Taxifahrer in Higüey nicht so recht etwas mit dem Begriff Punta Cana anfangen. Vorbei und vergessen!

Viele spanische Hotelketten kamen und bauten vorzügliche Hotelanlagen an die Strände. Weniger tatsächlich in Punta Cana, mehr weiter nördlich vor den Strandzonen von **Bávaro** und **Macao.** Dort liegen wirklich puderzuckerfeine Strände vor einem türkisfarbenen Meer, eingedeckt von unzähligen Palmen (die es so natürlich auch in Punta Cana gibt!). Das ist tatsächlich ein Anblick wie aus dem Bilderbuch.

Gebaut wird noch immer. Weitere Anlagen entstehen, die überwiegend in Strandnähe zu finden sind, aber mittlerweile auch schon in der zweiten Reihe. Verstärkt entstehen auch Ferienwohnungen, als Zielgruppe sind vor allem **US-Amerikaner** angesprochen.

Glücklicherweise wurden bislang „spanische Bausünden" nicht wiederholt. Zumindest mir ist kein Hotel bekannt, das höher als vier Etagen gebaut wurde und damit die Palmen überragt.

Da aber einige Hotelkomplexe mehrere hundert Zimmer haben, entstanden **riesige Hotelzonen.** Teilweise sind sie so groß und weitläufig, dass kleine Shuttlebusse ständig auf dem Gelände pendeln.

Fast alle großen Anlagen bieten das **All-Inclusive-System** an. Einmal in der Heimat bezahlen und dann vor Ort alles genießen. Da aber alle Hotels relativ abgeschieden liegen, bieten sie auch ein breites Animationsprogramm. Verständlicherweise verlassen die wenigsten Gäs-

195dr hf

Traumstrand Punta Cana

te einmal ihre Anlage. Obwohl es kinderleicht wäre, denn mittlerweile hat sich auch ein hocheffizientes Bussystem entwickelt, das zuverlässig nach Higüey, der nächstgrößeren Stadt, fährt.

Neben den mittlerweile etwa 50 großen Hotelanlagen gibt es nur ganz **wenige Unterkünfte für Individualreisende,** die in diesem Buch aber bevorzugt vorgestellt werden sollen.

Wie lang diese Strandzone tatsächlich ist, vermag wohl niemand zu sagen. Manche sprechen von bis zu 50 Kilometern!

Die nördliche Zone wird **Uvero Alto** genannt, wo es bislang noch relativ ruhig war, aber nun auch schon die ersten Hotels stehen.

Rund 10 km weiter südlich liegt die **Playa Macao.** Noch Anfang der 1990er Jahre gab es hier neben einer Art Hängemattenlager keine Unterkünfte. Der ganz große Bauboom ist auch noch nicht ausgebrochen, aber Hotels stehen hier auch schon, und weitere entstehen.

Die folgende Zone wird **Playa Bávaro** genannt. Dort entstanden viele große und überwiegend auch großartige Hotelanlagen auf einer Strandlänge von gut und gerne 15 Kilometern.

Ziemlich mittig liegt dort ein kleines Dörflein namens **El Cortecito.** Hier hausten früher einmal ein paar Fischer und gab es gerade mal ein einfaches Lokal. Das hat sich grundlegend geändert, aus El Cortecito ist einer der ganz wenigen touristischen Treffs außerhalb der Hotelanlagen geworden. Und etwa zwei Kilometer entfernt im Hinterland entstand eine Art Siedlung, die den allgemeinen Namen **Bávaro** trägt. Dort befinden sich ein paar Shoppingcenter und die zentrale **Busstation.**

Bei der Strandzone **Cabeza del Toro** liegen weitere Hotels und noch weiter südlich (bei *Cabo Engaño*) ebenso, obwohl es dort noch (!) ziemlich urwüchsig ist.

Am südlichsten Abschnitt, Punta Cana, liegen der internationale **Flughafen** sowie eine der ersten Anlagen, die hier überhaupt entstanden, der *Club Méditerranée.*

Aber wie eingangs gesagt, dieses ist nur eine Momentaufnahme. Gebaut wird immer noch, und zwar nicht nur Hotelanlagen. Auch das **Straßensystem** wurde deutlich verbessert. Nach Santo Domingo führt eine Schnellstraße, und im Osten wird sie weitergebaut, das Fernziel ist eine gute Verbindung bis hoch nach Miches.

Sehenswertes

Gibt es etwas Interessantes neben den Stränden? Nicht viel, und jedenfalls wird man sich auch nur schwer aufraffen, wenn man erst einmal am Strand liegt. Man darf es schon so platt sagen: Die Playas hier sind **wahre Traumstrände!** Wunderbar entspannt liegt man unter Palmen im Schatten, ein steter Wind kühlt leicht, das Meer rauscht, Wellen brechen sich ... So in etwa das Klischee, und dem kommt die Wirklichkeit auch recht nahe. Allerdings gibt es auch ständig Animationsangebote (Beachvolleyball, Surfkurse, Merengue-Tanzkurse), die mancher dann auch aus reiner Langeweile annimmt. Daneben gibt es aber keine Besonderheiten, weswegen viele Gäste doch irgendwann einen Ausflug buchen. Oder man besucht wenigstens mal El Cortecito oder Bávaro-Dorf. Dort wird man dann zwar hauptsächlich zum Shopping animiert, aber immerhin hat man den Strand einmal verlassen.

El Cortecito

El Cortecito ist der Name eines ehemals winzigen Stranddörfleins, das eigentlich nur aus ein paar Hütten bestand. Zentraler Punkt war (und ist!) die Kneipe *Capitano Cook.* Dort hockt man sehr rustikal am Strand und kann vorzüglich essen. Sehr viele Gäste der umliegenden All-Inclusive-Anlagen kommen hierher, um einmal ein wenig dominikanisches Flair zu erleben. Dieser winzige Ort hat sich aber nun mächtig entwickelt. Es gibt vor allem eine knappe Hundertschaft **Kunst- bzw. Kitsch-Handwerksbuden,** in denen alles touristisch Mögliche und Unmögliche angeboten wird. In der zweiten Reihe liegen noch ein paar Unterkünfte, einige wenige Geschäfte, Bank, Supermarkt, Telefoncenter. Gut zwei Kilometer entfernt befindet sich **Bávaro,** das andere Dorf. Geprägt wird es von **Shopping Centern,** die Namen tragen wie Plaza Punta Cana, Plaza Bávaro oder Plaza Las Brisas. Hauptsächlich auf Touristen ausgerichtet ist das Angebot, ein paar Lokale liegen ebenfalls dort, eine Bank und noch ein Stückchen weiter auch der zentrale Busterminal.

Praktische Reisetipps

Unterkunft

■ **Hotel El Cortecito Inn**③, Playa El Cortecito, Tel./Fax 809-552-0639. Ein zweistöckiges Haus mit 70 Zimmern, Pool, das etwas verwinkelt gebaut wurde. Einfache Zimmer und nur wenige Schritte vom Strand sowie vom Capitano Cook entfernt.

■ **Hotel Cayacoa**②, Av. España, Ecke Av. Francia, Tel. 809-552-0624. Das mittelgroße Haus liegt schon etwas mehr als einen Kilometer vom Strand entfernt vor der Plaza Bávaro an einer stark befahrenen Straße. Die Zimmer sind okay, ein Pool ist vorhanden und ein Restaurant angeschlossen. Zum Strand gelangt man schnell per Motoconcho, ein Fußmarsch ist nicht zu empfehlen (eigene mäßig erbauliche Erfahrungen).

■ **Hotel Flamboyan**②, c/ Italia, Tel. 809-552-0372. Gar nicht mal so kleines Haus, das runde 150 Meter von der Schnellstraße entfernt, sozusagen hinter der Plaza Punta Cana liegt. Korrekte, aber etwas einfache Zimmer.

Gastronomie

■ **Capitano Cook,** Playa Cortecito. Mittlerweile ein hocheffizientes Lokal, das immer noch gute Fischgerichte zaubert, sogar über einer offenen Showküche, und wo man durchaus nett direkt am Strand sitzen kann. Nur mittags wird es doch ziemlich voll, wenn die All-Inclusive-Gäste hier einfallen. Das geschieht auch, weil Boote die Küste rauf- und runterfahren und mögliche Gäste kostenlos vom Hotel zum Lokal und zurück transportieren.

■ Nicht ganz zwei Kilometer im Inland liegen zwei mittelgroße **Shopping Center,** die Fantasienamen tragen: **„Plaza Bávaro"** und **„Plaza Punta Cana".** Dort gibt es eine einige Kneipen, nicht wenige in

[>] Eine der vielen schönen Hotelanlagen von Punta Cana

[v] Open-Air-Restaurant Capitano Cook

197dr hf

196dr hf

ausländischer Hand. Sicher alles keine sensationellen Läden, aber immerhin doch eine Möglichkeit, außerhalb der A.I.-Anlagen mal zu speisen und einen Drink zu nehmen.

Adressen

■ **Banken:** *Banco Popular,* Plaza Bávaro, mit einem Geldautomaten, der auch Maestrokarten nimmt; *Banco Popular,* Playa Cortecito, nur ein Geldautomat, der auch Maestrokarten akzeptiert.

Weiterreise

■ **nach Santo Domingo:** *Expreso Bávaro* fährt um 7, 9, 11, 13, 16 Uhr direkt nach Santo Domingo, mit einem kurzen Stopp, in insgesamt weniger als 4 Stunden. Die Abfahrt erfolgt vom Terminal Sitrabapu in Bávaro, Cruce Fiusa an der Avda. Estados Unidos, al lado de Politur (neben der Polizei). In Santo Domingo wird u.a. beim zentrumsnahen Parque Enriquillo gehalten. Preis: 400 R.D.$, Tel. 809 682 9670, www.expresobavaro.com.

■ **nach Higüey:** Vom zentralen Busterminal starten regelmäßig Busse, die eine Runde entlang der Hotels drehen, bevor es nach Higüey geht. So passieren sie auch Playa Cortecito. Von Higüey geht es dann weiter mit anderen Bussen oder Guaguas u.a. bis nach Santo Domingo, oder wer nach Samaná will, auch nach Hato Mayor und nach erneutem Umsteigen dort zum Hafen Sabana de la Mar.

■ **zum Flughafen:** Zuerst bis zur Kreuzung Cruce de Verón fahren mit dem Higüey-Bus, dort aussteigen und auf einen Bus nach Punta Cana warten, der am Aeropuerto vorbeifährt. Das kann aber schon etwas dauern, sodass hier vielleicht doch mal ein Taxi angebracht wäre.

■ **Wassertaxis:** Eine feine Sache, leider nicht ganz billig. Abgesehen von den Booten, die entlang der

254dr hf

Strände Gäste für das Capitano Cook einsammeln, kann man auch Boote individuell chartern.

Gute Chancen hat man in Höhe Cortecito, aber eigentlich überall, wo schlanke Boote im Wasser dümpeln. Hin und wieder gibt es sogar direkt am Strand einen Hinweis auf „Water-Taxis". Preisangaben zu machen ist unmöglich, ab 20 Dollar ist alles möglich. Kommt auf das Verhandlungsgeschick und vor allem die Entfernung an.

Shoppen am Strand von Punta Cana

Sabana de la Mar

Sabana de la Mar liegt an der Atlantikküste und ist vor allem als **Fährhafen zur Halbinsel Samaná** von Bedeutung. Der Ort selbst bietet nicht viel, nur einige Holzhäuser, wenig Flair und eine allgemein träge Atmosphäre.

Man kann aber einen Ausflug in den Nationalpark Los Haïtises machen, und zwar über das Hotel Caño Hondo, Adresse und Infos unter www.paraisocanohondo.com.

Praktische Reisetipps

Anreise

- Die Haltestelle der Busse liegt ca. zwei Kilometer außerhalb des Ortes an einer Kreuzung. Manche Busse, besonders jene, die aus **Santo Domingo** kommen, drehen noch eine Ehrenrunde durch den Ort und steuern dabei auch den Fähranleger an. Deshalb sollten Reisende vorher fragen, bevor sie zu früh aussteigen. (*Va al puerto?* – Fahren Sie zum Hafen?) Wer Pech hat, muss an der Kreuzung aussteigen und per Motoconcho oder zufällig vorbeifahrendem Pick-up weiter zum Hafen.

■ Wer mit der Fähre von **Samaná** übersetzt, muss etwa 20 m vor der Anlegemole in ein schwankendes Boot umsteigen, das von bis zur Brust im Wasser stehenden Männern die letzten Meter zum Steg geschoben wird. Natürlich werden für diesen Service einige Pesos extra kassiert. Von der Anlegemole läuft man immer geradeaus bis zu einem zentralen Platz. Dort biegt man nach links in die breite Straße bis zur schon erwähnten Kreuzung, an der die Busse nach Miches bzw. Hato Mayor warten. Manchmal warten die Busse auch direkt an der Mole.

Unterkunft

Paraíso Caño Hondo②-③, je nach Service, ob mit Mahlzeiten oder ohne, Tel. 809-248-5995, www.paraisoca nohondo.com. Ökologisch ausgerichtete Naturanlage mit 24 großzügigen Räumen in drei Gebäuden, die im regionalen Stil dekoriert sind. Das Haus liegt am Río Jivales, 9 km außerhalb von Sabana de la Mar am Rande des Naturparks Los Haïtises.

Weiterreise

■ Die **Abfahrtsstelle aller Busse** liegt eigentlich zwei Kilometer außerhalb an einer breiten Kreuzung.

■ Es verkehren Guaguas nach **Miches** und **Hato Mayor.**

■ Nach **Santo Domingo** gelangt man entweder mit einem direkten Bus, oder man steigt in Hato Mayor und später noch einmal in San Pedro um. Wer mit der Fähre einläuft, kann damit rechnen, dass ein direkter Bus nach Santo Domingo schon an Mole wartet.

■ Die **Fähre nach Samaná** verkehrt um 9, 11, 15 und 17 Uhr. Dauer der Überfahrt: 1½ Stunden, je nach Wellengang. Nicht zu spät kommen, es kann sein, dass sie früher ablegt. Es gibt kein Büro, in dem die Tickets für die Fähre verkauft werden, kassiert wird an Bord. Die Fähre legt nicht direkt am Steg an, zuerst muss jeder in ein kleines Boot klettern, das zur Fähre geschoben wird. Die Fähre transportiert nur Personen, Preis: 200 R.D.$. Autos können nicht mitgenommen werden.

■ nach **Higüey und Punta Cana:** zuerst einen Bus nach Hato Mayor nehmen, dort umsteigen in einen Bus nach Higüey. Mit Pech noch ein weiteres Mal unterwegs in El Seibo. Von Higüey geht es dann weiter an die Strände. Eine umständliche Reise, die sich ziemlich hinzieht. Ich hatte es vor Jahren mal gemacht, um von Las Galeras (Samaná) nach Bávaro zu kommen. Es klappt schon, aber der Tag geht dabei drauf.

Miches

Miches zählt zu den abgelegeneren und von Touristen kaum besuchten Zielen. Der **Ort** hat keine hervorstechenden Sehenswürdigkeiten, weist dagegen eine träge, schwüle Atmosphäre auf. Angenehm fallen die vielen bunt bemalten Holzhäuser auf. Die Stadt wirkt verschlafen, es herrscht wenig Leben in den Straßen.

Die **schönen, einsamen Strände** liegen ca. fünf Kilometer außerhalb des Ortes. Das Hinkommen muss selbst organisiert werden, am einfachsten per Motoconcho. Die Strände sind hellsandig, von Palmen gesäumt und völlig einsam. Hierher verirrt sich kaum jemand.

Wer sich hier niederlässt, erlebt eine Stadt, die garantiert **noch nicht vom Tourismus geprägt** ist und einsame Strände aufweist.

Fähre Samaná – Sabana de la Mar

Praktische Reisetipps

Anreise

■ Von **Sabana de la Mar** in weniger als einer Stunde, allerdings auf ziemlich schlechter Straße. Endstation ist der zentrale Platz direkt am Meer.

Unterkunft

■ **Cabañas Cocoloco②,** Tel. 809 886 8278, www.abatrex.com. Kleine Anlage mit zehn vernünftigen

125dr hf

Bungalows, direkt am Strand nahe Ortszentrum. Im Haupthaus mit kleiner Bar, dort wird auch gespeist. Am besten mit Motoconcho hinfahren oder am Strand entlanglaufen. Schweizer Besitzer.

- **Hotel La Loma③,** Tel. 809-553-5564. Das Haus liegt direkt in Miches leicht erhöht, mit einem schönen Blick über die Bucht, und hat acht DZ mit Aircondition, Pool sowie ein Restaurant.

Weiterreise

- Nach Higüey und nach Sabana de la Mar geht es etwa halbstündlich, die weiteren Anschlüsse müssen dann dort organisiert werden, was aber zumeist unproblematisch ist. Nach Sabana starten Guaguas von einer Station im westlichen Ortsteil, während die Guaguas nach Higüey vom östlichen Ortsteil unweit der Brücke bei der Tankstelle starten. Die Straße von Miches Richtung Bávaro ist bis Uvero Alto in schlechtem Zustand, allerdings ist eine völlig neue Schnellstraße geplant.

Umgebung von Miches

Lagunas Redonda y Limón

Dieses 1986 gegründete **Naturreservat** liegt etwa 25 km von Miches entfernt, entlang der Küstenstraße in grober Richtung nach Punta Cana.

Es ist nicht mit dem Auto **zu erreichen,** die letzten 1000 Meter müssen zu Fuß zurückgelegt werden, Ausgangspunkt ist ein Dorf namens Las Guineas.

Das Reservat besteht aus **zwei Lagunen,** die von Mangroven und tropischem Feuchtwald umgeben sind. Mit etwas Glück erspäht man Wasservögel wie Pelikane, Reiher oder Fischadler.

149dr hf

3 Der Südwesten

Eine trocken-heiße Gegend, wie geschaffen für neugierige Entdecker. Ausgehend von der Kleinstadt Barahona lassen sich die Naturschönheiten der Umgebung besuchen, seien es ein zauberhafter Strand im Nationalpark oder nur vermeintlich träge wirkende Krokodile auf einer Insel, die 44 Meter unter dem Meeresspiegel liegt.

< Der Südwesten ist staubtrocken und heiß

DER SÜDWESTEN

199dr hf

Der Westteil ist der große Unbekannte der Insel. Hier wird es selbst für dominikanische Verhältnisse sehr **heiß** und **trocken,** die reizvollen Seiten fallen nicht sofort auf. Sie findet man auch hauptsächlich in der Natur. Beispielsweise an der **Küste bis Paraíso,** einem winzigen Ort mit zwei spannenden Hotels. Oder im **Nationalpark Jaragua,** wo eine wunderschöne Flamingokolonie lebt, oder am größten Binnensee, dem **Lago Enriquillo,** auf dessen Insel einige Krokodile hausen, die man sogar besuchen kann. In **Barahona,** der größten Stadt im Südwesten, spielt sich alltägliches, leicht träges Leben ab.

NICHT VERPASSEN!

- **Barahona** – kleines, ruhiges Städtchen, das irgendwo zwischen verschlafen, idyllisch und fast-vergessen zu beschreiben wäre | 107
- **Parque Nacional Jaragua** liegt sehr einsam im Westen, und aufgrund dieser Lage lebt hier die größte Flamingo-Kolonie des ganzen Landes | 112
- **Isla Cabritos** liegt mitten im See Lago Enriquillo, wo einige Krokodile dösen, die man aus sicherer Entfernung bestaunen darf | 114

Diese Tipps erkennt man an der gelben Hinterlegung.

> Kirche in Barahona

Überblick

Der Südwesten ist der unbekannte Teil der Insel, kaum jemand erkundet diese Gegend, dabei zeigt sich die **Landschaft** äußerst abwechslungsreich. In der näheren Umgebung von Santo Domingo dominiert noch die grüne Farbe, speziell in der Nähe von San Cristóbal herrscht eine üppige Vegetation vor. Teilweise ist das Land gebirgig, so vor allem im äußersten Westen beim Lago Enriquillo. Je weiter man nach Westen fährt, desto verkarsteter präsentiert sich die Landschaft, nicht nur eine Folge des geringen Niederschlages, sondern auch des Raubbaues. Wo der Boden kultivierbar gemacht werden konnte, werden hauptsächlich Kaffee, Bananen und Zuckerrohr angebaut.

Die meisten Ziele setzen ein Minimum an Spanischkenntnissen voraus. Speziell in den abgelegeneren Orten an der Grenze zu Haiti sind Touristen noch selten anzutreffen.

Die **Straßen** sind meistens in Ordnung, nur die Strecke von Barahona entlang der Küste bis Enriquillo (gemeint ist der Ort gleichen Namens, nicht der See) ist in verbesserungswürdigem Zustand.

Die Verbindungen mit **öffentlichen Verkehrsmitteln,** meist Guaguas und Pick-ups, klappen recht gut. Natürlich pendeln hier nicht so viele Busse wie in der Nähe von Santo Domingo, aber nur die äußerste Südwestspitze bis Pedernales ist sehr schlecht erreichbar. Ansonsten können alle Ziele mit öffentlichen Verkehrsmitteln angesteuert werden.

Auf zwei Dinge muss hingewiesen werden. Zum einen gelten die Gebiete im äußersten Westen als **malariagefährdet.** Hierzu zählen insbesondere folgende Provinzen: Barahona, Pedernales, La Estrelleta und Dajabón, also fast alles Gebiete, die an der Grenze zu Haiti lie-

gen. Wer sich hier eine gewisse Zeit aufhalten will, sollte unbedingt an Malariaprophylaxe denken.

Durch die derzeit politisch wie auch wirtschaftlich schlechte Lage im Nachbarland ist im **Grenzgebiet zu Haiti** ein reger Schmuggel entstanden. Mit überraschenden Polizeikontrollen muss deshalb immer wieder gerechnet werden.

San Cristóbal

San Cristóbal liegt knapp 30 km westlich von Santo Domingo. Die Stadt hat nicht viel zu bieten, und deshalb werden noch immer die **Erinnerungen an den Ex-Diktator Trujillo** hochgehalten, der 1892 hier geboren wurde.

Sehenswertes

Alle Sehenswürdigkeiten stehen im Zusammenhang mit dem Ex-Diktator *Trujillo.*

In der hellgelben **Kirche** Parroquía de Nuestra Señora de Consolación kann sein Mausoleum besichtigt werden, das Grab befindet sich aber in Paris. Der Trujillo-Clan, der Mitte 1961 fluchtartig das Land verlassen musste, ließ sich zunächst in Paris nieder, den Leichnam des Diktators im Gepäck. Hier beerdigten sie das ermordete Familienoberhaupt auf dem Prominentenfriedhof Père-Lachaise. Später musste der Clan auch Frankreich verlassen und wurde mit offenen Armen in *Francos* Spanien aufgenommen, das Grab ließen sie jedoch in der französischen Hauptstadt bestehen. Wer sich mit Muße in der Kirche umschaut, wird die schönen Deckenmalereien würdigen können.

Der Trujillo-Kult hat auf dem Vorplatz ein **Denkmal** entstehen lassen, Monumento Piedras Vivas (Denkmal der lebenden Steine), das die Stelle markiert, an der das Geburtshaus von *Trujillo* stand.

Das **Schloss Trujillos,** Castillo del Cerro, liegt ein paar Kilometer außerhalb und ist problemlos per Motoconcho zu erreichen. Es ist ein eigenwillig anmutendes sechsstöckiges Gebäude, das angeblich von Trujillo-Anhängern als Geschenk an den Diktator gedacht war. Es kursieren genügend Gerüchte um Orgien und wilde Feste, die die Kinder von *Trujillo* hier gefeiert haben sollen. Der Diktator selbst wohnte nicht oft dort. Nach seiner Ermordung im Jahre 1961 stand das Gebäude jahrelang leer, bis es 1979 von mehreren Hundert Obdachlosen, deren Häuser der Hurrikan David zerstört hatte, okkupiert wurde. Mittlerweile wird von Regierungsseite versucht, das zerfallene Bauwerk zu renovieren.

Praktische Reisetipps

Anreise

- Von **Santo Domingo** ab dem Parque de la Independencia per Guagua, am besten bis zum Hauptplatz in San Cristóbal fahren. Es verkehren ständig Busse, sodass niemand lange warten muss.

Gastronomie

- Rings um den zentralen Platz liegen einfache Restaurants, eines hat eine Terrasse mit Blick auf die Plaza.

Weiterreise

- Nach **Santo Domingo** fahren ständig Busse und Guaguas vom zentralen Platz ab.
- Nach **Najayo** und **Palenque** starten die Guaguas von einer anderen Abfahrtstelle, die zwei Blocks vom Hauptplatz entlang der breiten Verbindungsstraße bis zur Tankstelle zu finden ist. Dort geht es recht hektisch zu, man muss sich zum richtigen Bus durchfragen.

Kirche in San Cristóbal

Playa Najayo

Dieser Name bezeichnet einen **kleinen Strandabschnitt** von nur wenigen hundert Metern, eigentlich nichts Besonderes, aber dies war einmal *Trujillos* Privatbesitz. Ein paar **Kioske** bieten Verpflegung an, der Strand ist feinsandig, aber nicht hell, es herrscht eine gewisse **Brandung** vor. Touristen verirren sich praktisch nie hierher. Es ist die erste ruhige Bademöglichkeit außerhalb von Santo Domingo, deshalb haben sich einige begüterte Ausländer hier Häuser gekauft. Eine Besonderheit ist die an der Hauptstraße befindliche Telefonzelle, die mit einem Sonnenkollektor betrieben wird.

045dr sm

Baní

„Wasserreichtum", so lautet die Übersetzung des Taino-Wortes *Baní*, und die Tainos sollen hier schon lange vor *Kolumbus'* Ankunft **gesiedelt** haben. Später kamen kanarische Einwanderer, die sich im Zuckerrohr- und Kaffeeanbau versuchten. Heute zählt die Provinzhauptstadt etwa 40.000 Einwohner.

Der größte Sohn der Stadt war **Máximo Gómez,** der 1836 in Baní geboren wurde. Er spielte eine führende Rolle in den Unabhängigkeitskämpfen auf der Nachbarinsel Kuba. Am Parque Central, in der Calle Presidente Billini, sind **Wandmalereien** zu finden, die an *Gómez* und seine Taten auf Kuba erinnern. Diese riesigen Portraits, die neben *Gómez* auch andere Helden der Nation zeigen, sehen wirklich beeindruckend aus.

An einer anderen Stelle des Ortes erinnert ein kleiner Park an sein **Geburtshaus,** hier werden Reste der Hütte aufbewahrt, in der er das Licht der Welt erblickte, sogar die Straße wurde schließlich nach ihm benannt, Calle Máximo Gómez.

003dr sm

Praktische Reisetipps

Unterkunft

■ **Hotel Caribani**②, Calle Sánchez 12, Tel. 809-522-3871. Zentrale Lage beim Park, 28 korrekte Zimmer mit Bad und TV. Ein Restaurant ist angeschlossen.

Gastronomie

■ **Restaurante La Gran Parada,** liegt am Ortsausgang in Richtung Barahona, so etwas wie eine Mischung aus Fernfahrerkneipe und Autobahnraststätte mit viel Trubel und breiter Essensauswahl.

■ **Pizzería Yarey,** c/ Sánchez 10, Tel. 809-522-3717. In der unmittelbaren Nachbarschaft vom Hotel Caribani zu finden. Neben Pizza gibt es auch Fischgerichte.

Ázua

Der vollständige Name dieser mittelgroßen Stadt lautet Ázua de Compostela, und auch sie zählt zu den ältesten Ortschaften des amerikanischen Kontinents. Bereits 1504 siedelte sich hier **Diego Velázquez** an, der schon 1493 mit Kolumbus während dessen zweiter Reise auf die Insel kam, und der bei der Eroberung von Kuba eine Rolle spielte. Damals lag die Siedlung Ázua allerdings noch gut 15 km vom heutigen Standort entfernt, nämlich unten am Meer. Dort entstand ein **Hafen,** und die Siedlung prosperierte recht schnell. Das zog in späteren Jahren Piraten an, die die Stadt schließlich mehrfach plünderten. Zu allem Unglück zerstörte 1751 auch noch ein **Erdbeben** die gebeutelte Ortschaft. Das war fatal, denn zum damaligen Zeitpunkt konkurrierte Ázua aufs heftigste mit Santo Domingo.

Nach all den Unglücken beschlossen die damaligen Stadtväter, den ganzen Ort einfach umzusiedeln an einen sicheren Platz, also weiter ins Hinterland. Dort kamen die Einwohner allerdings vom Regen in die Traufe, denn im vergangenen Jahrhundert überfielen mehrfach **haitianische Truppen** das neue Ázua. So wurde 1849 die haitianische Armee unweit von Ázua am Berg El Número vernichtend geschlagen, ein kleines Denkmal erinnert noch heute daran. Die flüchtenden Truppenreste der Haitianer sollen daraufhin ein letztes Mal die Stadt geplündert haben, eine Art letzte Rache, denn bereits fünf Jahre früher hatte sich die Dominikanische Republik ihre Unabhängigkeit erkämpft, ebenfalls in einer Schlacht gegen Haiti bei Ázua.

Und genau daran erinnert ein wuchtiges **Denkmal** mitten im Parque Central, die Inschrift sagt es klar und deutlich: „El Municipio de Ázua a los Héroes de la batalla del 19 de Marzo de 1844" (Die Gemeinde Ázua den Helden der Schlacht vom 19. März 1844). Dies ist auch die einzige echte Sehenswürdigkeit des Ortes, neben einer kleinen Statue zu Ehren des Kaziken *Enriquillo,* die bezeichnenderweise vor der Polizeikaserne steht, an der Straße, die in den Ort führt.

◁ Im Südwesten sind die Strände oft noch naturbelassen

048dr sm

Das **Stadtbild** rund um den Parque Central zeigt sich recht friedlich, nicht ganz so hektisch wie so oft in Städten vergleichbarer Größe. Viele kleinere Häuser sind zu finden, darunter eine ganze Reihe von bunt bemalten Holzhäusern, allerdings wird es auch spürbar heißer als in den Städten im Osten der Insel.

Praktische Reisetipps

Unterkunft

- Zurzeit keine Unterkunftsempfehlung

Gastronomie

- **El Gran Segovia,** Calle Sánchez 31, einst von einem versprengten Spanier etabliert. Hier wird heute dominikanische Küche angeboten. Zu finden: entlang der Hauptstraße etwas außerhalb vom Zentrum Richtung Baní. Auffällig geschmückt mit nautischen Dekorteilen und ziemlich rustikal-gemütlich eingerichtet.

Adressen

- **Banken:** *Banco Popular* mit einem Geldautomaten steht an der c/ Duarte, etwa einen Block vom Parque Central entfernt.

Weiterreise

- Per *Caribe Tours* nach **Santo Domingo:** 7.15, 7.30, 10.45, 11.15, 14.45, 18.15, 18.30 Uhr. (*Caribe Tours:* c/ Fátima, Ecke Emilio Prud'Homme, Tel. 521-5088)
- **Guaguas nach Santo Domingo** starten regelmäßig und häufig ab Parque Duarte. Express-Busse benötigen gut eine halbe Stunde weniger Fahrtzeit.

Barahona

Die Stadt liegt im selten besuchten Südwestteil der Insel, ca. 200 km von Santo Domingo entfernt. Barahona eignet sich als Ausgangspunkt für **Erkundungstouren** in die abgelegenen Orte nahe der Grenze zu Haiti, wie zum Lago Enriquillo oder zu den Stränden bei Paraíso.

Der ganze Ort zeigt sich relativ **ruhig** und ohne hervorstechende Sehenswürdigkeiten, allerdings steigen hier spürbar die **Temperaturen.**

Es ist eine Mischung aus leichter Abgeschiedenheit, Trägheit (durch die Hitze) und – nicht zu übersehen – teilweise auch Nachlässigkeit. Nicht alle **Häuser, viele noch aus Holz** gebaut, sind pittoresk zu nennen, manches ist in einem ziemlich unschönen Zustand.

In den Randgebieten liegt sogar eine kleine Strandzone, die ursprünglich einmal als die Basis für ein groß angelegtes **Tourismusprojekt** gedacht war, aber von einer Realisierung ist nichts zu spüren. Viel zu sehen gibt es tatsächlich nicht, und alles liegt dicht zusammen.

Denkmal in Ázua

Übernachtung
2 Hotel Cacique
4 Hotel Las Magnolias
5 Hotel Ana Isabela
6 Grand Hotel Barahona
8 Hotel Caribe

Essen und Trinken
1 Rest. Brisas del Caribe
3 Pizzeria D'Lina
7 Rest. Los Robles

Besucht werden kann der Markt, die nicht zu große Ortskirche und der zentrale Platz. Abends dann noch einen Spaziergang entlang des Malecón, das war's dann auch schon.

Erstaunlicherweise existieren in dieser Stadt ohne Sehenswürdigkeiten **eine ganze Menge Hotels,** und viele davon bereits seit mehr als zwei Jahrzehnten.

Gegründet wurde Barahona erst im Jahr 1802 von *Toussand L'Ouventure,* der für die Unabhängigkeit Haitis kämpfte.

Lesertipp: Interessanterweise gibt es auch einen **Markt,** der überwiegend von Haitianern betrieben wird. Zu finden: drei, vier Parallelstraßen südostwärts der Straße, wo Caribe Tours hält.

Praktische Reisetipps

Anreise

- Von **Santo Domingo** per Bus der Gesellschaft *Caribe Tours* in ca. 3½ Stunden.

Unterkunft

- **Hotel Caribe**②, Av. Enriquillo 27, Ecke Calle Duarte, Tel. 809-524-4111, www.hotelcaribe.do. Am Stadtrand, 31 angenehme Zimmer. Aircondition.
- **Hotel Cacique**①, Calle Peña Gómez 2, Tel. 809-524-4620. Ein kleines, einfaches Haus, das nur wenige Zimmer hat, die meisten liegen an einem Innenhof. WiFi.
- **Hotel Ana Isabela**③, Av. Ptde. Billini 16, Ecke Anacaona, Tel. 809-524-4117. Die 40 Zimmer sind recht klein, aber besitzen Dusche, Aircondition und TV. Eine Cafetería ist angeschlossen.
- **Hotel Las Magnolias**②, Calle Anacaona 13, Tel. 809-524-2244. Ein Haus in zentraler Lage. Die 38 Zimmer weisen unterschiedlichen Standard auf.
- **Gran Hotel Barahona**②-③, c/ Jaime Mota 5, Tel. 809-524-3442. Solides, zweistöckiges Steinhaus mit 39 gut eingerichteten Zimmern, die einen Balkon haben. Restaurant und ein eigener Parkplatz, WiFi.

Gastronomie

- **Brisas del Caribe,** Av. Enriquillo, gute 400 Meter außerhalb der City in nördlicher Richtung, Tel. 089-524-2794. Der Name stimmt: Meerblick und frische Brise zu Fischgerichten.
- **Pizzería D'Lina,** Av. 30 de Mayo 11, Tel. 809-524-3681. Seit langem bewährte Pizzeria, die auch Fisch- und Fleischgerichte bietet.

⊡ Auf dem Markt in Barahona

■ **Los Robles,** Malecón, Ecke c/ Nuestra Señora del Rosario. Gutes Lokal mit netter Innenhof-Terrasse, in dem Fisch, Fleisch und Pizza angeboten werden.

Adressen

■ **Banken:** *Banco Popular,* Calle Pdte. Billini; *Banco de Reservas,* Calle Uruguay.
■ **Busgesellschaft:** *Caribe Tours,* Calle Anacaona 4, Tel. 809-524-4952.
■ **Post:** Calle Nuestra Señora del Rosario 34.

Weiterreise

■ Nach **Santo Domingo** per *Caribe Tours* 6.15, 9.45, 13.45 und 17.15 Uhr.
■ Nach **Neiba, Paraíso, La Descubierta** (umsteigen in Neiba) per Guagua, die alle am Marktplatz starten.

Strände südlich von Barahona

Südlich von Barahona verläuft eine **Straße immer entlang der Küste,** bietet teilweise traumhafte Ausblicke. Die Gegend wird immer einsamer, nur wenige Ortschaften werden noch passiert. Die Straße schlängelt sich schließlich einmal um die Halbinsel Baoruco, im Hinterland erhebt sich ein nicht passierbares Gebirge, die Sierra de Baoruco. Die Straße ist hervorragend ausgebaut und führt ständig am Meer entlang, sodass man jederzeit an einer schönen Stelle aussteigen kann.

Touristen kommen so gut wie nie hierher, von daher sind Spanischkenntnisse absolut notwendig. Alles in allem: eine

222dr hf

Ecke für **Entdecker.** Auch muss damit gerechnet werden, dass die Dorfbewohner natürlich neugierig auf so einen seltenen Besucher reagieren.

Juan Esteban

Unterkunft

■ **Casablanca**②, 10 km südlich von Barahona auf einer Klippe ca. 15 Meter über dem Meer gelegen, Tel. 809-471-1230, www.hotelcasablanca.com.do. Mehrere Leser waren begeistert! Eine kleine charmante Anlage mit nettem Garten und sechs einfachen, unprätentiösen Zimmern, aber in sehr angenehmer, persönlicher Atmosphäre. Gutes Frühstück wird serviert, auf Wunsch auch ein sehr leckeres Abendessen, die Schweizer Betreiberin ist vom Fach.

Playa El Quemaito

Nach dem Verlassen von Barahona wird nach vielleicht zehn Kilometern ein Hinweisschild zur Playa El Quemaito erreicht, dort liegt das kleine Hotel El Quemaito, das 2008 komplett renoviert wurde.

☒ Ein Obsthändler kommt ins Dorf

Unterkunft

■ Das **Hotel El Quemaito**②-③, liegt etwas erhöht auf einem Felsen und bietet einen herrlichen Blick aufs Meer, sogar ein Pool ist vorhanden, Tel. 809-649-7631, www.hotelquemaito.com.

San Rafael

Ein sehr **schöner, einsamer Naturstrand** befindet sich in San Rafael, etwa zwei Kilometer vor Paraíso. Hier mündet ein Süßwasserfluss ins Meer, sodass man sich nach dem Baden im Meer das Salz im Fluss abwaschen kann.

Ein einziges Hotel ist jetzt zu finden, wenn auch nicht ganz einfach.

Unterkunft

■ **Casa Bonita**④, Tel. 809-476-5059, www.casabonitadr.com. In ziemlicher Abgeschiedenheit liegt das „schöne Haus". Auf einem Hügel, unweit des Fischerdörfchens Baoruco gelegen, lädt die Casa Bonita zum Entspannen ein. Insgesamt 12 komfortable Räume werden angeboten, Restaurant, Bar und Pool sind vorhanden, diverse Ausflüge können arrangiert werden, und der Panoramablick ist unschlagbar. Das ganze Ambiente ist schon etwas edler und am Wochenende wird das Haus gerne von wohlhabenden Dominikanern besucht. Von Barahona 16 Kilometer fahren bis zur einzigen Brücke auf dieser Strecke, dort ca. 30 Meter vorher rechts in einen Schotterweg abbiegen, der bergauf zur Casa Bonita führt.

Paraíso

In Paraíso ist nichts los, viel mehr als **Spaziergänge** am Strand und abends durchs Dorf kann man nicht machen. Vielleicht sieht ja so wirklich das Paradies aus.

Es gibt einen **Naturstrand,** aber sehr viele Menschen verirren sich nicht hierher. Etwas weiter liegt der Strand von Los Patos. Dort ist eine Flussmündung aufgestaut, sodass man in einem Naturbecken baden kann. Einige kleine Bars bieten dort auch ihre Dienste an.

Unterkunft

Hotel Piratas del Caribe ④, c/ Arzobispo Nouel 1, Paraíso, Tel. 809-243-1140, www.hotelpiratasdelcaribe.com. Schmucke Anlage mit Pool und stilvoll eingerichteten Zimmern mit Holzmöbeln, die von örtlichen Handwerkern gebaut wurden. Gute Küche mit lokalen Produkten. Vier großzügige Suiten, von der 40 m² großen Terrasse sehr schöner Blick aufs Meer.

Rancho Platón④, Tel. 809-683-1836, www.ranchoplaton.com. Ökologisch ausgerichtete Lodge, die 38 km von Barahona entfernt in den Bergen liegt. Angeboten werden viele Aktivitäten wie Reiten, Mountain Biking, sogar eine Wasserrutsche, Wandern, Kajakfahren. Die Zimmer sind in vier verschiedenen Gebäuden untergebracht, etwas rustikal eingerichtet, aber doch mit Stil, darunter auch ein Baumhaus sowie ein Haus zwischen Bambus. Das ganze ist nicht billig, um 200 US-Dollar für 2 Personen mit Vollverpflegung. Zur Anreise wird ein Geländewagen dringend empfohlen, wer keinen hat, muss sich abholen lassen, beispielsweise aus dem kleinen Ort Paraíso.

223dr hf

Enriquillo

Enriquillo liegt am Endpunkt der **Straße,** die von Barahona kommt. Zwar gibt es eine weitergehende Strecke bis nach Pedernales, aber die könnte besser in Schuss sein, deshalb wird sie auch äußerst selten von einer Guagua befahren.

Enriquillo ist ein kleiner Ort, der früher vom Fischfang lebte. Heute hat sich die Stadt mehr zu einem Handelsplatz für die Bewohner der umliegenden Dörfer entwickelt. Einen kleinen zentralen Platz, mehrere Kaufläden und ein kleiner Sandstrand sind hier zu finden. Der Ort ist durchsetzt mit vielen Steinhäusern und wenigen Holzhäusern.

Nationalpark Jaragua

Die Straße führt im weiteren Verlauf weiter bis nach Oviedo, einem kleinen Ort, der als **Zugang zum Nationalpark** Jaragua von Interesse ist. Dieser knapp 1400 km² große Nationalpark liegt an der äußersten Spitze der Halbinsel Baoruco, rund die Hälfte davon ist als **Meeresschutzgebiet** ausgewiesen, dort wird auch ein großes Korallengebiet sowie der Lebensraum von Manatís geschützt.

224dr hf

Dieser Park befindet sich im Südwesten des Landes und ist mit einem 700 km² großen Meeresgebiet und den Inseln Alto Velo und Beata eines der größten geschützten Gebiete des Landes. Das Fehlen jeglicher oberirdischer Flüsse, die niedrigen Regenfälle und hohen Temperaturen bewirken eine **Vegetation aus Trocken- und Dornenwald** mit einer hohen Anzahl Kakteen und langsam wachsenden Bäumen, wie Feigenkaktus, Haarsäulenkaktus, Aloe vera, Zürgelbaum und Sennesblätterpflanze.

Die **Fauna** ist durch den Schlitzrüssler und Hutia, Nashorn- und Ricordleguan und 130 Vogelarten vertreten. Dazu zählen die Rußseeschwalbe, Mangrovenreiher, Amerika-Zwergdommel und die größte Flamingokolonie des Landes. Die Strände des Parks werden jährlich von vier Meeresschildkröten zur Eiablage besucht.

Der Kazikenstamm Xaragua hinterließ auch in diesem Gebiet eine Reihe von **Wandmalereien.**

Von Barahona dauert es rund eine Stunde Autofahrt bis **Oviedo.** Etwa drei Kilometer vor dem Ort befindet sich ein Häuschen der **Nationalparkverwaltung,** wo es Infos gibt und wo auch der Eintritt bezahlt werden kann. Ungefähr einen Kilometer vor Oviedo geht es links ab zur **Oviedo-Lagune,** die besonders reich an Wasservogelarten ist.

Etwa 12 km vor Pedernales geht es bei La Cueva links ab in Richtung **Bahía de las Aguilas,** einem Traumstrand (ca. acht Kilometer von der Straße entfernt), wo Meeresschildkröten nisten. Auch dort steht ein Rangerhaus. Mit großer Wahrscheinlichkeit wird der Besucher an diesem kilometerlangen Strand alleine sein, was aber einen anstrengenden einstündigen Fußmarsch vom Rangerhäuschen voraussetzt oder einen Geländewagen.

Zitat einer Leserin: „Selten habe ich so viele Muscheln am Strand gesehen – traumhaft."

Lago Enriquillo

Der Lago Enriquillo ist mit 300 km² der größte **Binnensee** der Antillen. In seiner Mitte befindet sich eine zwölf mal zwei Kilometer große Insel, die **Isla Cabritos,** die zu einem Nationalpark erklärt wurde. Hier sind über 150 verschiedene Vogelarten anzutreffen, und sogar **Krokodile** gibt es. Diese dürften für viele der Hauptgrund eines Besuches sein, aber leider sind sie nur schwer erkennbar. Meist liegen sie regungslos am Ufer, bestens getarnt, vielleicht gerade das Maul ein wenig geöffnet.

◁ Tief im Westen zeigt sich die Landschaft sehr karg

Der See ist Überbleibsel eines langgestreckten Meereskanals, der den Südwesten von der Insel abtrennte, und bildet mit 44 Metern unter dem Meeresspiegel die **niedrigste Senkung der Antillen.** Der Boden in dieser Zone ist fast ausschließlich mit Korallen und Meeresmuscheln bedeckt. Bei nur seltenen Regenfällen kann die Temperatur auf der Insel auf über 60 °C steigen.

Die **Vegetation** besteht aus Trockenwald mit 106 registrierten Arten, z.B. endemische Kakteen, Hispaniola-Christusdorn oder Guajakholz.

Die **Fauna** ist größtenteils durch Reptilien, beispielsweise endemische Leguane und die oben erwähnten Krokodile, sowie durch 162 Vogelarten vertreten. Hier fallen besonders der rote Flamingo, Rosalöffler, Braunsichler und die westindische Nachtschwalbe auf.

Der **Ort La Descubierta** ist Ausgangspunkt für einen Ausflug zur Isla Cabritos. Es gibt einen Balneario mit Namen **Balneario de las Brisas,** das ist eine Bademöglichkeit an einem Flusslauf, die idyllisch unter Bäumen liegt. Da dort auch ein paar Restaurants zu finden sind, ist es ein Treffpunkt für alle geworden. Der Ort selbst ist ziemlich unscheinbar, man merkt schnell die abgeschiedene Lage. Wie jeder etwas größere Ort im Grenzgebiet sitzt auch in La Descubierta ein Wachtposten am Ortseingang. Da sich nicht oft Gringos in diese Ecke verirren, werden sie hin und wieder gründlicher kontrolliert.

Der **Ausflug zur Insel** ist sehr interessant, wer will, kann es auch auf eigene Faust organisieren. Allerdings bieten mittlerweile alle größeren Reisebüros auch schon organisierte Touren an.

Die **Boote,** die zur Insel übersetzen, fahren von einem Punkt ab, der ca. zwei Kilometer außerhalb von La Descubierta in Richtung Neiba entfernt liegt. Die Ablegemole wird **La Azufrada** genannt. Die Dauer der Tour liegt bei zwei bis drei Stunden. Der Preis beträgt ungefähr 20 Euro pro Person, ein Führer muss extra bezahlt werden.

Die Abfahrt erfolgt immer sehr früh, nämlich zwischen sieben und acht Uhr, da es ab zehn Uhr zu heiß wird und auch die Krokodile dann lieber im Wasser verschwinden. Da aber viele Touristen doch später kommen, legt normalerweise auch bis 12 Uhr noch ein Boot ab.

Auf der Insel befindet sich ein kleines Naturkundemuseum, außerdem sind verschiedene Wanderwege angelegt. Wer Krokodile sehen möchte, der muss in einem 30-minütigen Fußmarsch die Insel überqueren (Vorsicht: ab 10 Uhr sehr heiß, da schattenlos!). Auf der Südseite liegt der Sandstrand La Caimanera, wo sich ständig Krokodile aufhalten. Niemals ohne Begleitung hingehen, nur unter Aufsicht eines erfahrenen Rangers; die Tiere sehen so träge aus, sind aber blitzschnell! Bei diesem Besuch geht es durch einmalige Kakteenwälder, wobei

[>] Am Lago Enriquillo

Wirtelschwanzleguane beobachtet werden können. Unumgänglich ist die Mitnahme von Trinkwasser!

Wer die Überfahrt scheut und trotzdem Krokodile beobachten möchte, der muss bei Sonnenaufgang zur Abfahrtsstelle bei La Azufrada kommen, dort kann man bis etwa 9 Uhr Krokodile, die hier „übernachtet" haben, beobachten.

Kurz vor dem Erreichen von La Descubierta liegt auf der dem See abgewandten Straßenseite hoch oben an der Felswand die möglicherweise bekannteste Hinterlassenschaft der Tainos. Hier wurden **Felsmalereien** gefunden, *Las Caritas* (die Gesichtchen) genannt. Die Malereien werden als gemalte Gottheiten gedeutet. Dieser Platz wird auch *El trono de Enriquillo* (der Thron von *Enriquillo*) genannt. Hier soll der legendäre Kazike der Tainos seinen bevorzugten Platz gehabt haben.

Praktische Reisetipps

Anreise

■ Vom Marktplatz in **Barahona** muss man zuerst in eine Guagua bis Neiba einsteigen. Die Straße führt durch weitläufige Zuckerrohrfelder und Bananenplantagen.

In **Neiba** muss man dann am zentralen Platz umsteigen. Es fahren meist Pick-ups, aber auch einige Guaguas bis La Descubierta. In Neiba findet am Mittwoch- und Samstagvormittag ein Markt statt, zu dem die Dorfbewohner aus der Umgebung kommen und sich eindecken.

Die **Strecke bis La Descubierta** ist sehr eindrucksvoll, man erreicht sehr schnell die Ausläufer des Sees, und die Straße verläuft kilometerlang immer in Sichtweite. Links liegt der See, rechts steigen kahle Berge auf, man durchfährt viele Dörfer, deren Häuser im Bohío-Stil aus Palmenholz gebaut sind. Hier sind die Häuser selten bunt bemalt, es wirkt alles sehr ärmlich.

001dr sm

Enriquillo

Der wohl bekannteste Taino war ein **Häuptlingssohn** namens *Enriquillo.* Dies war sein Taufname, denn er wurde im Franziskanerkloster in Santo Domingo unterrichtet und schließlich getauft.

Als er in den Dienst eines Spaniers trat, musste er erleben, wie der Sohn jenes Mannes seine Frau vergewaltigen wollte. Sofort flüchtete er mitsamt einigen Getreuen, für die er immer noch der große Kazike war. Viele Jahre konnte er sich **in den Bergen verstecken,** immer mehr Tainos schlossen sich ihm an.

Dass ein Taino sich derartige Freiheiten herausnahm, konnten die Spanier nicht durchgehen lassen. Jahrelang versuchten sie vergebens, ihn ausfindig zu machen, so entbrannte ein dauernder **Kleinkrieg.** Entgegen der spanischen Kriegstaktik brachte er die Gefangenen nicht um, er entwaffnete sie und schickte sie wieder zurück.

Diese Haltung kam schließlich sogar dem spanischen König zu Ohren. Er schickte daraufhin ein Sonderheer, das nur einen Auftrag hatte: *Enriquillo* **zu fangen** oder zur Aufgabe zu zwingen (besiegen oder verbünden, auf jeden Fall unschädlich machen). Er wurde schließlich auf der Insel Cabritos aufgespürt.

Nach langen Verhandlungen ergab er sich. Die Spanier hielten diesmal Wort, *Enriquillo* wurde **zum Caballero (Edelmann) ernannt** und konnte für sich und seine Männer ein Gebiet aussuchen und frei leben. Er war damit einer der ganz wenigen amerikanischen Ureinwohner, die offiziell vom spanischen König geadelt wurden.

Unterkunft

In La Descubierta:

- **Hotel Iguana①,** c/ Billini 3 (das ist die Hauptstraße durch den Ort), Tel. 809-301-4815. Kleines Haus mit zwölf einfachen Zimmern, das von freundlichen Leuten geführt wird, die jede Menge Tipps für einen Ausflug zum See parat haben. Im gleichen Haus werden auch bodenständige Gerichte angeboten.

Aktivitäten

- Das französisch geführte Unternehmen **Eco-Tour** bietet Tagesausflüge ab Barahona zum See mit Mittagessen, Besichtigung der Steinformationen Las Caritas und einem abschließenden Bad an. Kosten der Ganztagestour: 139 US-$ bei zwei Personen Minimum. Infos/Kontakt: Tel. 809-243-1190, www.ecotourbarahona.com, Büro: c/ Enriquillo, Edificio (Gebäude) 7, 2. Stock in Paraíso de Barahona.

> Nur Kakteen gedeihen hier gut

Umrundung des Sees

Eine ziemlich gut ausgebaute Straße führt um den See herum. Sicher ist es reizvoll, mal in dieser abgelegenen Ecke solch eine Tour zu machen, aber so oft kann man gar nicht von der Straße auf den See blicken. Dennoch bleibt es eine interessante Rundreise durch eine trockene, verkarstete Landschaft. Man muss damit rechnen, dass Soldaten die Autos anhalten und kontrollieren, vor allem in der Umgebung von **Jimaní,** dem Grenzübergang zu Haiti. Den Pass also lieber mitnehmen und nicht im Hotel lassen.

Polo magnético

Eine spektakuläre Besonderheit liegt keine 10 km südlich vom Ort Cabral, das wiederum gute 10 km westlich von Barahona an der Straße zum See liegt. Dort befindet sich ein **„magnetischer Pol",** passend bei einem Örtchen namens Polo. An einer genau auf der leicht ansteigenden Straße markierten Stelle sollen magnetische Kräfte wirken. Eine Bekannte des Autors probierte es vor ein paar Jahren aus und berichtet, dass ihr Auto dreimal „von alleine den Hügel hochfuhr". Wie das geht? So: Auto abstellen, Gang rausnehmen, Handbremse lösen und warten. Nicht lange, dann wirken die magischen Kräfte und „ziehen" den Wagen hoch.

Tatsächlich magische oder magnetische Kräfte? Tja, da man dieses Phänomen auch mit einem Ball oder einer Flasche erleben kann (so wird jedenfalls berichtet), soll es sich letztlich nur um eine **optische Täuschung** handeln. Aber wer weiß, wer weiß ...

049dr sm

JUAN PABLO DUARTE
1813 – 1876
PARQUE
JUAN PABLO DUARTE

4 Das Zentrale Hochland

Karibik einmal anders, denn dieser zentrale Gebirgszug wird „Dominikanische Alpen" genannt. Hier erheben sich mehrere Dreitausender und verbreiten eine angenehm kühle Temperatur, rauschende Wasserfälle stürzen sich in die Tiefe. Und nicht allzu weit entfernt liegt mit La Vega einer der ältesten Orte des amerikanischen Kontinents.

< Der Parque Duarte von Jarabacoa

DAS ZENTRALE HOCHLAND

Dominikanische Alpen wird der Gebirgszug genannt, der sich etwa durch die Inselmitte zieht. Mehrere Berge erreichen Höhen von knapp über 3000 Metern. Klima und Vegetation sind völlig untypisch für die Karibik. Ein guter Ort, um diese Region mit ihren rauschenden Wasserfällen zu erkunden, ist **Jarabacoa.** Ganz anders präsentiert sich **Santiago,** zweitgrößte Stadt des Landes und bekannt als Einkaufsstadt. **La Vega** wurde bereits von Kolumbus gegründet und im kleinen Ort **Salcedo** lebten dominikanische Heldinnen bis zu ihrer Ermordung: die **Schwestern Mirabal.**

Überblick

In diesem weitläufigen Gebiet liegen so unterschiedliche Städte wie Santiago, La Vega und Jarabacoa. **Santiago** ist eine äußerst geschäftige Stadt mit einer großstädtischen Hektik. Diese fehlt in **La Vega** völlig, hier ist es entschieden ruhiger und beschaulicher. Nur zur Karnevalszeit verändert sich das Bild, denn der Ort ist eine der Hochburgen des dominikanischen Karnevals. Dann ziehen die Veganos, wie die Bewohner genannt werden, mit fantasievollen Masken durch die Straßen.

Jarabacoa liegt mitten im Zentralen Hochland (La Cordillera Central), dessen Landschaftsbild so gar nicht in das typische Klischee der Karibik passt.

Eine weitgeschwungene **Gebirgskette** zieht sich von Haiti bis weit in die dominikanische Inselmitte hinein, wo sie langsam ausläuft. Mit dem 3087 Meter hohen Berg Pico Duarte befindet sich hier die höchste Erhebung der Karibik, aber noch eine Handvoll weiterer **Dreitausender** sind hier zu finden, so beispielsweise Pico La Pelona (3068 Meter), Pico La Rucilla (3049 Meter) oder Pico de Yague (3045 Meter). Sogar der höchste Berg der Karibik musste unter *Trujillo* seinen Namen wechseln, die Bezeichnung *Pico Trujillo* wurde aber sofort nach dem Ableben des Diktators geändert. Für den neuen Namen stand der Nationalheld *Duarte* Pate.

Die Cordillera Central bildet eine gewaltige Wasserscheide, eine Vielzahl von Flüssen entspringt hier, und etliche Wasserfälle prasseln in die Täler. Die **Landschaft der Cordillera Central** erinnert

NICHT VERPASSEN!

- **La Vega** ist einer der ältesten Orte Amerikas, bereits Kolumbus vollbrachte hier ein Wunder gegen die Urbevölkerung am Santa Cerro | 127
- **Jarabacoa** wird auch als Ort in den „Dominikanischen Alpen" bezeichnet, wegen seiner für die Karibik so untypischen Vegetation in der Höhenlage der Bergwelt | 130
- Den Wasserfall **Saltos de Jimenoa** gibt es zweimal, deswegen tragen sie die Nummern eins und zwei, besuchenswert sind sie alle beide | 131

Diese Tipps erkennt man an der gelben Hinterlegung.

Santiago

mehr an die Schweiz, denn sie ist geprägt durch weite, grüne Täler, imposante Bergketten und dichte Mischwälder. Kein Wunder, dass dieser Landstrich auch die „Dominikanischen Alpen" genannt wird.

Auf Wanderungen kann man beeindruckende Wasserfälle ansteuern und eine völlig andere Karibikseite kennen lernen. Ausgangspunkt für Wanderungen oder Reitausflüge ist hauptsächlich Jarabacoa, weniger das noch höher gelegene Constanza.

Die **Besteigung des höchsten Berges der Karibik** ist eine Herausforderung, für viele Dominikaner gilt es als eine Art Pflicht, dies einmal unternommen zu haben. Wer es ihnen als Tourist nachmachen will, hat dazu mehrere Möglichkeiten. Einige Anbieter offerieren Trips, bei denen die komplette Ausrüstung gestellt wird.

Die **Straßenverhältnisse** sind gut, lediglich die Strecke von Jarabacoa nach Constanza ist eine fürchterliche Schlaglochpiste.

Santiago

Der vollständige **Name** dieser zweitgrößten Stadt der Insel lautet Santiago de los Caballeros. Sie zählt etwa 600.000 Einwohner.

1494 gründete *Kolumbus* eine **Siedlung** am Fluss Río Yaque del Norte, ca. acht Kilometer vom heutigen Santiago entfernt. Der Name dieser Siedlung war Santiago de los 30 Caballeros (Santiago der 30 Ritter). Die Stadt erhielt diesen Beinamen als Erinnerung an die 30 Rittersleute, die die Stadt mitbegründeten. 1562 wurde die Siedlung durch ein Erdbeben zerstört, aber ein Jahr später an der heutigen Stelle wieder aufgebaut.

Heute gilt Santiago als eine **wohlhabende Stadt,** deren Grundlagen der Tabakanbau, die Rumproduktion und der Handel sind.

Sehenswertes

„Santiago is good for shopping, but not for staying", sagte mir eine ansässige Kanadierin. Ganz falsch ist die Behauptung tatsächlich nicht. Das Zentrum der Stadt zeigt sich hektisch und laut, genau wie in Santo Domingo oder Puerto Plata. Die **Einkaufszone** (Calle del Sol und abzweigende Straßen) bietet vielleicht sogar eine größere Auswahl als die Geschäfte in der Hauptstadt. Gleichwohl muss man sich darauf einstellen, dass ein Shoppingbummel von ständigem Hupen, unzähligen merenguespielenden Ghettoblastern und einer nicht enden wollenden Menschenmasse begleitet wird, also überhaupt nicht unseren Vorstellungen vom gemütlichen Bummeln entspricht.

Das **Monumento a los Héroes de la Restauración de la República** ist ein monströses Denkmal, das 1940 unter *Trujillo* errichtet wurde. Es soll an die Helden der Wiedereinführung der Republik erinnern. Da es immerhin 67 Meter hoch aufragt, ist es praktisch von jedem Punkt der Stadt zu sehen. Das Monument wurde teilweise aus Marmor errichtet, und ein spanischer Maler steuerte Wandmalereien bei. Das Denkmal liegt in einer weitläufigen Grünanlage.

Das ungewöhnliche **Museo del Tabaco** (Tabakmuseum) lohnt auf jeden Fall einen Besuch. Die Geschichte des Tabakanbaus wird hier ausführlich dargestellt. Erklärt wird der gesamte Prozess, vom Anbau über Ernte bis hin zum Endprodukt, zur echten handgerollten Zigarre. Calle 16 de Agosto, Ecke Calle 30 de Marzo, geöffnet: Di–Fr 9–12 und 14–17.30 Uhr.

225dr hf

In der Nähe des Museums liegt der zentrale Platz **Parque Duarte,** der sich als guter Orientierungspunkt anbietet.

Dort erhebt sich die **Kathedrale,** Catedral Santiago Apóstol. Auffallend sind die Fenstermalereien und das mit kunstvollen Schnitzereien gestaltete Hauptportal.

Und nur einen Steinwurf entfernt steht der **Palacio Consistorial,** 1895 erbaut, in würdevoller Erhabenheit an der Stirnseite des Parks, an dem auch die Kathedrale liegt. Die dominikanische Flagge weht vom Balkon und gibt dem Haus seine offizielle Note.

Museo Folklórico Tomás Morel

Sehr zentral liegt das kleine, fröhlich-bunte Privatmuseum, das als Hauptthema den **Karneval** hat und neben vielen Fotos und anderen Exponaten zum Thema vor allem eine Auswahl von schönen handgefertigten Masken zeigt (c/ Restaurantión 174), geöffnet: Mo–Sa 9–13, 15–19 Uhr. Der Eintritt ist frei, aber es wird um eine Spende gebeten.

Geht man die Calle de Sol entlang, erreicht man in Höhe der Calle España das auffällige Gebäude des **Mercado Modelo.** Stöbern und staunen!

> Eingang zur Fortaleze San Luis

< Santiago ist eine geschäftige Stadt

226dr hf

Fortaleza San Luis

Erbaut im 17. Jh. war diese Festung lange Zeit eine militärische Bastion für diese prosperierende Stadt, in jüngster Vergangenheit wurde sie dann auch als Gefängnis genutzt. Danach wurde das Gebäude lange Zeit vernachlässigt, bevor es vor ein paar Jahren grundlegend renoviert wurde, um der Geschichtsschreibung von Santiago einen würdigen Ort zu geben. Die insgesamt recht stolze Tradition zeigt sich schon in der Auffahrt zum mächtigen Tor, an der mehrere dominikanische Fahnen wehen. Im Inneren befindet sich eine kleine **Ausstellung zur militärischen Geschichte** des Landes, außerdem eine **Sammlung von Militärfahrzeugen.** Insgesamt soll diese Ausstellung ausgebaut werden und einmal die Stadtgeschichte dokumentieren.

Praktische Reisetipps

Anreise

- Kein anderer Ort ist besser und mit so unterschiedlichen **Busgesellschaften** zu erreichen. Sowohl *Metro Bus* als auch *Caribe Tours* fahren von **Puerto Plata** und von **Santo Domingo** mehrmals täglich Santiago an. Der Busterminal der Gesellschaft *Caribe Tours* liegt weit außerhalb des Zentrums, der Busterminal von *Metro Bus* etwa 15 Minuten Fußweg vom alles überragenden Monument entfernt. In beiden Fällen ist deshalb ein Taxi angebracht.
- Weiterhin pendeln zwischen **Puerto Plata** und Santiago bzw. zwischen **Santo Domingo** und Santiago unzählige **Guaguas und Minibusse.** Alle Guaguas und Kleinbusse enden sehr zentral an der Calle Salvador Cucurulo, die von der Calle 30 de Marzo abzweigt.

Unterkunft

Es gibt nur relativ **wenig Hotels** für eine derart große Stadt. Anscheinend statten die meisten Touristen Santiago nur einen Tagesbesuch ab von ihrem **Quartier an der Küste** aus. Das ist auch tatsächlich keine schlechte Idee, kann man doch nach einem anstrengenden Tag in der Stadt abends noch einmal schnell baden.

■ **Hotel Matúm**③, Av. Las Carreras 1, in Sichtweite zum Monument, Tel. 809-581-3107, www.hotelmatum.com, insgesamt 46 Räume. Ein auffällig rosa gestrichenes, mittelgroßes Haus mit Pool, TV, Aircondition, Casino und Restaurant, das ein wenig abseits vom Zentrum liegt, etwas verplüscht, aber okay.

■ **Hotel Colonial**②, c/ Salvador Cucurullo 113 y 115, Tel. 809-247-3122. Kleines Haus in Nachbarschaft des Guagua-Terminals, bietet vernünftige Zimmer, teilweise sogar mit Aircondition.

■ **Hotel Aloha Sol**③, Calle del Sol 50, Tel. 809-583-0090, www.alohasol.com. Ein großes, funktionelles Haus mitten im zentralen Bereich der Stadt mit 103 Zimmern und einem angeschlossenen Spielcasino.

■ **Hotel Hodelpa Centro Plaza,** ab ③, Calle Mella 54, Ecke Calle del Sol, Tel. 809-581-7000, www.hodelpa.com. Ein modernes, sechsstöckiges Haus im Herzen der Stadt mit unterschiedlichen Zimmertypen von „Standard" bis „Suite Presidencial". Neben dem üblichen guten Service der *Hodelpa*-Kette gibt es einen Parkplatz, ein Restaurant und eine Disco.

Gastronomie

Eine begrenzte Auswahl ist in den Straßen Calle del Sol und Calle 30 de Marzo zu finden, des weiteren liegen mehrere kleine offene Restaurants beim Monument, und ein paar Comedores in der Calle Restauración unweit des Parks. Empfehlenswert ist:

■ **Pez Dorado,** Calle del Sol 43, Tel. 809-582-2518. Nicht nur Fisch steht auf der Speisekarte; das Lokal gilt als eines der besten der Stadt.

Adressen

■ **Banken:** *Banco Popular,* Calle del Sol Ecke Calle Mella; *Banco Popular,* Calle Restauración 202; *Scotiabank,* Calle del Sol Ecke Calle 30 de Marzo.

■ **Busgesellschaften:** *Caribe Tours,* Tel. 809-578-0790, *Caribe Tours* hat zwei Terminals. Einer liegt an der endlos langen Av. 27 de Febrero im Stadtteil Las Colinas, etwa drei Kilometer nördlich vom Zentrum, der andere befindet sich ebenfalls an der Av. 27 de Febrero, fast an der Ecke c/ Maimón und damit in unmittelbarer Nachbarschaft vom Metro-Terminal. Alle Busse halten an beiden Terminals.

Metro Bus, Calle Maimón, Ecke Av. Juan Pablo Duarte.

■ **Post:** c/ del Sol, Ecke c/ San Luis.

Weiterreise

■ **Nach Santo Domingo:** per *Caribe Tours* oder per *Metro Bus,* beide stündlich zwischen 6 und 19 Uhr, Caribe Tours zeitweise sogar alle 30 Minuten.

■ **Nach Puerto Plata:** per *Caribe Tours* stündliche Verbindung, per Guagua: Ständig starten Kleinbusse vom zentralen Abfahrtsplatz in der Calle Salvador Cucurulo.

■ Nach **La Vega** fahren Guaguas vom Park an der Calle Restauración ab. Besser noch mit Express-Guaguas ab zentralem Terminal an der c/ Salvador Cucurulo fahren, Frequenz: halbstündlich.

■ Nach **Monte Cristi** und sogar **bis Dajabón** gibt es ebenfalls ab zentralem Terminal durchgehende Guaguas, die Fahrt bis Dajabón zum Markt der Haitianer dauert etwa drei Stunden.

La Vega

Dieser Ort darf ebenfalls den Titel, eine der ältesten Siedlungen der Neuen Welt zu sein, für sich in Anspruch nehmen. Die **ursprüngliche Siedlung** wurde noch zu *Kolumbus'* Tagen in unmittelbarer Nähe der heutigen Stadt angelegt. Schon im 16. Jahrhundert wurde hier mit dem **Zuckerrohranbau** begonnen, was einen gewissen Wohlstand brachte. 1562 erschütterte ein **Erdbeben** die Ortschaft und zerstörte sie weitgehend. Ein Jahr später wurde sie wieder aufgebaut und fand ihre endgültige Lage am Fluss Río Camú.

Der **zentrale Parque Duarte** zeigt sich in La Vega ziemlich großflächig und offen, an seiner Stirnseite steht eine ungewöhnliche, moderne **Kathedrale.** Aus Waschbeton errichtet, erhebt sie sich in die Höhe, während der dazugehörende Glockenturm rechts daneben steht.

Zwei kleine **Statuen** schmücken den Parque Duarte noch, eine in Erinnerung an das einhundertjährige Jubiläum der Ankunft des Literaten *Federico García Godoy*, und die zweite zu Ehren von Staatsgründer *Duarte.*

La Vega ist bekannt für seinen **außergewöhnlich farbenfrohen Karneval,** *el Carneval Vegano.* Dieser findet an den Sonntagen im Februar statt. Sogenannte *Diabolos cojuelos* (hinkende Teufel) kommen dabei in die Stadt, um Sünder zu bestrafen. Diese Teufel sind stilecht mit Masken und Kostümen verkleidet, für deren Herstellung die Träger ein ganzes Jahr benötigen. Sie schlagen die heutigen vermeintlichen Sünder mit aufgeblasenen Schweineblasen – das kann eine durchaus schmerzhafte Angelegenheit sein.

Praktische Reisetipps

Unterkunft

- **Hotel Rey**②, c/ Restauración 3, Tel. 809-573-9797. Gut eingerichtete Räume mit TV und vor allem Aircondition. Ein Restaurant ist angeschlossen, ebenso ein Parkplatz. WiFi.

Weiterreise

- Nach **Santiago** fahren ständig Guaguas von einem Punkt unweit vom zentralen Platz ab.
- Nach **Jarabacoa** fahren Sammeltaxen und Pickups, die von einer Seitenstraße, welche zwei Blocks vom zentralen Platz entfernt liegt, starten. Wer von Santiago kommt, sollte rechtzeitig dem Fahrer Bescheid sagen, dann hält er an der richtigen Stelle an, und man kann gleich umsteigen. Allerdings fährt auch *Caribe Tours* dorthin, es ist der Bus, der aus Santo Domingo kommt.
- Nach **Santo Domingo** fährt *Caribe Tours* zwischen sechs Uhr und 21 Uhr etwa halbstündlich, (*Caribe Tours*, Avda. Rivas, nach der Brücke Puente Seco, unweit der Schnellstraße Santo Domingo – Santiago, ca. 2 km außerhalb vom Zentrum.
- Nach **Puerto Plata** fahren die Busse von *Caribe Tours* etwa stündlich, auch hier sind es die aus Santo Domingo kommenden Busse.
- Nach **Salcedo:** etwa halbstündlich per Guagua, die teilweise weiterfahren bis Tenares und damit auch das Museum *Hermanas Mirabal* passieren.

Masken aus La Vega

Die Herstellung der Karnevalsmasken ist ein langwieriger Prozess. Zuerst wird ein Modell der späteren Maske aus Ton modelliert und gebrannt. Die eingefettete Tonmaske wird in mehreren Lagen mit Papierschnipseln belegt und mit Kleister bestrichen. Zwischen dem Auftragen der einzelnen Lagen muss eine mehrtägige Trockenzeit eingehalten werden, um den späteren Halt zu garantieren. Vor dem Auftragen der letzten Papierlagen erhält die Maske ihre Hörner, die aus Karton in Form gerollt wurden. Ist die Kleister-Papiermasse vollständig durchgetrocknet, wird das Tonmodell vorsichtig abgelöst. Als letzten Arbeitsgang erhält die Pappmaske ihre kräftig bunte Bemalung. Wer außerhalb der Karnevalszeit reist, kann sich diese farbenfrohen und kuriosen Masken im **Museo del Hombre Dominicano** in Santo Domingo anschauen.

Umgebung von La Vega

La Vega Vieja

Die **alte Siedlung des ursprünglichen Ortes La Vega** liegt ein paar Kilometer außerhalb vom heutigen La Vega. Die Straße zweigt von der Hauptstraße im spitzen Winkel ab und schlängelt sich durch kleine Dörfer.

Es handelt sich um eine kleine Anlage mit **Ausgrabungen, Resten von Fundamenten** und einem kleinen **Museum.** Gegründet wurde diese Siedlung von Kolumbus im Jahr 1494. Die Ausstellung zeigt Gegenstände aus der Zeit der Spanier, insbesondere Waffen, Tonwaren und Alltagsgegenstände wie z.B. ein Sattel. Allzuviel gibt es nicht zu sehen, aber einst stand hier die Festung namens Fortaleza de la Concepción, von der noch Mauerreste übrig geblieben sind. Weiterhin sind Grundmauern des Monasterio de San Francisco zu entdecken. Links neben der ehemaligen Kathedrale, von der nur noch Reste zu sehen sind, liegt der **Friedhof,** auf dem nicht nur Spanier liegen, sondern auch Tainos.

Diese erste bedeutende Siedlung der Spanier wurde 1562 durch ein verheerendes **Erdbeben** zerstört, seitdem verfiel die Ortschaft, bis man vor ein paar Jahren mit der **Restaurierung** begann.

■ Geöffnet: Mo–Fr 8–15, Sa/So 9–16 Uhr. Eintritt: 50 R.D.$.

[>] Denkmal in Salcedo
zu Ehren der drei Schwestern Mirabal

Santo Cerro

Kurz bevor La Vega Vieja erreicht wird, zweigt links eine Piste über zwei Kilometer zum Santo Cerro ab, dort gab es 1495 eine entscheidende **Schlacht zwischen Spaniern und Tainos.** Der damals beteiligte *Kolumbus* hatte hier ein Holzkreuz aufstellen lassen, das die Tainos verbrennen wollten, aber, so die Legende, dies wurde durch ein göttliches Wunder verhindert. Rechtzeitig erschien die Virgen de las Mercedes, und die tief beeindruckten Tainos legten die Waffen nieder. Etliche ließen sich daraufhin sogar taufen. Heute steht hier eine **Wallfahrtskirche,** am 24. September findet alljährlich eine Wallfahrt zu Ehren der heiligen Jungfrau statt.

Salcedo

Dieser kleine Ort muss ausnahmsweise mal unter politischen Gesichtspunkten herausgestellt werden, denn hier lebt die Familie *Mirabal.* 1960, kurz vor seinem eigenen Aus, ließ Diktator *Trujillo* drei Schwestern der Familie, die er als erbitterte Gegnerinnen ausgemacht hatte, kaltblütig ermorden. Der **Mord an den Schwestern Mirabal** löste mehr als alle anderen Gräueltaten Empörung aus, denn die Familie *Mirabal* zählte schon damals zu den angesehensten des Landes. Das Andenken der drei Schwestern *(Las Tres Hermanas Mirabal)* wird heute im ganzen Land hochgehalten, Straßen sind nach ihnen benannt, Briefmarken mit ihren Portraits werden gedruckt, und ein Roman beschäftigt sich mit ihrer Geschichte. Die dominikanische Schriftstellerin *Julia Álvarez* beschrieb in ihrem Roman „Die Zeit der Schmetterlinge“ ihr Leben.

Direkt vor ihrem Geburtshaus in dem kleinen Ort Salcedo erhebt sich ein verschlungenes **Denkmal** zu Ehren der drei. 4 km entfernt in Conuco ist ein kleines Museum eingerichtet, in dem sehr persönliche Exponate die Erinnerung an die drei ermordeten Schwestern aufrecht erhalten. Viele Jahre lebte hier die vierte Mirabal-Schwester, *Bélgica Mirabal.* Sie verwaltete das Erbe und Andenken der drei ermordeten Schwestern und kümmerte sich um deren sechs Kinder. *Bélgica Mirabal* verstarb im Februar 2014. Ich hatte das Glück, sie vor vielen Jahren einmal in diesem Haus zu treffen.

007dr sm

151dr hf

Sie führte mich herum und erklärte viele der Erinnerungsstücke. *Doña Dedé,* wie sie im ganzen Land genannt wurde und die auch im Roman vorkommt, meinte locker auf meine Frage, ob sie auch noch politisch tätig sei: „Ich nicht, aber mein Sohn – er war nämlich der Vizepräsident des Landes."

■ **Museo de las Hermanas Mirabal,** Km 4 in Conuco an der Straße nach Tenares, Tel. 809-587-8530, geöffnet tägl. 9–17 Uhr, Eintritt: 20 R.D.$, freundliche Führung auf Spanisch.

Praktische Reisetipps

An- und Weiterreise

■ *Caribe Tours* fährt viermal am Tag **von Santo Domingo** direkt hierher, zurück geht es um 6.15, 10.45, 14.15 und 17.45 Uhr. Der Terminal liegt an der Calle Francisca Mollins 63, Tel. 809-577-2414.
■ Von **La Vega** pendeln halbstündlich Guaguas vom zentralen Platz, die Tenares-Busse passieren auch das Museum.

Jarabacoa

Jarabacoa liegt ca. 30 km von La Vega entfernt, mitten in der für die Karibik so untypischen Bergwelt. Die **gebirgige, grüne Landschaft,** die den Ort umgibt, ist wirklich beeindruckend. Hier passt tatsächlich der Name, den sich geschickte Tourismuspromoter haben einfallen lassen: dominikanische Alpen. Diese liegen mitten in der Gebirgskette Cordillera Central. Das Landschaftsbild ist geprägt von Nadelgehölzen und grünen Wiesen, Palmen findet man hier seltener.

⌃ Die drei Schwestern Mirabal (v.l.n.r.): Patria, Minerva, María Teresa

› Dominikanische Alpen: grün und gebirgig

Der Ort hat zwar eine angenehme Atmosphäre und ist deutlich kühler als der Rest des Landes, bietet aber ansonsten nicht viel, die Lage und die Möglichkeit, kleinere Wanderungen zu unternehmen, machen den Reiz aus. **Ausflüge in die Bergwelt** müssen allerdings selbst organisiert werden. Wenn Besucher z.B. in den Nationalpark wollen, wird sich bestimmt ein Taxifahrer finden lassen, der sie fährt.

Wasserfälle

Neben Routen durch das bewaldete Vorgebirgsland sind es in erster Linie drei Wasserfälle (Saltos), die von Wanderern gerne angesteuert werden. Am Endpunkt kann gebadet werden, sodass die Touren einen zusätzlichen Reiz haben.

Saltos de Jimenoa 1

Erstmal entlang der Straße nach Constanza über sieben Kilometer, am besten mit Motoconcho oder Guagua, bis ein kleiner Laden erreicht wird, wo ein grünes Hinweisschild nach links zu den Saltos de Jimenoa weist. Von dort geht es auf einem schmalen und teilweise rutschigen Pfad sehr steil etwa 20 Minuten hinab. Am Ende erwartet einen ein Wasserfall, der aus 20–30 Metern hinabrauscht, im Sammelbecken kann man baden.

Saltos je Jimenoa 2

Der Wasserfall liegt schon ziemlich weit außerhalb, sodass man sich besser eine Transportmöglichkeit organisiert. Zu er-

227dr hf

reichen: von Jarabacoa zunächst knappe vier Kilometer Richtung La Vega (am einfachsten per Guagua bis kurz vor Buena Vista), dann dem Hinweisschild Salto de Jimenoa nach rechts folgen. Es sind dann noch gute fünf Kilometer. Der Wasserfall rauscht circa 500 Meter von einem kleinen Parkplatz, der durch einen Militärposten bewacht wird, hinunter. Die letzten Meter geht es übrigens über ziemlich schwankende Hängebrücken, außerdem müssen ein paar Pesos Eintrittsgebühr entrichtet werden (zuletzt 50 R.D.$). Direkt beim Wasserfall verkauft ein Kiosk kühle Drinks. Ein großes Naturbecken mit Flussstrand lädt zum Baden ein, ca. 100 m vor dem Kiosk einen kleinen Weg 30 m zum Fluss folgen.

Saltos de Baiguate

Vom Hotel Pinar Dorado etwa 20–30 Minuten Richtung Constanza laufen, bis man das Hinweisschild zum Salto de Baiguate sieht. Hier die Straße nach rechts Richtung Berge verlassen und circa 45 Minuten auf einer Piste laufen, die direkt zum Wasserfall führt, zunächst bis zu einem Parkplatz, dann noch einmal 10 Minuten auf einem abgedeckten Wasserkanal weiter. Ein Fahrzeug muss ca. 1½ km vorher geparkt werden, der Rest geht nur zu Fuß.

☐ Jarabacoa liegt in den „Dominikanischen Alpen“

228dr hf

Aufstieg zum Pico Duarte

(Die folgenden Infos sind von *Markus Harteis*)

Der Pico Duarte, mit 3087 Metern der höchste Berg der Karibik, kann bestiegen werden. Noch vor ein paar Jahren wurde seine Höhe mit 3175 m angegeben, aber dank neuester Satellitenmesstechnik weiß man es nun besser bzw. genauer. Auch das Schild am Gipfel wurde entsprechend korrigiert. Die Besteigung erfordert ein wenig Eigeninitiative und Grundkenntnisse in Spanisch. Wem dies zu mühselig ist, kann sich auch einer **organisierten Tour** anschließen, erste Unternehmen bieten den Trip bereits an, so beispielsweise *Rancho Baiguate* in Jarabacoa, Tel. 809-574-6890, www.ranchobaiguate.com.

Um den Gipfel zu erreichen, muss man vorher keine bergsteigerischen Großtaten vollbracht haben. Als **Voraussetzung** reicht allein die Bereitschaft, etwas vom einfachen Leben der Kleinbauern kennen lernen zu wollen und über eine gute körperliche Verfassung zu verfügen; gilt es doch, vom Parkeingang bei dem Ort La Ciénaga (1000 m Höhe) bis zum Gipfel etwa 2500 Höhenmeter zu überwinden.

Die Entfernung wird offiziell mit 23,1 Kilometern angegeben. Das klingt nach relativ wenig, täuscht aber gewaltig, denn **es geht ständig rauf und runter.** Kurz vor der Ankunft bei der Schutzhütte erreicht man den höchsten Punkt der ersten Tagesetappe *Agüita Fría* auf 2650 Metern Höhe, die Schutzhütte selbst liegt auf 2450 Metern. Diese 200 Höhenmeter muss man natürlich beim Abstieg auch wieder hinauf.

Zwischen den 35 km voneinander entfernten Orten Jarabacoa und Ciénaga verkehren zwar Pick-ups, wer aber früh morgens aufbrechen will, wird wohl um eine Taxifahrt nicht herumkommen oder muss einen Tag vorher anreisen.

La Ciénaga liegt am Rande des Parque Nacional Bermúdez, die Ortschaft zieht sich vom Fluss ein Stück den Hang hoch. Inmitten des Dorfes gibt es ein paar Lebensmittelgeschäfte, die allerdings nur ein beschränktes Angebot haben. Es empfiehlt sich deshalb, alles Notwendige mitzubringen.

Die Besteigung ist nur in Begleitung eines einheimischen Führers möglich. Diese werden üblicherweise durch die Parkverwaltung vermittelt. Die Führer sind geschult, kennen Wege, Wasserstellen und Rastplätze und helfen außerdem bei der Anmietung der Maultiere. Alles Organisatorische lässt sich direkt am **Parkeingang** regeln, dieser liegt etwa 100 m hinter dem Dorf. Dort besteht auch die Möglichkeit zu übernachten, um am folgenden Tag frühzeitig aufbrechen zu können.

Die **Ausrüstung** muss mitgebracht werden, im Park selbst kann nichts gekauft werden. Notwendig sind Lebensmittel für die Wanderung, dabei nicht den Führer vergessen. Einfache Gerichte können bei den Schutzhütten zubereitet werden, von denen insgesamt sieben im Park verstreut liegen. An jeder Hütte findet sich ein überdachter Kochbereich mit einem für die ländliche Bevölkerung typischen gemauerten einfachen Holzherd. Trinkwasser gibt es an den Hütten und an einigen Rastplätzen. Bei der Auswahl der Kleidung sollte man an feste Schuhe, Regenzeug, aber auch an einen warmen Pullover denken. Für die Übernachtung empfiehlt es sich, einen Schlafsack und eine Unterlage mitzubringen.

Das Gepäck wird am besten mit einem Maultier **transportiert.**

Man kann den Aufstieg in drei Tagen oder auch in zwei Tagen bewältigen. Die meisten Wanderer ziehen die 2-Tages-Tour vor, da man oben in der Schutzhütte sowieso nicht viel machen kann. Generell sieht das Programm so aus:

Acht Stunden Aufstieg bis zur **Schutzhütte,** wo übernachtet wird. Dann am nächsten Morgen sehr früh aufstehen und noch einmal etwa zwei Stunden hoch bis zum Gipfel. Manche versuchen so früh oben zu sein, dass sie dort den Sonnenaufgang erleben. Danach geht es zurück und man sollte noch einmal 5–6 Stunden rechnen von der Schutzhütte bis hinunter nach La Ciénaga.

Der Weg verläuft auf den ersten vier Kilometern bis zur Hütte *Los Tablones* noch recht flach, dann aber folgt ein langer Kamm. Gerade der untere Teil führt durch einen tropischen Regenwald, während ab einer Höhe von 2200 Metern die Vegetation spärlicher wird. Der Weg ist teilweise recht schlammig und durch den häufigen Regen wird der Boden sehr aufgeweicht.

098dr mh

Die **Hütte** besteht aus einem großen Raum und bietet sicher Platz für 40 bis 50 Personen. Gleich nebenan steht ein gemauerter Herd unter einem Blechdach, und um eine Feuerstelle liegen in einem Rechteck große Baumstämme, auf denen man sich gemütlich zum Essen niederlassen kann.

Hier die **Einschätzung eines anderen Lesers,** der ebenfalls zum Gipfel wanderte:

In zwei Tagen auf den Pico Duarte zu wandern, ist auch für Hardcore-Wanderer wie mich kein Spaß; am zweiten Tag geht es auf einer Distanz von 28 km (das dürfte Luftlinie sein) 1200 Höhenmeter bergauf und 2500 Höhenmeter bergab. Man kann bis zum Gipfel auf Mulis reiten, und das ist keine schlechte Idee ... Für die Übernachtung sollte man unbedingt Schlafsack, Liegematte und Kochtopf mitnehmen, denn das gibt es in der großen, neuen Hütte nicht. Hier ist nichts als blanker Boden, in Nebengebäuden Toiletten und Feuerstellen, also ziemlich ungemütlich.

Kosten: Wenn zwei oder drei Personen die Tour machen, muss mit etwa 100 € pro Person gerechnet werden. Wer direkt bei der Parkverwaltung die Tour abspricht, kann eventuell etwas sparen.

Rancho Baiguate bietet den Trip ebenfalls an und stellt Guide sowie Ausrüstung. Die Kosten richten sich nach Größe der Gruppe und der Dauer des Aufstiegs. Es gibt ein Angebot „Pico Duarte Express" in 3 Tagen oder „Pico Duarte Relax" in 4 Tagen. Der Preis liegt so um 250 US$ einschließlich der kompletten Ausrüstung, die niemand aus der Heimat mitbringen muss (www.ranchobaiguate.com).

Praktische Reisetipps

Anreise

■ Von **La Vega** ein Sammeltaxi oder einen Pick-up nehmen. Am besten am zentralen Platz aussteigen und von einem Motoconcho gleich zum Hotel fahren lassen. Direkt neben der Feuerwehr liegt der Terminal von *Caribe Tours,* die 4-mal täglich von **Santo Domingo** nach Jarabacoa fahren.

Unterkunft

■ **Hotel California**③, Tel. 809-574-6255, www.hotelcaliforniajarabacoa.com. Kleines gemütliches Haus, 18 Zimmer, Pool, ca. 1 km außerhalb in Richtung Constanza gelegen, holländische Betreiber.

■ **Gran Jimenoa**③, Av. Confluencia 1, Tel. 809-574-6304, www.granjimenoahotel.com. Ein Öko-Hotel mit 65 guten Zimmern, direkt am Río Jimenoa gelegen, etwa zwei Kilometer außerhalb. Mit Pool und Restaurant. Am Ortseingang rechts abbiegen und nach wenigstens 500 Metern ein weiteres Mal nach rechts.

■ **Hotel Pinar Dorado**③, inkl. dreier Mahlzeiten pro Person, an der Straße nach Constanza, Tel. 809-574-2820, www.hotelpinardorado.com. Ruhiges, weitläufiges Haus mit 43 Zimmern, eingebettet in die Ausläufer des Waldes. Ein Pool und ein Restaurant sind ebenfalls vorhanden. Es liegt ca. 2500 m außerhalb von Jarabacoa.

Rancho Baiguate③-④ (je nach gebuchtem Programm), Tel. 809-574-6890, www.ranchobaiguate.com. Etwas ganz Besonderes, eine ökologisch ausgerichtete Farm etwa 3 km außerhalb in Richtung Constanza (100 m hinter dem Hotel Pinar Dorado links ab, ist ausgeschildert). 27 Zimmer im Cabañas-Stil inklusive dreier Mahlzeiten. Es können diverse Ausflüge gebucht werden, u.a. dreitägiger Aufstieg zum Pico Duarte oder Wildwasser-Rafting, Canyoning, Mountainbike-Trips. Es gibt auch einfache Bungalows mit Bad und Etagenbetten.

■ **Hotel Brisas del Yaque**②, c/ Luperón Ecke c/ Pelegrina Herrera, Tel. 809-574-4490. Ziemlich ruhig in einer Nebenstraße gelegenes Steinhaus von zwei Etagen mit kleinen Balkonen. Von einigen der insgesamt recht kleinen Zimmer toller Fernblick.

■ **Jarabacoa Guest House**②, Calle 7 Nr. 8, Tel. 809-365-9102, www.guesthouse-jarabacoa.com. Ein Lesertipp! Kleines Haus unter deutscher Leitung, in dem Apartments vermietet werden, die modern und zweckmäßig eingerichtet sind. Zu finden: 14 Blocks vom zentralen Platz entfernt.

Gastronomie

■ **Parque Galería,** c/ Mirabal beim Parque Central. Liegt gleich in Nachbarschaft zum Vorgenannten und ist ebenfalls fantasievoll dekoriert. Hier gibt es alles: Frühstück, Snacks, Abendessen, und viele Gerichte werden ebenfalls über einem Grill zubereitet.

■ **Bohío,** Avda. Independencia Ecke c/ Sánchez. Das Haus fällt auf! Es wurde einem Bohío nachempfunden, entsprechend sehr ländlich und urgemütlich eingerichtet. Es bietet hauptsächlich dominikanische Gerichte.

■ **Lesertipp:** Ein sehr leckeres **vegetarisches Restaurant** liegt in der c/ Luperón, zwei Blocks vom Hotel Brisas del Yaque entfernt, geöffnet: 12–17 Uhr.

■ **Restaurant Brisas del Yaque II,** c/ Independencia 13, Tel. 809-574-7227. Größeres Lokal mit eigenem Parkplatz und rustikalem Ambiente, serviert Steaks, Pasta, Sushi, Hamburger.

■ **Restaurant La Tinaja,** c/ Independencia 37, Tel. 809-574-2311. Liegt einen Block vom *Caribe Tours*-Terminal entfernt. Hat offene Seiten, bietet gutes Essen, ist aber etwas höherpreisig, es gibt vor allem Fleischgerichte und Hamburger.

Los geht's!

Adressen

- **Bank:** *Banco de Progreso,* c/ Luis F. Gómez Urribe, Ecke Av. Independencia
- **Aktivitäten:** Viele sportiven Unternehmungen, die auf -ing enden (Canyoning, Rafting, Mountainbiking, Hiking, etc.) bietet *Rancho Baiguate* an.

Weiterreise

- Die Sammeltaxen und Guaguas nach **La Vega** fahren an der Ausfallstraße ab. Neben Terminal von *Caribe Tours.*
- Wer von La Vega weiter nach **Santiago** will, braucht nicht ganz bis in den Ort hineinzufahren. Die Straße von Jarabacoa stößt ca. fünf Kilometer vorher auf die Fernstraße Santiago – Santo Domingo. Dort aussteigen, die Straße überqueren und den nächsten Bus anhalten.
- Nach **Santo Domingo** fährt *Caribe Tours* um 7, 10, 13.30 und 16.30 Uhr; der Terminal liegt in der Calle José Durán 3, am Ortseingang schräg gegenüber der Tankstelle.
- **Guaguas nach Constanza** starten von der c/ Carmen Ecke c/ Gastón Fernando Deligne. Abfahrt um 9, 10.30, 11.30 und 12.30 Uhr.
- **Guaguas nach la Ciénaga** fahren auch etwa alle 2 Stunden von der c/ Carmen Ecke c/ Obdulio Jiménez.

Constanza

Die Stadt liegt noch höher als Jarabacoa, nämlich auf gut 1200 Metern, dadurch herrscht hier ganzjährig ein angenehmes, fast karibik-untypisches **Klima.** Nachts fällt das Thermometer auf (für Karibikverhältnisse) ungewohnte Tiefstgrade.

Was lockt? Die herrliche **Landschaft,** das angenehm milde Klima und möglicherweise **Abstecher in die Berge.** Der **Wochenmarkt** quillt hier über von Früchten, auch so „exotischer" (weil untypisch für Karibik) wie Erdbeeren oder Äpfel.

Praktische Reisetipps

Anreise

- Früher war die **Straße von Jarabacoa nach Constanza** eine üble Schlaglochpiste, aber das ist vorbei. Sie wurde tadellos ausgebaut, mit Sicherheitsplanken versehen, und bietet tolle Ausblicke auf die Bergwelt. „Die Straße ist ein Traum!", schrieb ein Leser.

Unterkunft

- **Mi Casa**②, c/ Sánchez 2, Tel. 809-539-2764. Kleines Hotel am Ortseingang mit Restaurant, insgesamt 10 Zimmer.
- **Rancho Constanza**③, Tel. 809-539-3268, www.ranchoconstanza.tripod.com. Etwa 2 km außerhalb Richtung Bonao gelegene Öko-Lodge. Geboten werden 12 Zimmer und 12 kleine sogenannte Villas. Rustikales Design, alles sehr naturnah. Ein Restaurant bietet typische Gerichte der Region, außerdem können diverse Exkursionen gebucht werden.

Gastronomie

- **Lorenzo Restaurant,** c/ General Luperón 83, Tel. 809-539-2008. Das Restaurant wird von zahlreichen Einheimischen empfohlen und bietet dominikanische Küche. Umfangreiche Speisekarte, große Portionen.

Adressen

■ **Bank:** *Banco León,* c/ Luperón Ecke c/ Andrés Abreu. Liegt an der Hauptstraße, die durch den Ort führt, und hat einen Geldautomaten.

Ausflug

Wanderung zum **Wasserfall Saltos de Aguas Blancas.** Zuerst per Motoconcho zum Dorf El Convento, von dort sind es etwa 3½ km bis zum Wasserfall, der über mehrere Stufen herunterrauscht. Er gilt als der größte Wasserfall der Antillen.

An- und Weiterreise

■ Von und nach **Jarabacoa** gibt es vier Verbindungen am Vormittag mit Guaguas. In Constanza enden alle Linien an der Tankstelle im östlichen Ortskern.
■ Von dort besteht auch eine stündliche Verbindung nach **El Abanico,** wie die Kreuzung mit der Schnellstraße nach Santo Domingo genannt wird. Von diesem Punkt geht es nach Umsteigen weiter nach Bonao, La Vega oder gar nach Santiago und auch in die Hauptstadt.

San Francisco de Macorís

Die drittgrößte Stadt des Landes (180.000 Einwohner) steht etwas im touristischen Abseits. An der Straße von Santiago nach Nagua gelegen, blieb San Francisco für die meisten Reisenden nur eine Durchgangsstation auf dem Weg zu den Stränden von Samaná. Dabei verpassen sie etwas, liegt doch ganz in der Nähe das **Reservat Loma Quita Espuela,** ein Nebelwald mit hoher Biodiversität. Auf einem 2,7 km langen Lehrpfad, der stetig bergan führt, lernt man unterschiedlichste Vegetationstypen kennen. Krönender Abschluss auf dem sogenannten „Weg zu Wolken" ist ein fantastischer Weitblick vom Aussichtsturm, der auf dem Gipfel in 942 Meter Höhe steht. Bei klarem Wetter kann man manchmal sogar das Meer sehen! Ein Besuch ist nur geführt möglich und dauert sechs bis sieben Stunden. Kontakt: Fundación Loma Quita Espuela, Av. Libertad 44, Tel. 588-4156, www.flqe.org.do (auch auf Deutsch).

Praktische Reisetipps

Unterkunft

■ **Hotel 2000**②, c/ Salcedo 100, Tel. 809-588-0817. Liegt im Zentrum an der Hauptstraße, 8 DZ und 16 EZ mit Bad, AC, TV.
■ **Hotel Las Caobas**③, c/ Luis Enrique Carrón, Tel. 809-290-5858. Bestes Haus der Stadt, ruhige Lage, etwas außerhalb. 40 DZ, 10 Suiten, Pool.

Gastronomie

■ Momentan keine Empfehlung.

An- und Weiterreise

■ Es gibt Guaguas von **La Vega,** aber nicht allzu häufig. Ebenso bestehen Verbindungen nach **Nagua** an die Küste. *Caribe Tours* fährt um 7, 9.30, 13.30 und 16 Uhr nach **Samaná** und stündlich nach **Santo Domingo.** Entsprechend gibt es von beiden Orten ebenfalls Verbindungen hierher.

5 Die Nordküste

Strände ohne Ende gibt es hier, für jeden ist etwas dabei: Mal ziemlich quirlig, mal ziemlich ruhig, mal abgelegener und mal sehr sportiv. Und mit Puerto Plata liegt im Zentrum eine Kleinstadt mit charmanten, bunt bemalten Holzhäusern, ebenfalls an der Küste. Auch Kolumbus war schon hier, ließ an dieser Küste die allererste Siedlung in der gerade neu entdeckten Welt bauen.

< Einladende Beachbar in Cabarete

229dr hf

DIE NORDKÜSTE

Weitgestecktes touristisches Zentrum mit dem internationalen Flughafen: **Puerto Plata.** Die Stadt hat noch viele buntbemalte, reizvolle Holzhäuser und einen Berg, zu dessen Spitze man per Seilbahn gelangt. Von oben genießt man einen sagenhaften Fernblick. **Sosúa** ist ein Ort für feierfreudige Gäste, während **Cabarete** die Surfer anzieht. Beide Orte haben einen schönen Strand. Etwas abgelegener und sehr viel ruhiger sind die Strände von **Luperón** und **Punta Rucía** im westlichen Bereich dieser Küste. Und ganz weit im Westen wartet mit **Monte Cristi** noch ein Ort auf neugierige Entdecker.

NICHT VERPASSEN!

- Mit der **Seilbahn** hoch auf den Berg **Monte Isabel** und die sagenhafte Aussicht auf die Küste genießen | 146
- Das kleine **jüdische Museum** in Sosúa zeigt einen wichtigen Aspekt aus dem Leben der kleinen Gemeinde: die Ankunft von mehreren hundert jüdischen Flüchtlingen während der Nazi-Zeit | 156
- Einen Strandtag in **Cabarete** einlegen und eine Runde entspannen auf der Terrasse eines der Strandlokale unter Palmen – einfach nur göttlich! | 160

Diese Tipps erkennt man an der gelben Hinterlegung.

[>] Die Küste von Puerto Plata

Überblick

Die Nordküste weist **abwechslungsreiche Landschaftsbilder** auf.

Im **äußersten Nordwesten** zeigt sich die Landschaft völlig karg und trocken, das Land ist hier deshalb auch dünn besiedelt, eine Bearbeitung des Bodens ist kaum möglich. Kakteen sind die vorherrschenden Pflanzen. Die abseits liegenden Ortschaften zählen außerdem zu den malariagefährdeten Gebieten des Landes. Am Río Yaque werden etwas Reis, Tabak und Baumwolle angebaut, allerdings in kleinen Mengen.

Das Bild ändert sich erst, je weiter man **nach Osten** fährt. In der weiteren Umgebung von Puerto Plata sind schließlich ausgedehnte Zuckerrohrfel-

Die Nordküste

der zu finden, während die Landschaft noch weiter gen Osten immer grüner und subtropischer wird. Im Hinterland zieht sich der Gebirgszug Cordillera Septentrional entlang, der erst kurz vor der Halbinsel Samaná ausläuft.

An der Nordküste sind viele touristische Einrichtungen entstanden. Alle Urlaubsorte liegen an schönen und großen Strandabschnitten, dafür sind diese allerdings manchmal etwas isoliert und beschränken sich auf weitläufige Hotelanlagen, die dem Gast dann aber auch alles bieten. Andere Orte sind eine erträgliche Synthese zwischen moderner Feriensiedlung und ursprünglichem Dorf eingegangen.

Die Drehscheibe und das Einfalltor bildet **Puerto Plata** mit seinem internationalen Flughafen. Östlich der Stadt liegen drei touristische Zentren: Playa Dorada, Sosúa und Cabarete.

An der **Playa Dorada** existieren ein paar Tausend Hotelbetten verteilt auf gut ein Dutzend Hotels der gehobenen Klasse. Das Gebiet liegt trotz seiner relativen Nähe zu Puerto Plata recht isoliert, denn das gesamte Areal ist lediglich über eine bewachte Zufahrtsstraße zu erreichen.

Stellte **Sosúa** noch vor ein paar Jahren eine gelungene Mischung aus Feriensiedlung und ursprünglichem Dorf dar, nimmt mittlerweile die Tourismusindustrie eine beherrschende Stellung ein. Immer mehr Urlauber drängeln sich an dem relativ kleinen Strand, und ein reges Nachtleben mit teilweise unangenehmen Auswüchsen hat sich entwickelt.

In **Cabarete** herrschen noch immer die sportiven jugendlichen Urlauber vor. Nach wie vor gilt der Ort als der Surfertreff, aber auch Urlauber, denen Sosúa zu rummelig und Playa Dorada zu isoliert ist, kommen hierher.

Puerto Plata

Mit 130.000 Bewohnern ist Puerto Plata die größte Stadt im Norden. Der internationale **Flugplatz** liegt knapp 20 km außerhalb, und hier landen Urlauber, die an der Nordküste ihr Hotel gebucht haben.

Nicht wenige Urlauber verzichten gleich auf einen Besuch von Puerto Plata, wobei sie allerdings etwas versäumen, denn die Stadt hat durch die vielen **Holzhäuser aus der Kolonialzeit** einen ganz eigentümlichen Reiz. Diese Häuser sind in einem Gebiet zu finden, das sich grob von der Festung bis ein Block hinter dem Parque Central erstreckt, relativ viele liegen in der zentralen Straße calle Beller.

1504 wurde die **Siedlung** von *Nicolás de Ovando* gegründet, aber nach relativ kurzer Zeit wieder aufgegeben. Grund dafür waren diverse Piratenüberfälle, später erkannten die Seeräuber, dass der Hafen für sie ein ideales Versteck darstellte, denn durch die vorgelagerte Korallenbank konnten nur erfahrene Kapitäne sicher manövrieren. So konnten sie von hier recht ungeniert ihren Aktivitäten nachgehen.

Irgendwann platzte der spanischen Krone dann der Kragen, und alle Bewohner wurden nach Santo Domingo zwangsumgesiedelt, Puerto Plata war verwaist.

Erst im 18. Jh. erlebte Puerto Plata einen erneuten Aufschwung, nachdem sich zahlreiche Einwanderer von den Kanarischen Inseln hier niedergelassen hatten.

In den vergangenen Jahren erfuhren die Stadt und die nahen Strandorte einen weiteren wirtschaftlichen Schub durch die **touristische Entwicklung,** obwohl die Hotelzonen außerhalb des Ortes liegen.

Sehenswertes

Holzhäuser

Das Stadtbild ist besonders in den Straßen **zwischen dem Zentrum und der Fortaleza** von buntbemalten Holzhäusern geprägt. Speziell rings um den zentralen Platz sind einige gut erhaltene Häuser zu finden. Entfernt man sich allerdings auch nur ein wenig von dieser Zone, ändert sich schnell das Bild, dann finden sich auch einige nicht so gut instand gehaltene Häuser. Weitere liegen entlang der **Calle Beller** in Richtung zum Terminal von *Metro Bus.*

Museo Ámbar

Im Zentrum befindet sich das Bernsteinmuseum Museo Ámbar, Calle Duarte 61, Ecke Calle Prudhomme. Im oberen Stockwerk sind wertvolle **Bernsteinexponate** ausgestellt, in der unteren Etage können im Tourist Bazar Steine, Bücher und Souvenirs erworben werden. Das Museum liegt in einem schönen alten Gebäude.

■ Geöffnet: Mo–Sa 9–16 Uhr, Eintritt 50 R.D.$.

Parque Central

Der Parque Central ist ein lebhafter Platz, mitten im Zentrum gelegen. Wie immer an so einem zentralen Platz finden sich hier fliegende Händler und Schuhputzer, Pensionäre und Müßiggänger, wichtige Männer mit Sonnenbrille und Gel im Haar neben Bettlern ein. Keine Frage, ein buntes Treiben, das ein wenig Einblick in die Sozialstruktur gestattet. Ruhig erhebt sich dagegen im Zentrum des kleinen Parks ein hübscher Pavillon mit dem erstaunlichen Namen **Glorieta Siciliana** (sizilianische Laube/ Lusthäuschen).

Fortaleza San Felipe

Am Ende des Malecón liegt die **alte Festungsanlage** Fortaleza San Felipe. 1541 wurde mit dem Bau der Festung an dieser strategisch wichtigen Stelle begonnen. Damals war Puerto Plata ein wichtiger Hafen und musste gegen Piratenüberfälle geschützt werden. 1577 wurde der Bau beendet, aber da begann bereits

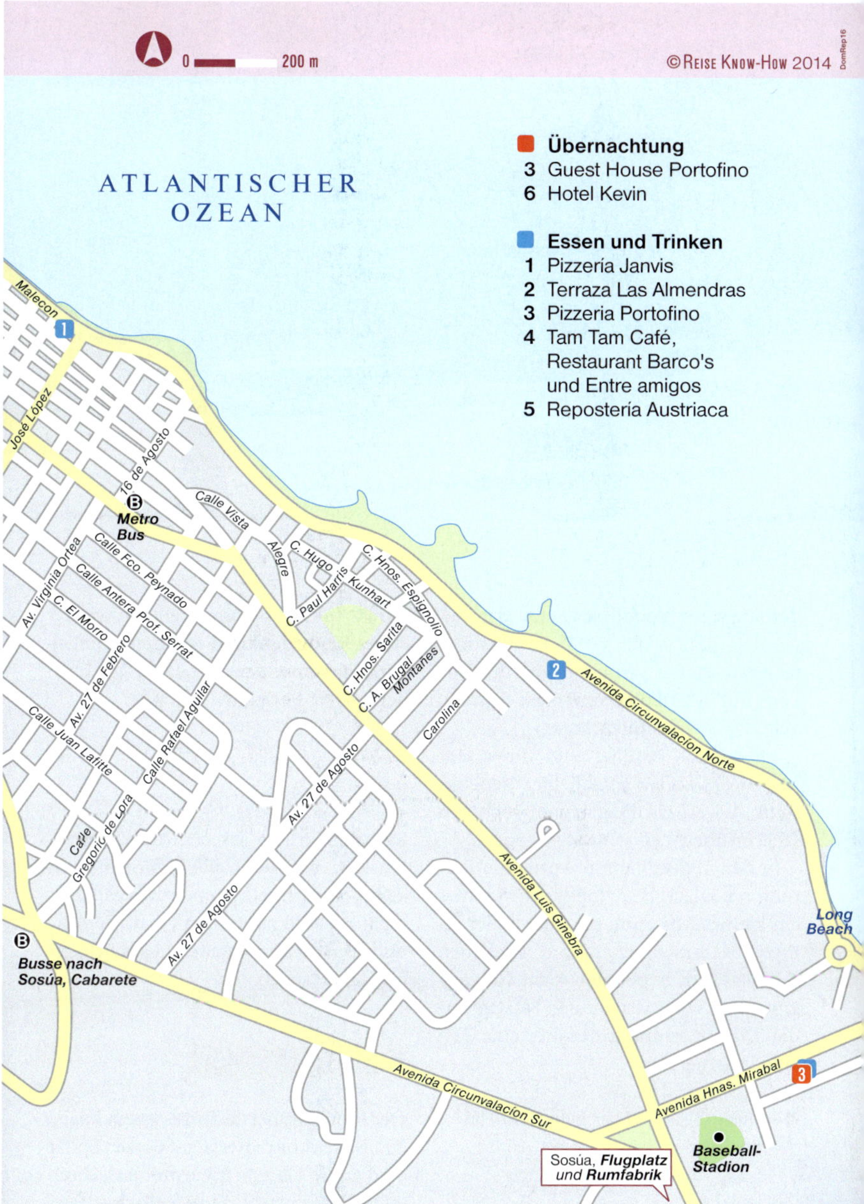
0
200 m
©Reise Know-How 2014
DomRep16
ATLANTISCHER OZEAN
Übernachtung
3 Guest House Portofino
6 Hotel Kevin
Essen und Trinken
1 Pizzería Janvis
2 Terraza Las Almendras
3 Pizzeria Portofino
4 Tam Tam Café, Restaurant Barco's und Entre amigos
5 Repostería Austriaca
Malecon
José López
16 de Agosto
Metro Bus
Calle Vista
Alegre
C. Hugo
C. Paul Harris
Kunhart
C. Hnos. Espignolio
Av. Virginia Ortea
Calle Fco. Peynado
Calle Antera
Prof. Serrat
C. El Morro
Av. 27 de Febrero
C. Hnos. Sarita
C. A. Brugal
Montanes
Carolina
Avenida Circunvalación Norte
Calle Juan Lafitte
Calle Rafael Aguilar
Calle Gregorio de Lora
Av. 27 de Agosto
Avenida Luis Ginebra
Long Beach
Busse nach Sosúa, Cabarete
Avenida Circunvalación Sur
Avenida Hnas. Mirabal
Sosúa, Flugplatz und Rumfabrik
Baseball-Stadion

230dr hf

der langsame Verfall der Stadt, denn es wurden inzwischen weitaus günstiger gelegene Häfen gefunden, die den aus Peru und Mexiko kommenden Schiffen Schutz bieten konnten.

Neben der Festung und direkt am Meer steht auch ein schlichter Gedenkstein, der an ein Flugzeugunglück von 1996 erinnert.

In den 1960er Jahren wurde die Festung renoviert, heute befindet sich hier ein kleines **Museum,** das aber außer einigen Kanonenkugeln und ähnlichen militärischen Exponaten nicht viel hergibt. Weiterhin wird an den Staatsgründer *Duarte* erinnert, der hier eine Zeit lang inhaftiert war.

■ Geöffnet: Di–So 9–17 Uhr, Eintritt: 100 R.D.$

^ Parque Central

Direkt vor der Festung steht ein würdevolles **Reiterdenkmal** zu Ehren von *General Luperón,* der im letzten Jahrhundert gegen die Spanier kämpfte.

Markt

Etwas außerhalb des Zentrums liegt die Markthalle an der Calle El Morro. Es ist kein Vorzeigemarkt, sondern es geht hier recht rustikal zu. Neben Obst, Gemüse und Fleisch werden auch Gebrauchsgegenstände angeboten.

Monte Isabel de Torres

Der Monte Isabel de Torres ist ein knapp 800 Meter hoher **Berg,** auf dessen Spitze eine große Christusfigur mit ausgebreiteten Armen steht. Eine **Seilbahn,** Teleférico, fährt in fünfminütiger Fahrt hoch. Von oben haben Besucher fantastische Ausblicke. Man sollte aber möglichst nur am frühen Vormittag kommen. Ab Mittags ist die Bergspitze oftmals von Wolken verhüllt. Ich selbst hatte bei meinen Besuchen immer Pech, nicht ein einziges Mal fuhr die Seilbahn. Aber sie fährt sehr wohl: Ab 9 Uhr zum Preis von 350 R.D.$! Oben gibt es einen botanischen Garten und ein paar Souvenirläden am Sockel unter der Christusfigur.

Auf dem Berggipfel ist ein **botanischer Garten** eingerichtet worden. Hier sind auch einige heimische Arten zu finden, wie Bergpalme, Sternapfel, Trompetenbaum und Mahagonibaum.

Aus der Welt der **Vögel** sind Hispaniola-Sammelspecht, Palmschmätzer, Rotschwanzbussard und Honigbaumläufer hier heimisch.

Obendrein genießt man von oben einen **atemberaubenden Blick** auf Puerto Plata und die Nordküste.

Plaza Arawak

Einen Block von der Plaza Central entfernt in Richtung Westen liegt in der Calle Beller ein neues Geschäftszentrum, die Plaza Arawak (Calle Beller, Ecke San Felipe).

Integriert in dieses Gebäude ist das **Museo de Arte Taino,** das eine kleine Ausstellung von Kunst und Fundstücken aus der Zeit der Tainos zeigt, allerdings keine Originale, sondern Kopien aus Lehm, die Originale stehen im Museo del Hombre Dominicano in Santo Domingo.

■ Geöffnet: 9–17 Uhr, Eintritt ist frei, Spenden werden dankend entgegengenommen.

Playa Long Beach

Playa Long Beach ist der **Stadtstrand,** der am Ende des 3 km langen Malecón beginnt. Er erstreckt sich kilometerweit

Einwanderer von den Kanarischen Inseln

Im 17. Jahrhundert stieg die Zahl der Auswanderer von den Kanarischen Inseln auf ungeahnte Höhen. So wurde die Dominikanische Republik allein im Jahr 1686 von 300 Canarios als neue Heimat gewählt – allerdings nicht immer ganz freiwillig. Aus dem ursprünglichen Recht auf Auswanderung wurde bald eine Pflicht. Das spanische Königshaus wollte die neuen Ländereien lieber von schon gelernten Bauern bewirtschaften lassen, als die dortige Bevölkerung anzulernen. So wurde in einem königlichen Dekret vom 15. April 1678 angeordnet, dass die Gesellschaften, die Wein von den Kanaren in die Neue Welt transportierten, pro 100 t Ware auch jeweils fünf Familien von den Kanarischen Inseln mitschicken mussten! Mit diesem Dekret wurde zudem umgangen, dass alle Auswanderungswilligen in den Goldminen der Neuen Welt ihr Glück versuchten.

und geht später in die Playa Dorada über. Es ist kein Traumstrand, aber zum Entspannen nach einem Stadtbummel absolut ausreichend. Nahe der Stadt sind die Stellen zum Baden jedoch sehr begrenzt und häufig verdreckt. Erst am Ende des Malecóns beginnt die etwas breitere Strandbucht, die sich bis Playa Dorada entlangzieht.

Zuletzt wurde der Strand durch Sandaufspülungen erkennbar **verbreitert** und macht in diesem Abschnitt einen guten Eindruck. Seit neuestem gibt es ein gutes Dutzend Kioske mit Meerblick-Terrasse, die im Abstand von etwa 100 Metern direkt am Strand stehen.

Rumfabrik

Einen Besuch in einer Rumfabrik möchte wohl jeder Karibikurlauber vornehmen, in Puerto Plata kann dies problemlos bei der **Firma Brugal** arrangiert werden. Die Fabrik liegt etwas außerhalb zwischen Puerto Plata und Playa Dorada in der Av. Luís Ginebra, dort werden auch Führungen veranstaltet. Wie ein Leser so schön schrieb: „Fünf Minuten interessanter Film zur Rum-Herstellung, auf Wunsch in Deutsch, dann 10 Minuten Besichtigung der Abfüllanlage, danach kostenloser Daiquirí und verschiedene Rumsorten nach Belieben bis zur

halbseitigen Gesichtslähmung“. Neuerdings soll der Film nicht mehr gezeigt werden.

■ Geöffnet: Mo–Fr 9–12 und 13–16 Uhr.

Praktische Reisetipps

Anreise

■ **Per Flugzeug:** Der internationale Flugplatz befindet sich knapp 20 km östlich der Stadt.

Noch im Ankunftsbereich vor der Passkontrolle befindet sich eine Wechselstube, man läuft ganz automatisch daran vorbei.

231dr hf

Für eine Taxifahrt nach Sosúa müssen 25 US$ veranschlagt werden, nach Cabarete ca. 40 US$.

■ **Per Bus:** Sowohl *Caribe Tours* als auch *Metro Bus* fahren Puerto Plata an. Der Terminal von *Caribe Tours* ist am Stadtrand an der c/ Camino Real Ecke Eugenio Kunhardt.

Metro Bus hat seinen Terminal am Stadtrand in der Calle 16 de Agosto Ecke Calle Beller. Wenn die Busse eintreffen, stehen Taxen und Motoconchos bereit.

■ **Per Guagua:** Die Guaguas aus **Santiago** enden an der Umgehungsstraße, recht weit außerhalb der Stadt, aber Motoconchos stehen immer bereit. Guaguas aus **Sosúa, Cabarete** oder **Río San Juan** enden im Zentrum. Wer zum Long Beach will, steigt am besten am Baseballstadion vor den Toren der Stadt aus und geht dann über die Av. Hnas. Mirabal die letzten 500 Meter Richtung Meer zu Fuß.

Unterkunft

Urlauber haben grundsätzlich die Möglichkeit, direkt im Ort zu wohnen oder etwas außerhalb am Meer in der Nähe des Strandes Long Beach, circa drei km vom Ortskern entfernt. Der Strand ist problemlos über den breiten Malecón zu erreichen, Motoconchos fahren ständig auf und ab. Aber es darf dann doch so deutlich gesagt werden: Die Qualität der meisten ist eher nicht überzeugend, man kann sehr viel besser in Sosúa oder Cabarete wohnen.

‹ Fortaleza de San Felipe

Die Zeit der Piraten

Es ging bei fast allen Piratenüberfällen gegen die **Schiffe der Spanier,** denn die hatten bei ihren Raubzügen quer über den amerikanischen Kontinent sagenhafte Reichtümer zusammengeraubt. Und die sollten nun sicher über den Atlantik gebracht werden, was alles andere als einfach war.

Die Spanier hatten ein **gut organisiertes Transportsystem** entwickelt. Aus dem ehemaligen Aztekenreich flossen die Goldfunde zum Hafen Veracruz an die Ostküste Mexikos. Von dort fuhren die Schiffe weiter nach Havanna (Kuba), von wo sie entweder direkt nach Spanien liefen oder auf die Silberflotte warteten, die aus Cartagena und Porto Bello kam. Die Schätze der Inkas wurden auf Schiffen im Pazifik bis zum Hafen Panama gebracht. Dort wurden sie umgeladen und auf Maultieren in anstrengenden Gewaltmärschen durch den Dschungel über den Isthmus nach Porto Bello transportiert. Von Porto Bello wurde das Silber dann nach Havanna gebracht.

Die Spanier hatten den unschätzbaren Vorteil, dass sie in völliger Sicherheit die Silberschiffe im Pazifik segeln lassen konnten, denn es gab niemanden, der den Weg durch die Magellanstraße kannte und wagte. Das war das bestgehütetste Geheimnis Spaniens!

Somit mussten die Schiffe nur auf der Atlantikroute geschützt werden, und dies geschah durch aufwendigen Geleitschutz.

Die möglichen **Angriffspunkte für Piraten** lagen also in erster Linie auf der Strecke nach Havanna, denn einen riesigen Geleitzug anzugreifen, traute sich niemand. Unzählige Piratenattacken fanden deshalb in den karibischen Gewässern statt, besonders auf kleinere Schiffe, oder man plünderte die Hafenstädte, in denen gerade ein Schiff lag.

1602 überfiel ein Mann namens *Pierre le Grand* ein spanisches Schiff. Die Piraten erbeuteten ohne nennenswerten Widerstand das Schiff mit den Schätzen. Die Tat war bald vergessen, aber nicht der Ruf, den die Spanier dadurch erhielten.

Viele schwer schuftende Männer, denen Ströme von Milch und Honig in der Neuen Welt versprochen worden waren, die aber nur Hitze und Mühsal vorfanden, erfuhren nun, wie leicht ein spanisches Schiff zu entern sei. Etliche, vor allem die rauen Rinderjäger, *Boucanniers* genannt, entschlossen sich daraufhin, nun nicht länger im Busch zu leben, Rinder zu jagen oder ihre Plantage zu bestellen. Sie versuchten sich ebenfalls als Piraten und hatten großen Erfolg. Die Boucanniers von Tortuga (kleine Insel vor Hispaniok, im heutigen Haiti, direkt vor dem Ort Port-de-Paix) waren sehr bald der gefürchtetste Piratenhaufen der Karibik. Dabei bildeten sie eine erstaunliche Gemeinschaft, die als eine der wenigen funktionierenden klassenlosen Gesellschaften angesehen wurde, wenigstens zeitweise. *Alexander Oli-*

ver Exquemelin gibt in dem authentischen Bericht „Das Piratenbuch" von 1678 tiefe Einblicke in diese Gesellschaft. Es ist ein höchst lesenswertes Buch von einem Beteiligten.

Eine Piratenbesatzung für ein Schiff wurde gezielt zu einem Beutezug angeworben. Waren genügend Leute beisammen, wurde ein regelrechter **Vertrag,** Chasse-partie genannt, aufgesetzt. Hier wurden die einzelnen Anteile der Mannschaft genau festgelegt. Es gab Extraprämien für denjenigen, der als erster ein fremdes Schiff erspähte, für den, der als Erster an Bord war, und für das Niederholen der gegnerischen Flagge. Weiterhin wurde eine Art **Sozialkasse** angelegt und genau bestimmt, wieviel ein Mann für einen verlorenen Arm, ein verlorenes Bein oder andere Verwundungen bekommen sollte. Auf einem eroberten Schiff wurde die gesamte Beute zusammengetragen, niemand durfte sich etwas einstecken, dies musste jeder auf die Bibel beschwören. Es gab sogar eine eigene Rechtsprechung, nach der die Gemeinschaft entschied, ob jemand den Vertrag gebrochen hatte.

Die Boucanniers gingen auch bald dazu über, Städte zu plündern. Für diese Unternehmungen stellten sie große Heere zusammen, die dann plündernd und mordend u.a. in Campeche (Mexiko) und Porto Bello (Panama) einfielen.

Herausragende Köpfe waren der Franzose *François Lolonois* und der Waliser *Henry Morgan. Lolonois* war einer der ersten, der in größerem Stil spanische Städte auf dem Festland überfiel.

Morgan brachte es schließlich sogar bis zum Gouverneur von Jamaika, einem weiteren Piratennest. Als Belohnung und auch als eine der Möglichkeiten, der Piraterie gewisse Grenzen zu setzen, wurde er vom englischen König geadelt und zum Gouverneur ernannt.

Das **Ende der Boucanniers** kam langsam und friedlich. Die Spanier versuchten Tortuga gewaltsam zu räumen, was aber nur zum Teil gelang. 1664 wurde unter dem damaligen Gouverneur *D'Ogerón* eine andere Methode versucht, die darauf hinauslief, die Boucanniers zu domestizieren. Sie sollten begnadigt werden und ein Stück Land bekommen, um als Farmer zu leben. Es wurden sogar Frauen aus Frankreich importiert, um den Piraten die Möglichkeit zu geben, eine Familie zu gründen. Tatsächlich stieg die Zahl der Farmer auf Hispaniola in nur vier Jahren von 400 auf 1500, die Piraten von Tortuga gingen nach und nach in den Ruhestand. Wer Pirat bleiben wollte, musste auswandern, z.B. nach Jamaika. Die Insel Tortuga, die einst ein gefürchtetes Piratennest war, wurde bald vergessen.

Damals tummelten sich in der Karibik neben den freiberuflichen Piraten und den Boucanniers auch die **im staatlichen Auftrag agierenden Piraten.** Diese führten bei der Plünderung spanischer Schiffe und Häfen einen Kaperbrief mit sich, der es ihnen erlaubte, Schiffe feindlicher Nationen auszurauben. Dies führte dazu, dass Spanien seine angeblich unbesiegbare Armada 1588 nach England schickte, um endlich mit der staatlich unterstützten Piraterie aufzuräumen. Das Ergebnis ist bekannt, die Armada ging in den Herbststürmen vor Schottland unter.

■ **Guest House Portofino**②, Av. Hermanas Mirabal 12, Tel. 809-586-2858; liegt nur fünf Gehminuten vom Long Beach entfernt. Solides Steinhaus in relativ ruhiger Umgebung, allerdings drei Kilometer vom Zentrum entfernt, dafür aber mit Pool und einer Pizzeria.

■ **Hotel Kevin**②, c/ Juan Bosch 41, Tel. 809-244-4153. Kleines Haus, mitten im Zentrum von Puerto Plata gelegen, mit kleinen, aber korrekten Zimmern. Unten befindet sich eine Cafetería und es werden Motorräder vermietet.

Gastronomie

■ **Repostería Austriaca,** ein österreichisches Café, direkt am zentralen Platz gelegen, in dem es Sachertorte, Apfelstrudel und andere Leckereien gibt.

Am Malecón: Entlang des Malecón liegen vereinzelte Lokale und neuerdings auch etliche Kioske direkt am Strand. Zwar zumeist nichts Besonderes, aber man kann ganz nett bei einer kühlenden Brise dort sitzen und mit dem Blick aufs Meer die Gedanken schweifen lassen.

■ **Pizzería Janvis,** mit größerer Terrasse und Meerblick, liegt noch knapp in Fußlauf-Distanz vom Zentrum.

■ **Terraza Las Almendras,** Malecón Ecke c/ Bugal Montanez, Tel. 809-854-0092. Gemütliches Lokal am Malecón gelegen mit einer Terrasse unter Bäumen. Man sitzt dort ganz angenehm und schaut über die Straße aufs Meer.

■ **Barco's,** Av. General Luperón 6. Direkt am Malecón unweit der Fortaleza gelegen. Die Karte bietet eigentlich von allem etwas, aber vor allem treffen sich hier die ausländischen Residenten.

■ **Tam Tam Café,** Av. General Luperón. Liegt gleich nebenan und ist ähnlich zu beschreiben.

■ **Entre amigos,** Av. General Luperón. Kleines dominikanisches Lokal, das noch ein Stück näher zur Fortaleza liegt.

Adressen

■ **Bank:** *Banco BHD,* c/ Separación am Parque Central; *Banco Popular,* Calle Duarte, Ecke Parque Central (mit Geldautomaten).

■ **Busgesellschaften:** *Caribe Tours,* Calle Camino Real, Ecke Eugenio Kunhardt, Tel. 809-586-4544; *Metro Bus,* Calle 16 de Agosto, Tel. 809-586-6062.

■ **Krankenhäuser:** *Clínica Dr. Brugal,* Calle Ariza, Tel. 809-586-2519.

■ **Post:** Calle 12 de Julio Ecke Calle Separación.

■ **Einkaufen:** Mehrere Shops mit überwiegend Zigarren, Rum und touristischen Waren liegen an der c/ Duarte, unweit der Plaza Arawak.

Weiterreise

■ **Zum Flugplatz:** am einfachsten per Taxi zum Festpreis von 25 US$

■ **Nach Monte Christi:** per Guagua in Richtung Santiago fahren, aber an der Kreuzung der Fernstraße Santiago – Monte Cristi bereits aussteigen und die nächste Guagua, die aus Santiago kommt, stoppen.

■ **Nach Playa Luperón und den Ruinas de la Isabela:** Per Guagua in Richtung Santiago fahren, an der Abzweigung nach Playa Luperón im Dorf Imbert umsteigen. Die Abzweigung ist nicht zu übersehen, Werbeschilder weisen den Weg. Anschluss-Guaguas stehen bereit.

■ **Nach Samaná:** Per Guagua, entweder per „Directo" oder mit mehrmaligem Umsteigen: Zuerst nach Río San Juan fahren, von dort weiter nach Nagua. Dort eine Guagua (kann auch mal ein Pickup sein) nach Sánchez nehmen und von dort geht es schließlich entweder nach Las Terrenas oder nach Samaná Stadt weiter. Hört sich schlimmer an, als es tatsächlich ist, denn Anschlussbusse stehen immer bereit. Es gibt auch Privatbusse, die einmal am Tag den Trip nach Samaná direkt machen: *Transporte Papagayo* fährt etwa um 6.30 Uhr ab Puerto Plata (gegenüber *Clínica Brugal*) ab und sammelt in

Sosúa vor dem Supermarkt *El Playero* gegen 7 Uhr weitere Fahrgäste ein. Ankunft in Samaná dann gegen 10.30 Uhr. Infos: Tel. 809-749-6415 (Spanisch). Es gibt zwei weitere private Busse: *Transporte El Canario* und *Colibri,* beide fahren aber unregelmäßig und nicht täglich.

Nach Santiago: Nach Santiago kommt man entweder mit einer der beiden großen Busgesellschaften oder mit klimatisierten Kleinbussen der Gesellschaft *Javilla,* die ständig verkehren. Die Abfahrtsstelle liegt am Stadtrand, heißt Habia und ist jedem Motoconcho-Fahrer bekannt. Am besten man lässt sich per Motoconcho zur Abfahrtsstelle fahren.

Nach Santo Domingo: per *Metro Bus:* 6, 7, 9, 11, 14, 16 und 18.30 Uhr, per *Caribe Tours:* zwischen 6 und 19 Uhr stündlich.

Nach Sosúa/Cabarete: Guaguas starten regelmäßig von der Abfahrtsstelle, die etwas außerhalb vom Zentrum an der Avenida Circunvalación liegt.

Playa Dorada

Unter diesem Namen ist die kilometerlange Strandzone bekannt, die sich unmittelbar an den Long Beach von Puerto Plata anschließt. Nur 5 km entfernt von Puerto Plata entstanden etwas mehr als ein Dutzend erstklassiger Hotels, die in einer **weitläufigen, parkähnlichen Anlage** zu finden sind. Wer hier urlaubt, befindet sich einerseits in einem etwas separat liegenden Komplex, hat aber dafür jede erdenkliche Serviceleistung.

Müßiggang an der Playa Dorada

117dr hf

Das gesamte Gelände ist über eine einzige **Zufahrtsstraße** erreichbar. Diese wird Tag und Nacht bewacht, nicht jeder kann den Posten passieren. Die Zufahrtsstraße beschreibt einen weitläufigen Bogen durch die gesamte Anlage und stößt nach mehreren Kilometern schließlich wieder auf die Hauptstraße Puerto Plata – Sosúa.

Auf dem Gelände liegen gut ein Dutzend **Hotelanlagen,** teilweise allerdings etwas vom Strand entfernt. Diese Hotels haben alle einen gehobenen Standard und bieten überwiegend All-Inclusive an. Abgesehen von den Hotels findet sich alles **Notwendige,** wie Banken, Shops, Autovermieter, Bars, Tennisplätze und sogar ein Golfplatz.

Für viele Besucher gibt es keinen Grund, diesen Bereich auch nur einmal zu verlassen. Dabei ist es so einfach; die **Straße nach Sosúa bzw. Puerto Plata** führt in unmittelbarer Nähe hier vorbei.

Praktische Reisetipps

Unterkunft

Alle Hotel-Anlagen gehören in unsere preisliche Kategorie der vier Sterne, aber da fast alle über europäische Reiseveranstalter buchbar sind, lassen sich schon andere Preise erzielen. Einzelbeschreibungen zu geben ist schwierig, immerhin sind die Unterscheidungsmerkmale doch recht gering. Die Anlagen liegen alle ziemlich dicht beisammen und bieten immer einen hohen Service-Standard, überwiegend All-Inclusive. Zum Strand hat es niemand weit.

[>] Am Strand von Sosúa

Sosúa

Sosúa kann als einer der Hauptferienorte der Dominikanischen Republik bezeichnet werden. Der hellsandige Hauptstrand liegt in einer knapp 1 km langen Bucht, diese wird von schattenspendenden Bäumen begrenzt.

Diverse **Aktivitäten** werden am Strand angeboten, wie z.B. eine Fahrt mit dem Glas-Bottom-Boat oder Wasser-Scooting.

Eine schier endlose Kette von Verkaufsbuden begrenzt den Strand. Angeboten werden vor allem Bilder, die der naiven Malerei von Haiti nachempfunden sind, aber auch kühle Drinks, T-Shirts, Snacks und vieles mehr.

Der eigentliche Ort, **Los Charamicos,** liegt links der Bucht (Blickrichtung zum Meer). Hier befinden sich die ursprüngliche Siedlung, kleine Garküchen und die Busstation.

Rechts der Bucht hat sich nach und nach die neue Feriensiedlung ausgedehnt. Dort sind auch alle touristisch wichtigen Einrichtungen zu finden, dieser Teil heißt *El Batey.*

Mittlerweile hat sich die Feriensiedlung bis zur nächsten Bucht, der **Playa Chiquita,** hingezogen. Dieser Strand ist wirklich winzig *(chiquita),* dafür aber auch nicht sonderlich überlaufen. Weitere kleine Buchten schließen sich in östlicher Richtung an.

Sosúa war lange Zeit nichts weiter als ein kleiner Flecken am Meer. Als *Trujillo* die **jüdischen Flüchtlinge** 1940 ins Land holte, ließ er sie hier in Sosúa siedeln. Das veränderte das dörfliche Leben entscheidend. Die neuen Siedler aber waren städtisch geprägt und hatten von Landwirtschaft, zumal unter karibischer Sonne, keine Ahnung. Das Projekt begann nur unter großen Schwierigkeiten, und nach Kriegsende zogen viele Juden weiter in die USA oder nach Kanada. Die verbliebenen allerdings schufen sich langsam ihre Lebensgrundlage. Noch heute genießen die Fleisch- und Milchprodukte aus Sosúa einen ausgezeichneten Ruf.

Mit der Eröffnung des **Flughafens Puerto Plata** und der Eröffnung der Fernstraße entlang der Nordküste Anfang der 1980er Jahre schwappte der internationale Tourismus nach Sosúa. Viele Urlauber zog es zunächst zum etwas höherpreisigen Playa Dorada, aber genügend kamen auch nach Sosúa, das schnell den Ruf erhielt, ein Billig-Ziel zu sein. Die Folge: Hotels und Kneipen schossen aus dem Nichts hervor und nach kurzer Zeit war der Ort unter Sextouristen eine neue Destination.

In den 1990er Jahren konnten Urlauber hier tatsächlich äußerst günstig 14 Tage Urlaub verbringen, noch dazu All-Inclusive. „Karibik zu Kanarenpreisen", lautete damals die Parole. Dass diese Rechnung nicht aufging, wurde schnell deutlich. Die Hotels hatten nicht die Qualität der Häuser von Punta Cana und Playa Dorada, wo man schon damals sehr viel mehr bezahlen musste. Es lässt sich kaum anders sagen, aber Sosúa bekam in jener Zeit einen ziemlich schlechten Ruf.

Die Situation besserte sich nach dem Millenniumswechsel. Einige billige Hotels gingen pleite, die Regierung griff gegen den Sextourismus durch, der trotzdem immer noch unübersehbar in Sosúa zu finden ist. Ein hochpreisiges Ziel ist Sosúa immer noch nicht.

233dr hf

Sosúa

Herausragende Attraktionen gibt es nicht, die meisten Besucher suchen **Spaß am Strand** und in den Kneipen, von denen es unzählige gibt, sowohl direkt am Strand, als auch in der Calle Pedro Clisante. Überspitzt ausgedrückt, liegt der dominikanische Ballermann hier in Sosúa.

Der Strand ist relativ schmal, er schlängelt sich über mehrere Kilometer vor einem ebenfalls schmalen Palmenwald entlang. Genau dort zieht sich auch ein Weg parallel zum Meer und zum Strand, unter Palmen entlang, der gesäumt ist von, ja, von wie vielen **Kiosken?** Sind es hundert? Oder doch mehr? Schwer zu sagen. Jedenfalls finden sich hier unzählige kleine Bars, auch einige Restaurants und diverse Kitsch- und Andenkenshops. Es ist eine einzige Verführung zum Geldausgeben. Viele Ausländer betreiben hier eine Kneipe, und die jeweiligen Landsleute treffen sich dann dort vor „ihrem" heimischen Tresen.

Das genaue Gegenteil befindet sich am Ende der Straße Calle Dr. Rosén. Dort entstand eine kleine hübsche **Promenade** mit dem netten Platz **Plaza Mirador,** der von der jüdischen Gemeinde Sosúa gestiftet wurde. Unterhalb davon liegt ein schöner, aber recht kurzer Strand mit einer beachtlichen Brandung.

Synagoge

Einzig die kleine Synagoge in der Calle Dr. Alejo Martínez bleibt als Sehenswürdigkeit zu nennen. Ganz vereinzelt finden noch Gottesdienste statt (einmal im Monat), ansonsten ist hier ein **Museum** untergebracht, das die Geschichte der jü-

DomRep17

Übernachtung
2 Piergiorgio Palace Hotel
7 Hotel Casa Cayena
9 Hotel El Rancho Sosúa
11 Casa Valeria
15 Hotel Don Andrés
16 Hotel Sosúa-by-the-Sea

Essen und Trinken
2 La Puntilla de Piergiorgio
8 Ocean Waterfront Restaurant
10 Restaurant Bailey's
14 Ristorante Bologna

Nachtleben
4 Viele Bars
5 Sinatra's Rest. & Music Lounge
6 Valentino's
13 Eddy's Sportbar

Einkaufen
3 Supermarkt El Playero
12 Super, Super

Wassersport
1 Merlin

dischen Siedler dokumentiert. Viele historische Fotos, vergilbte Zeitungsausschnitte und eine genaue Zeittafel mit den Namen aller Siedler zeigen den jüdischen Hintergrund zu Sosúa.

■ Geöffnet: Mo–Fr 9–13 und 14–16 Uhr, Sa 9–13 Uhr, Eintritt 100 R.D.$.

Praktische Reisetipps

Anreise

■ Vom **Flugplatz** per Taxi, Festpreis: 25 US$.
■ Von **Puerto Plata** per ständig pendelnder Guagua. Die Guaguas halten an der Hauptstraße vor dem Supermarkt *El Playero.* Man benutze eine der Stichstraßen, die zum Meer führen.
■ *Caribe Tours* hat einen kleinen Terminal an der Durchgangsstraße oberhalb vom Ortsteil **Los Charamicos.** Sobald ein Bus eintrifft, stehen Motoconchos bereit.

Unterkunft

■ **Piergiorgio Palace Hotel**③, Tel. 809-571-2626, www.piergiorgiopalace.com. Tolle Lage, tolle Einrichtung! Sehr ruhig direkt über den Klippen gelegen und doch nur fünf Minuten Fußweg in die City. Von der Hälfte der Zimmer fantastischer Meerblick, schöner Garten, Pool.
■ **Don Andrés**②, Calle Martínez 6, Tel. 809-856-2005, www.hoteldonandres.com. Ein kleines, auffällig blau angestrichenes Haus mit zweckmäßig eingerichteten Zimmern und Apartments. Ein Pool ist vorhanden, ein Restaurant angeschlossen.Es gibt eine gute Auswahl an kleinen und großen Gerichten, auch eine spezielle Kinderkarte. Am Freitag Barbecue zum Festpreis und danach Karaoke-Party.
■ **Hotel Sosúa-by-the-Sea**③, Tel. 809-571-3222, www.sosuabythesea.com. Insgesamt 81 Räume. Das größere, schön gelegene Haus ist unweit von der Playa Chiquita zu finden, Pool und direkter Zugang zum kleinen Strand sind vorhanden.
■ **Casa Valeria**②-③, c/ Dr. Rosen 28, Tel. 809-571-3565, www.hotelcasavaleria.com. Eine kleine, propere Anlage, hübsch begrünt, die einen schmucken Eindruck macht. Neun Zimmer, unterschiedlich ausgestattet, einige sogar mit Küche. Im Zentrum gibt es einen Pool und auf den Zimmern Fernseher. Deutschsprachig, WiFi.
■ **Hotel Casa Cayena**③, c/ Dr. Rosen 25, Tel. 809-571-2651, www.hotelcasacaena.com. In einer Seitenstraße gelegenes ockerfarbenes Haus, mittelgroß und in L-Form gebaut. Umlaufende Balkone auf zwei Etagen, von dem die Zimmer abgehen. Größerer Innenhof mit Pool, Restaurant und einem hübschen Garten, insgesamt mit viel Stein- und Holzdekor. Internetzugang.
■ **Hotel El Rancho Sosúa**②-③, c/ Dr. Rosen 36, Tel. 809-571-4070, www.hotelranchososua.com. Das Haus fällt auf durch seine farbenfrohe Gestal-

tung im mexikanischen Stil mit dem unübersehbaren Palmendach. Es bietet 17 Zimmer oder Studios, die gemütlich und teils sogar romantisch eingerichtet sind. Die deutschsprachigen Betreiber bieten außerdem einen Pool, eine Bar und ein Café.

Gastronomie

In kaum einem anderen Ort ist die Auswahl an Restaurants größer. Speziell in den Straßen Martínez, Pedro Clisante und Ayuntamiento findet man zahlreiche Lokale.

■ **Ocean Waterfront Restaurant,** c/ Dr. Rosén 1, bietet neben guter Küche einen fantastischen Blick hinaus aufs Meer.

■ **Restaurant La Puntilla de Piergiorgio,** am Ende der kleinen Parallelstraße der c/ Martínez gelegen. Der Clou des Ortes! Man gehe mal hin und speise in ungewöhnlicher Lage 100 m über dem Meer. Direkt in den Klippen sind kleine, weiß getünchte Balkone wie Schwalbennester hoch über dem Meer eingelassen worden.

■ **Ristorante Bologna,** an der Plaza Bologna, bietet vernünftige Pizza und Pasta.

■ **Sinatra's Restaurant and Music Lounge,** c/ Pedro Clisante 5. Liegt sehr zentral im Ort, hat eine halboffene Terrasse. Serviert wird internationale Küche wie Sandwiches, Seafood, Pasta, Steaks. Häufig findet Livemusik statt, der Besitzer selbst ist auch Musiker.

■ **Bailey's,** c/ Alejo Martínez, Tel. 809-571-3085. Mittelgroßes Lokal in zentraler Lage, sehr schön halboffen mit einer Terrasse unter einem Palmendach gebaut. Das Restaurant ist ab 8.30 Uhr durchgehend geöffnet und bietet nationale und internationale Küche. Außerdem gibt es Kuchen, Crepes und Eis. Im Garten täglich (außer sonntags) zwischen 12 und 15 Uhr großes Buffet mit lokalen Speisen .

■ **Eddy's Sportbar,** c/ 16 de agosto, hat vier riesige TV-Schüsseln hinterm Haus stehen. Somit lockt

232dr hf

er sportbegeisterte Gäste aller Nationalitäten, da *Eddy* alle möglichen Sportsendungen live zeigt, www.eddyssportsbar.com.

■ Mehrere deutsche Kneipen sind zwischen den **über einhundert Kiosken** am Stand zu finden, fast schon eine Legende ist dabei die unverwüstliche *Manni's Schwabenbar*.

■ In der Straße **Pedro Clisante** reiht sich ein Tresen an den nächsten, lockt ein ausländisches Lokal neben dem anderen. Hier bleibt wahrlich kein Auge trocken, es ist DIE Kneipenmeile mit einigen größeren, offenen Musikläden.

■ **Valentino's,** c/ Duarte 7. Mal was anderes: Eine stilvolle Bar mit gepflegter Atmosphäre und gepflegten Cocktails.

Adressen

■ **Banken:** *Banco Popular,* Calle Pedro Clisante 14; *Banreservas,* Calle 16 de agosto Ecke c/ Pedro Clisante; *Banco Popular,* Av. Martínez.

■ **Busgesellschaft:** *Caribe Tours Los Charamicos,* an der Hauptstraße, Tel. 809-571-3508.

■ **Post:** Calle E. Kunhardt 8 in Los Charamicos, kleines Holzhaus, schnell zu übersehen.

■ **Internet:** *Caribe Internet Café,* c/ Duarte 5; *Internet-Café,* Calle Dr. Alejo Martínez, schräg gegenüber des Jüdischen Museums.

■ **Reisebüro:** *Melissa Tours,* c/ Duarte 2, Tel. 809-571-2567.

■ **Tauchen:** *Merlin,* Tel. 809-545-0538 www.tauchschule-merlin.com. Ein deutschsprachiges Tauchcenter an der kurzen, leicht abschüssigen Straße zum Strand.

■ **Einkaufen:** *Super, Super,* c/ Pedro Clisante, Ecke c/ 16 de agosto. Ein nicht zu großer, aber bestens bestückter Laden für ausgesuchte Alkoholika und Tabakwaren; *El Playero,* an der Hauptstraße bei der Hauptkreuzung gelegen. Dürfte der größte Supermarkt von Sosúa sein mit einem entsprechend breiten Angebot.

Aktivitäten

■ **Organisierte Ausflüge** und **Hochseeangeln** bietet *Melissa Tours* an. Angeboten werden sowohl Kurztrips nach Samaná mit einem Abstecher zur Bacardi-Insel als auch mehrtägige Besichtigungsfahrten durch die Hauptstadt.

■ **Geschnorchelt** wird am besten bei den etwas abseits gelegenen Buchten in Richtung Cabarete, da hier keine motorisierten Wasserfahrzeuge die Fische aufscheuchen.

Weiterreise

■ Nach **Santo Domingo** per *Caribe Tours:* zwischen 5.20 und 18.20 Uhr stündlich, Abfahrt: Los Charamicos, der linke Ortsteil, Tel. 809-571-3808.

■ Nach **Cabarete bzw. Río San Juan oder Puerto Plata** fahren ständig Guaguas, die auf der Verbindungsstraße zwischen den beiden Orten pendeln.

■ Nach **Samaná** kann es eine sehr umständliche Reise werden. Details siehe unter Cabarete oder Puerto Plata, „Weiterreise". Oder um circa 7 Uhr (!) mit dem Direktbus *El Papagayo* ab Supermarkt Playero (der Bus kommt aus Puerto Plata).

☐ Hotels mit Meerblick in Sosúa

Die Juden von Sosúa

In Sosúa leben noch heute einige Juden, die 1940 vor dem aufziehenden Antisemitismus aus Europa geflohen waren. Wie kamen die Menschen ausgerechnet in diesen Karibikort, der vor einem halben Jahrhundert nichts weiter als ein abgelegenes Dörflein war?

1939 wurde in Frankreich eine **Konferenz** abgehalten, die sich mit der immer größer werdenden **Anzahl von jüdischen Flüchtlingen,** welche es hauptsächlich in die Schweiz zog, beschäftigte. Insgesamt nahmen 32 Staaten teil, immerhin hatte US-Präsident *Roosevelt* sie einberufen. Jedoch alle teilnehmenden Staaten weigerten sich, den Flüchtlingen Asyl zu gewähren.

Lediglich der dominikanische **Diktator Trujillo** war **bereit, Zehntausende Flüchtlinge aufzunehmen,** natürlich nicht ganz uneigennützig. Er versuchte, mit dieser Geste sein Ansehen wieder zu heben. 1937 hatte er nämlich in einem unbegreiflichen Anfall ungefähr 25.000 Schwarze aus Haiti umbringen lassen.

Trujillo ließ hauptsächlich Alleinstehende **einreisen,** nur zehn Prozent der Einwanderer durften Familien sein. Damit wollte er eine schnelle Integration und somit auch stärkere Vermischung seiner Bevölkerung erreichen. Tatsächlich gelangten schließlich aber nur etwa 600 Flüchtlinge nach Puerto Plata.

Die meisten kamen aus städtischen Verhältnissen, kaum einer war mit der **Landwirtschaft** vertraut. Alle Einwanderer sollten aber auf dem Feld arbeiten, das war eine von *Trujillos* Forderungen. Dieses ungewohnte Leben behagte vielen nicht, nach Kriegsende zog ein Großteil weiter in die USA. Die Verbliebenen schufen sich mit der Zeit einen gewissen Wohlstand. Israel unterstützte bereitwillig die Neu-Farmer und schickte den Agrar-Fachmann *David Stern.* Er gab die nötige Hilfestellung, und bald flossen die ersten Erträge. Ihm zu Ehren wurde eine Straße in Sosúa benannt. Die Milchwirtschaft aus Sosúa hat immer noch einen guten Ruf.

Heute leben nur noch ganz wenige Juden in Sosúa, einzig erkennbares Zeichen ist die kleine Synagoge mit dem Davidstern in der Eingangspforte.

2008 feierte *Luis Hess,* langjähriger Schuldirektor von Sosúa, seinen einhundertsten Geburtstag. Sein angebliches Rezept: täglich um 12 Uhr ein Gläschen Rum. 2010 verstarb Hess im gesegneten Alter von 101 Jahren.

Cabarete

Cabarete gilt als das **Ziel der Surfer!** Der Ort liegt ca. 15 km östlich von Sosúa und 30 km von Puerto Plata entfernt. Hauptattraktion ist der breite Strand, der sich über ca. drei Kilometer entlangzieht und an dem am Nachmittag eine frische Brise weht; dies ist auch der Grund, warum sich die Surfer hier treffen. Den Vormittag kann jeder zum Erholen nutzen, denn auch der Après-Surf will gepflegt werden ...

Der **Ort** besteht aus einer Ansammlung von meist sehr schön angelegten

Hotels, genügend Bars und Restaurants, die sich alle entlang der Durchgangsstraße angesiedelt haben und von denen viele eine Strandterrasse anbieten. Hier haben sich auch Surfschulen und Vermieter von Funboards niedergelassen. Es fanden bereits Wettbewerbe des Worldcups statt, das zeigt, welche Windverhältnisse herrschen. Durch die meist jüngeren Gäste ist die Atmosphäre im Ganzen recht sportiv.

Im Grunde besteht Cabarete nur aus einer Straße, die gleichzeitig auch noch die **Durchgangsstraße** von Puerto Plata nach Río San Juan ist. Mit anderen Worten: Jeder, der nach Cabarete oder durch Cabarete fahren will, muss diese Straße nutzen. Damit wird deutlich, dass diese Straße kein Ort der Ruhe ist, sondern hier herrscht ein Verkehr, wie in einer veritablen Stadt. Das Geknatter der Mopeds, das Gehupe der Autos, das ewige „Hey, my friend, have a look!" kann einem schon ziemlich auf die Nerven gehen. Aber, und nun folgt wieder das berühmte „Aber", nur wer sich entlang besagter Straße längere Zeit bewegt. Und das macht eh niemand. Sobald man den Strand erreicht, was durch etliche Stichstraßen problemlos möglich ist, fällt dieser ganze Nerv komplett ab. **Der Strand ist einfach schön!** Die frische Brise kühlt herrlich, mehrere nette, gemütliche, lebhafte Lokale mit Strandterrassen locken zum Abhängen. Man findet das ganze Ambiente nur noch gelassen, easy, angenehm, locker, sportiv, relaxt – wie immer man es nennen möchte.

Am Hauptstrand ist am meisten los, dort flitzen auch die meisten **Windsurfer** auf und ab, obwohl man sich (als Nichtsurfer!) nur wundern kann, wie weit sich mancher hinauswagt.

Die **Kitesurfer** tummeln sich am Kite-Beach, der so zwei, drei Kilometer westlich liegt. Vom Hauptstrand kann man am Nachmittag regelmäßig eine Armada von Kitern beobachten.

Praktische Reisetipps

Anreise

- Von **Puerto Plata** per Guagua, die ständig verkehren
- Vom **Flugplatz** per Taxi: Festpreis: 35 US$
- Von **Santo Domingo** einen Bus der Gesellschaft *Caribe Tours* bis Sosúa nehmen. Von dort geht es dann per Guagua oder Taxi weiter.
- Von **Samaná** ist es sehr umständlich (siehe unter Samaná, Verbindungen).

Unterkunft

MEIN TIPP: **Secret Garden**②, Perla Marina, Tel./Fax 809-571-2035, www.the-secretgarden.com. Ein Kleinod! Reisebuchautoren sind ja gehalten, neutral zu schreiben, hier sei einmal eine Schwärmerei erlaubt. Sehr schönes, kleines Haus mit fünf Apartments. Es liegt fünf Kilometer vor Cabarete (aus Richtung Sosúa kommend) sehr ruhig in der Villensiedlung Perla Marina, nur 70 Meter vom Strand und 800 Meter von der Straße entfernt. Liebevoll dekorierte Zimmer, mit eigenem Safe und wireless Internetzugang. Ein schöner Garten und ein chemiefreier (!) Pool runden das nette Ambiente ab. Einziger Wermutstropfen: kein Restaurant, aber ein leckeres Frühstück wird serviert. Ein Restaurant liegt in der Nähe, keine fünf Minuten entfernt. Sehr nette deutsch-ungarische Besitzer.

Zu erreichen: Durch den bewachten Eingang zur Villensiedlung Perla Marina (Hinweisschild) der Straße 800 Meter folgen, hinten rechts liegt dann das farbenfrohe Haus.

■ **Aparthotel Albatros**②-③, Tel. 809-571-0841. Eine sehr schöne Hotelanlage, umgeben von einem Garten. Sie liegt weit genug von der Durchgangsstraße entfernt. Die Zimmer mit Balkon sind gut ausgestattet, und im Garten lockt ein Pool.

■ **Hotel Kaoba**②, Tel. 809-571-0300, www.kaoba.com. Die meisten Zimmer liegen in einem Hauptgebäude an der Straße, weitere Cabañas in einem üppigen Garten. Mit Pool und Internetcafé.

■ **Cabarete Palm Beach Condos**③-④ (je nach Saison), Tel. 809-571-0758, www.cabaretecondos.com. Eine sehr schöne Anlage mit direktem Zugang zum Strand. Die Apartments sind teilweise riesig, mit mehreren Schlafräumen und oft zwei Badezimmern, sodass ohne Probleme vier Personen hier wohnen können.

■ **Hotel Villa Taina**③-④, Tel. 809-571-0722, www.villataina com. Ein größeres, funktionales Haus (57 Zimmer), nur wenige Schritte vom Strand entfernt. Das Haus bietet unterschiedlich große Zimmer, etliche sogar mit Meerblick, außerdem einige Apartments. Weiterhin gibt es einen Pool, eigene Strandstühle, gratis Internetzugang und ein Massagezentrum.

■ **Caribe Surf Hotel**②, Tel. 809-604-6837. Dreistöckiges Steinhaus, vielleicht 100 m vom Strand entfernt, mit Pool, in einer ruhigen Seitenstraße gelegen. Hübscher Garten mit üppiger Vegetation, die meisten Zimmer mit Balkon. Schweizer Besitzer.

■ **Ali's Surf Camp**③-④, Tel. 809-571-0733, www.cabaretesurfcamp.com. Etwas abseits an einem Gewässer gelegene, rustikale Anlage unter deutscher Leitung. Die Unterkünfte sind sehr unterschiedlich, von relativ schlichten Räumen bis voll ausgestattetem 2-Zimmer-Apartment reicht die Palette. Alles recht rustikal, aber gemütlich mit Traveller-Charme. Ein ebenso gestaltetes Restaurant ist angeschlossen, in dem es u.a. gute Fleischgerichte gibt, außerdem hat die Anlage einen Pool und Internetzugang.

■ **Casa Blanca**②, Tel. 809-571-0934, www.casablancacabarete.com. Nette kleine Anlage, die etwa 70 m vom Strand entfernt liegt. Es werden 6 korrekte Zimmer und 7 Studios mit Küche vermietet, außerdem gibt es einen Pool und ein kleines Restaurant namens „Claro".

■ **Sans Souci Apartamentos**②, Tel. 809-571-0613, http://sansoucicabarete.com. Insgesamt 51 Wohneinheiten in verschiedenen, grünweiß gehaltenen Gebäuden werden vermietet, die alle nahe zum Strand liegen, etliche davon sogar mit direktem Meerblick. Eingerichtet mit Küche, Ventilator und Sitzecken.

Die **weiteren Sans Souci-Unterkünfte** liegen in Strandnähe recht nahe beieinander. Sie sind unterschiedlich groß, haben insgesamt 75 Apartments und liegen im Preis bei etwa ②-③.

Die hier aufgezählten Hotels liegen alle, mit einer Ausnahme (Secret Garden), im Ortsbereich von Cabarete, und dieser ist klein genug, kaum zwei Kilometer nämlich. Darüber hinaus existieren aber auch noch weitere **riesige Hotelanlagen außerhalb von Cabarete.** Einige wurden an die Küste zwischen Sosúa und Cabarete gebaut, andere im Bereich östlich von Cabarete.

Gastronomie

Die meisten Restaurants liegen an der Durchgangsstraße in Strandnähe, Vergleiche sind schnell angestellt.

■ Direkt am Strand liegen einige Restaurants, in denen Interessierte den Sundowner zur Happy Hour meist zum Preis „Zwei für einen" einnehmen können. Oft ist auf der Speisekarte auch eine reichhaltige Auswahl an Speisen zu finden. Viele Lokale sind ziemlich langgezogen, sie haben einen Eingang an der Straße, dem ein 20 bis 30 Meter tiefer Raum mit Tresen, Tischen und Küche folgt. Alle laufen in einer Art Beachfront-Terrasse aus und die meisten haben noch einige Tische draußen in den Sand gestellt. Perfekt, um einen Sundowner zu genießen, wenn man in der Abenddämmerung bei chilliger Musik so richtig schick abhängen kann. In einigen dieser Bars geht dann spät abends so richtig die Post ab und die Surfer-Gemeinde feiert schwer ab. Folgende Bars liegen direkt am Strand:

■ **José O'Shaddy,** mal was anderes, eine irische Bar am Karibikstrand, die Karte bietet einen Querschnitt durch die internationale Küche.

■ **Emerald Beach Club,** große Terrasse und sehr auffällige und einladende Sitz- sowie Liege-Möglichkeiten mit großvolumigen Kissen und einigen Betten (!) direkt am Strand.

■ **Space Blu,** auch ein großer Laden, der mit sehr großen Kissen und Sitzgelegenheiten lockt, so was fällt einfach auf. Hier wird vor allem Fisch serviert, u.a. auch eine Seafood-Paella.

■ **La Casa del Pescador** bietet eine breite Auswahl an Fischgerichten.

■ **Havanna Club,** eine große Bar, die „auf Cuba" macht. Es hängen große kubanische Flaggen draußen, kubanische Musik läuft, und natürlich gibt es Rum von der Insel.

Tödlicher Sprachtest

Am 2. Oktober 1937 kam es zu einem **Massaker an Arbeitern aus Haiti.** Unzählige Haitianer lebten schon damals in der Dominikanischen Republik, meist illegal. Haitianer und Dominikaner gerieten in Streit über ein Farmland in der Nähe der Grenze, dabei verloren einige Dominikaner ihr Leben. Dies wurde von *Trujillo* als Vorwand genutzt. Über 25.000 Haitianer sollen dann innerhalb von drei Tagen ermordet worden sein!

Das grausame Vorgehen gipfelte in einer Art **Sprachtest, um schwarze Haitianer von schwarzen Dominikanern zu unterscheiden.** Wer das Wort *perejil* (Petersilie) nicht aussprechen konnte, wurde kurzerhand ermordet. Kein Haitianer kann das spanische **R** korrekt aussprechen, sie sprechen es wie ein **L** aus, sodass sie **Pelejil** sagen. Allein dies genügte für ein Todesurteil. Da dieses Sprachphänomen aber auch auf dominikanischer Seite anzutreffen ist, stellt sich unweigerlich die Frage, ob *Trujillo* nicht auch eigene Landsleute hat umbringen lassen. Das Massaker rief nicht einmal internationalen Protest hervor. *Trujillo* zahlte später eine Entschädigung von 40 US$ je getötetem Haitianer an Haitis Präsidenten. Um sein Image aufzupolieren, erlaubte er die Einreise von verfolgten Juden aus Europa.

234dr hf

■ **Onno Pizzería** bietet neben einer internationalen Speisekarte auch eine „Sunset hour" (17–21 Uhr), in der Drinks billiger sind, sowie eine „Killer hour" (22–23 Uhr) mit „5 shots", wie es heißt.

Folgende Lokale liegen an der **Durchgangsstraße:**

■ **Chinesisches Lokal** mit der üblichen Auswahl, an der Hauptstraße.

■ **Panadería Dick,** Leckereien gegen den kleinen Hunger zwischendurch.

■ **Friend's,** liegt gleich nebenan. Farbenfrohes Lokal, sehr beliebt bei Ausländern; bietet Frühstück, Burger, Pizza und WiFi.

■ **Sandro's,** seit vielen Jahren hält sich tapfer ein kleines dominikanisches Lokal an der Hauptstraße – unbedingt mal unterstützen!

■ **Hexenkessel.** Oben an der Straße, etwa in der Mitte vom Ort, hat sich eine deutsche Kneipe etabliert, dort gibt es auch klassische germanische Gerichte.

Adressen

■ **Bank:** *Banco General,* am Ortseingang links, von Sosúa kommend, außerdem diverse Geldwechsler entlang der Hauptstraße. *Scotiabank,* im oberen Ortsteil, schräg gegenüber von Iguana Mama.

■ Fast am Ortsausgang Richtung Río San Juan liegt der große **Supermarkt** *Janet's* mit breiter Auswahl an Lebensmitteln, der auch eine Western-Union-Filiale hat.

⌃ Die Hauptstraße von Cabarete

› Der schöne Strand von Cabarete

■ **Fahrradvermietung:** bei Iguana Mama.
■ **Motorrad-Vermieter:** Verschiedene Anbieter sind unübersehbar an der Durchgangsstraße zu finden.
■ **Zeitungen:** *Luis Anselmo Gift Shop*, neben dem *Hexenkessel*, führt internationale Zeitungen.
■ **Internet:** Internet-Cafe schräg gegenüber vom Lokal *José O'Shady* an der Straße.
■ **Post:** Eine Post gibt es nicht in Cabarete, aber einige Geschäfte verkaufen auch die passenden Briefmarken zur Postkarte. Ein Briefkasten befindet sich beim Foto-Geschäft direkt neben der Scotiabank.

Aktivitäten

■ **Surfen,** surfen, surfen. Wer kein eigenes Brett hat, kann sich vor Ort eins leihen, beispielsweise im *Vela Windsurf Resort,* dem möglicherweise größten Surf-Shop von Cabarete.
■ **Organisierte Aktionen,** von Städtetrips bis Piratenfete, werden überall per Handzettel angekündigt, oder man bucht eines der vielen Angebote von *Iguana Mama,* Tel. 809-571-0908, www.iguanamama.com.
■ **Mountainbike-Touren** organisiert *Iguana Mama,* ein kleines Büro, mitten im Ort an der Hauptstraße gelegen. Alle Touren starten recht früh, führen ins bergige Hinterland und sind, wegen der Hitze, bis Mittag beendet, Infos: www.iguanamama.com.

Weiterreise

■ **Nach Westen und Süden:** Am einfachsten zuerst per Guagua oder Taxi nach Puerto Plata fahren. Von dort gibt es die meisten Verbindungen. Details siehe unter „Puerto Plata, Weiterreise".
■ **Nach Samaná** (siehe auch unter Puerto Plata, Weiterreise): umständliche Anreise! Zuerst per Guagua nach Río San Juan, dort umsteigen und weiter nach Nagua fahren. Von dort fahren Guaguas nach Sánchez. In Sánchez kann man wählen, ob man

156dr hf

236dr hf

nach Samaná-Stadt weiterfahren will oder nach Las Terrenas.

Wenn man dem jeweiligen Fahrer sagt, wohin man will, bringt der einen zum Anschlussbus. Nach meinen Erfahrungen sind die Wartezeiten kurz.

Umgebung von Cabarete

Cabarete-Naturpark

Dieser kleine Park mit offiziellem Namen **Parque Nacional El Choco** liegt 1,3 km von der Hauptstraße entfernt, etwa 1 km außerhalb der „City" in Richtung Sosúa weist ein kleines Schild den Weg ins Hinterland: „*Cave of Cabarete*". Hier befanden sich früher die Kultstätten der Tainos, heute liegen die Höhlen inmitten eines sehr schönen, von Orchideen umgebenen Naturwaldes. Zu besichtigen gibt es bizarre Tropfsteinhöhlen, einen Süßwasserteich mit allen auf der Insel lebenden Wasservögeln und Fischen, schwankende Bambusbrücken, und es besteht sogar die Möglichkeit, in einer unterirdischen Grotte zu schwimmen.

■ Geöffnet: 8.30–17 Uhr, Eintritt: 20 US$.

Strandbar in Cabarete

Río San Juan

Dieser kleine Ort bietet als eine einzigartige Besonderheit die **Lagune Grí-Grí.** Sie liegt am Ortsrand, keine zehn Minuten Fußweg von der Durchgangsstraße entfernt. Von der Haltestelle der Guaguas muss man über die Calle Duarte gehen, dann erreicht man problemlos die Lagune. Dort stößt man auf die Abfahrtsstelle der kleinen Boote, die einen in gemütlicher Fahrt durch die von Mangroven gesäumte Lagune auf einem schmalen Kanal bis zu einer **Höhle** bringen.

Die Lagune ist von Mangroven überwuchert und vermittelt so eine eigentümliche Urwald-Atmosphäre. Das Boot fährt weiter bis zum **Strand Playa Caletón** und kehrt schließlich nach gut einer Stunde an den Ausgangspunkt zurück. Leser-Tipp: Man kann auch in einem 10-minütigen Fußmarsch westlich des Kanals vorbei an Mangroven kleinere Strände erreichen, wo es eine gute Bademöglichkeit gibt.

Achtung: Hier herrscht eine **Mückenplage,** die Mücken stechen auch schon am Tag gerne! Unbedingt Mückenschutz mitnehmen und nicht zu leicht bekleidet die Tour unternehmen, sonst kann aus der Tour eine Tortur werden. Abgesehen davon ist dies einer der wenigen größeren Orte an der Nordküste, der so gut wie nichts vom touristischen Kuchen abbekommen hat. Dabei gibt es hier einen sehr schönen Strand, der allerdings recht klein ausfällt, und ein nettes Hotel mit überraschend günstigen Tarifen. Ansonsten darf man nichts erwarten, Río San Juan ist ein temperamentloser, **sehr ruhiger Ort,** der nur tagsüber von einigen Touristen heimgesucht wird. Wenn die dann wieder zurück in ihre Hotels gefahren sind, senkt sich dominikanischer Alltag hernieder, was ja, wie schon gesagt, an der Nordküste nicht ganz selbstverständlich ist.

Ausflug zur Playa Caletón

Vielleicht ein bis zwei Kilometer außerhalb Richtung Nagua liegt der **sehr schöne Strand Caletón.** Hierher kommen überwiegend Dominikaner, denn er ist kaum bekannt. Es ist eine ziemlich ruhige Stelle, **einige Garküchen** bieten Speisen an, ansonsten döst man unter Palmen und kann den Tag relaxt verstreichen lassen.

Anreise per Motoconcho oder auch per Guagua, wobei die Cobradores manchmal wegen der kurzen Stecke maulen. Oben an der Straße aussteigen und ca. 300 Meter runter zum Strand auf einer Piste laufen.

Praktische Reisetipps

Anreise

- *Caribe Tour* fährt 5-mal tägl. direkt von **Santo Domingo.**
- Es fahren regelmäßig Guaguas von **Puerto Plata** über **Sosúa** und **Cabarete** durch bis nach Río San Juan.
- Weiterhin verkehren etwas seltener Guaguas entlang der Küste bis/von **Nagua.**
- Die Busse beginnen und enden alle an der zentralen Kreuzung, von wo die Calle Duarte abzweigt. Diese führt sowohl zur Lagune als auch zu den beiden Hotels.

Der Schatz von Cofresí

Es war schon ein Kreuz für den armen *Cofresí*, einem der grausamsten Piraten der Karibik! In jahrelanger Arbeit hatte er riesige Beute gemacht und diese auch, wie es sich für einen rechten Seeräuber gehörte, ordentlich versteckt. Dummerweise eilte ihm bald der Ruf voraus, dass er seine Helfershelfer regelmäßig nach dem Vergraben der Schätze abmurkste und sie sozusagen als Wache dort verscharrte. Nachdem auch *Cofresí* das Zeitliche gesegnet hatte, überlebte ihn allerdings sein Ruf. Noch heute, so die Legende, kann seine Beute nur mitgenommen werden, wenn einer der Schatzsucher dableibt. Logischerweise wollte diese Aufgabe niemand übernehmen, und somit scheiterten zahlreiche Expeditionen. *Cofresís* Beute ruht deshalb noch heute (angeblich!) in ihren Verstecken.

Gastronomie

- Die **Restaurant-Szene** zeigt sich etwas bescheiden. Die meisten sind einfach und bieten nichts Spektakuläres.
- **Restaurant Teresa,** c/ Duarte unweit vom Hotel *Río San Juan*. Man sitzt nett unter einem Bohío-Dach, serviert wird dominikanische und internationale Küche.
- **D'Frank Restaurant,** liegt gegenüber der Anlegestelle der Lagunen-Boote. Optisch einfach gestrickt, bietet das Lokal prima Meeresfrüchte.

Aktivitäten

- **Bootstour auf der Lagune:** 1500 R.D.$ für ein sieben-Personen-Boot. Zumeist versammeln sich aber am Vormittag genügend Interessierte.

Weiterreise

- Richtung **Puerto Plata** oder **Nagua** (mit Anschluss nach Samaná) fahren regelmäßig Guaguas.
- *Caribe Tours* fährt direkt bis nach **Santo Domingo** um 6, 8.30, 10.30 und14.30 Uhr, außerdem die kürzere Strecke über die Autobahn um 7, 9, 14 und 16 Uhr. Abfahrt ist von der zentralen Kreuzung, siehe oben bei „Anreise".

Strände westlich von Puerto Plata

So touristisch erschlossen die Strände östlich von Puerto Plata sind, Richtung Westen ändert sich das Bild grundlegend. Es gibt einige schöne Strände und Buchten, aber hier muss man sich auf völlig andere Gegebenheiten einstellen.

In der Umgebung von Puerto Plata sieht es zunächst noch ganz herkömmlich aus. An der **Playa Maimón** steht eine große All-Inclusive-Anlage und auch an der **Playa Cofresí** logieren A.I.-Gäste. Wer auf eigene Faust reist, findet erst in **Luperón** eine preiswerte Übernachtung. Noch weiter westlich wird das Land deutlich trockener und auch heißer. Touristische Ziele bleiben nur noch die wenig besuchte Bucht **Punta Rucia** und vor allem die **Kleinstadt Monte Cristi,** die ganz im äußersten Nordwesten liegt.

Playa Luperón

Playa Luperón ist ca. 45 km westlich von Puerto Plata zu finden. Eine Straße zweigt 22 km hinter Puerto Plata von der Verbindungsstraße nach Santiago bei dem Ort **Imbert** ab und führt zu dieser ruhigen Bucht. Die Straße schlängelt sich durch kleine Ortschaften und kleinste Dörfer. Die öffentlichen Verkehrsmittel haben ihre Endstation im kleinen Ort Luperón.

So recht was Spektakuläres wird man schwerlich finden in Luperón. Macht auch nichts, denn so verirren sich nicht allzu viele Reisende hierher. Wenn man so will, lässt sich hier ein Örtchen entdecken, das nicht vom Tourismus lebt, aber auch nicht gänzlich aus der Welt gefallen ist. Etwa einen bis allerhöchstens zwei Kilometer außerhalb liegt ein netter Strand, in dessen Nähe sich zwar schon eine riesige Hotelanlage angesiedelt hat (zuletzt geschlossen), der aber trotzdem noch genügend Platz hat. Nicht weit davon entfernt wurde ein Hafen gebaut, den die Dominikaner unter „Muellecito" kennen. Auch hier nichts Spektakuläres, aber immerhin ein ruhiges Plätzchen mit einem Lokal, von dessen Terrasse aus man verträumt aufs Wasser schauen kann.

Praktische Reisetipps

Anreise

■ Ob aus **Santiago** oder **Puerto Plata** kommend, Reisende müssen bei der Abzweigung, die nach Playa Luperón führt, umsteigen. Sie liegt im Ort **Imbert** und ist wegen der großen Werbeschilder nicht zu übersehen. An der Abzweigung warten meist schon Guaguas auf die Umsteigenden.

Unterkunft

■ **Hotel La Casa del Sol**②, kein Telefon bekannt, www.casa-del-sol-luperon.com. Kleine, liebevoll gestaltete Anlage mit nur wenigen Zimmern unter dominikanisch-kanadischer Leitung. Hübscher tropischer Garten. Zimmer sind einfach, aber mit Geschmack eingerichtet, es gibt Aircondition, Kühlschrank und ein amerikanisches Frühstück.

Ruinas La Isabela

Die **Ruinen der alten spanischen Siedlung La Isabela** liegen 18 km westlich von Luperón entfernt. Es handelt sich um den Platz der ehemals ersten Siedlung, die Spanier in der Neuen Welt gegründet hatten. Bereits von weitem kann man eine kleine Kirche sehen, El Templo de las Américas. Ein gewaltiger Name für ein derart kleines Gotteshaus, aber wir befinden uns ja auch auf wahrlich geschichtsträchtigem Grund. Von der ursprünglichen Siedlung ist allerdings momentan nicht allzu viel zu sehen. Die Grundmauern der alten Häuser sind zu erkennen, teilweise auch noch die Fundamente, viel mehr aber auch nicht, nur noch zwei geborgene Skelette werden ausgestellt. Bei aller Begeisterung fällt es dem neugierigen Besucher jedoch schwer, sich vorzustellen, wie es hier einmal ausgesehen hat. Schade, dass keine Schautafeln oder Modelle helfen, sich ein Bild zu machen. In einem kleinen

Museum sind noch wenige Fundstücke ausgestellt. Insgesamt könnte die Anlage besser unterhalten und aufbereitet sein.

Punta Rucía

Ein kleines idyllisches Fischerdörflein, unweit von Luperón am Meer gelegen. Ein Freund schwärmte: „Superkaribische Farben mit türkisblauem Meer, grünen Mangroven, Kokospalmen und bunten Holzhäusern". Etwa 350 Menschen leben dort, es gibt zwei Colmados und einige Ferienhäuser wohlhabender Menschen. Ein schöner Strand und eine entspannte Atmosphäre laden also zum Abhängen ein. Vorgelagert im Meer gibt es über 150 verschiedene Riffe. Ein besonders reizvolles Ziel ist Cayo Arena, eine kleine Sandinsel, die völlig von einem atollartigen Riff umschlossen wird, und sich damit hervorragend zum Schnorcheln eignet.

Praktische Reisetipps

Anreise

- Die **Straße von Luperón nach Punta Rucía** ist asphaltiert und erreicht etwa einen Kilometer östlich von Punta Rucía die Zufahrt zum Ort. Die **Piste zur Hauptstraße bei Villa Elisa** ist dagegen in keinem guten Zustand.

Unterkunft

- **Villa Rosa**②, Tel. 809-496-9107, www.lavillarosa.com. Kleines Haus, das tatsächlich rosafarben gehalten ist und von zwei Franzosen geführt wird. Angenehme Atmosphäre, die Einrichtung ist etwas rustikal, aber insgesamt sehr gemütlich. Gute französische Küche wird serviert.

Monte Cristi

Monte Cristi befindet sich im äußersten Nordwesten. Es kommen nicht viele Ausländer in diese **abgelegene Region,** deshalb werden sie in der Guagua eher als anderswo neugierig befragt. Eine völlig neue Karibikseite gilt es zu entdecken.

Es ist eine lange Anreise durch **trockenes, staubiges Land.** Man durchfährt viele ärmlich wirkende Dörfer, die meist nur aus einfachen Holzhäusern bestehen. Das Land ist äußerst karg und bietet kaum Möglichkeiten für Landwirtschaft.

Es muss erwähnt werden, dass die gesamte Region Monte Christi als **Malariagebiet** gilt.

Sehenswertes

Monte Cristi ist ein **verschlafener Ort.** Die Stadt wurde früh von den Spaniern gegründet. Nach kurzer Zeit wurde sie aber zu Beginn des 17. Jahrhunderts aufgegeben, etwa 100 Jahre später von Einwanderern aus aller Welt neu gegründet und planmäßig streng symmetrisch angelegt. Aus dieser Zeit sind noch eine ganze Reihe **Kolonialhäuser** vorhanden. So findet man noch heute recht ansehnliche Häuser im viktorianischen Stil. Eine der ganz wenigen lokalen Sehenswürdigkeiten ist die große Uhr aus dem 19. Jahrhundert im Parque Central, die ursprünglich aus Frankreich stammt. Und noch eine Reminiszenz an Frankreich lässt sich finden. Die Fensterrose über dem Haupteingang der Kirche ist an die Pariser Notre-Dame-Kirche angelehnt.

Spezielle Sehenswürdigkeiten gibt es darüber hinaus nicht, aber der zwei Kilometer entfernte **Strand** ist ein Ziel für Leute, die es mal etwas weltabgewandt mögen. Dem Strand sind die **Siete Cayos,** die sieben Riffe vorgelagert, Fischer bieten Bootexkursionen dorthin an, die nächstgelegene der sieben Inselchen ist etwa 5 km entfernt. Es ist zugleich die größte Insel mit 0,15 km² und heißt *El Tercero*.

Am Strand liegt auch der **Hügel El Morro,** der heute zum Gebiet eines Nationalparks gehört. Diesem Berg vorgelagert befindet sich die winzige Insel, die **Isla Cabra,** die einen schönen Strand aufweist und auch von kleineren Booten angesteuert wird. Die Abfahrtsmole liegt an einem kleinen Kanal, dort starten auch Boote zu den Siete Gayos *(el canal,* kennt jeder). Fahrzeit: etwa 45 Minuten. Die Stelle ist auch bekannt als *La Ferriza.*

Parque Nacional Monte Cristi

Dieser Nationalpark liegt im äußersten Nordwesten des Landes und grenzt teilweise an das Territorium von Haiti. Außer großen Meeresgebieten und Küstenlagunen stechen hier vor allem die Inselchen **Los Siete Hermanos** hervor. Am Wochenende kann man **kleine Bootstouren** vom Jachthafen zu einer der sieben Inseln unternehmen; diese Tour wird auch in den Hotels der Nordküste angeboten. Nach 1½ Stunden Fahrt wird die Insel erreicht, die sehr feine Sandstrände aufweist und ein einmaliges **Schnorchelrevier** ist. Auf dem Rückweg geht's noch auf die **Isla Cabra,** wo gespeist wird.

Hohe Temperaturen und spärliche Regenfälle bewirken **Trockenwaldvegetation** mit Monte-Cristi-Salbei, westindischem Schachtelholz, Guajakholz, dorniger Akazie und Mesquitbaum.

Fauna: Es wurden drei Amphibien-, 107 Weichtier- und 163 Vogelarten, die

237dr hf

☒ Skelett eines der Seeleute, die mit Kolumbus Amerika entdeckten

Die erste spanische Siedlung

Kolumbus landete auf seiner ersten Reise im Dezember 1492 vor der nördlichen Küste des heutigen Haiti. Dort lief sein Schiff *Santa María* auf ein Riff und konnte nicht wieder flottgemacht werden. Aus den Resten des Schiffes ließ er eine Siedlung bauen, die er, da gerade der 26. Dezember war, **La Navidad** (Weihnachten) taufte. Da nicht genügend Platz auf dem verbliebenen Schiff für alle war, mussten 39 Männer zurückbleiben. Sie sollten die Siedlung zu einer Festung ausbauen und die Stellung halten, bis *Kolumbus* wieder zurückgekehrt war.

Elf Monate später, auf der zweiten Reise, fand *Kolumbus* die Siedlung zerstört vor, alle 39 Mann waren getötet worden. Diese allererste Siedlung der Neuen Welt wurde danach aufgegeben und vergessen. 1987 hat man den Platz wiedergefunden.

Kolumbus ließ dann 1493 eine neue Siedlung errichten, ca. 100 km weiter östlich. Dieser Ort erhielt den Namen **La Isabela,** zu Ehren der spanischen Königin Isabel la Católica. Heute wird La Isabela als die erste europäische Siedlung in der Neuen Welt angesehen. Die ungünstige Lage des Ortes und die Nachricht, dass weit unten im Süden große Goldfunde gemacht wurden, veranlasste den damaligen Statthalter *Bartolomé Colón* (ein Bruder des *Christoph Kolumbus*), die Siedlung 1496 aufzugeben. So wurde im Süden das heutige Santo Domingo gegründet, La Isabela geriet in Vergessenheit.

teilweise im Winter aus dem Norden hierher kommen, registriert. Darunter so seltene Tiere wie der Cayenne-Nachtreiher, Rotfußtölpel, Silberreiher und die Kanincheneule. In den Meeresgebieten ist außer einer großen Anzahl von Krustentieren (Meeresgarnelen) und Fischen besonders die karibische Seekuh (Manatí) häufig zu beobachten.

Der Park hat eine Ausdehnung von 550 km² und umfasst zum großen Teil auch die Wasserfläche mit den sieben Inseln. Hier mündet auch der **Río Yaque del Norte.** Das Gebiet ist überwiegend flach, es gibt nur eine bescheidene Erhebung. Dieser Hügel (300 m) wird **El Morro** genannt und kann ohne große alpine Erfahrung erklommen werden. Die Parkverwaltung errichtete vor einigen Jahren sogar Stufen. Das größte Problem dürfte die Hitze sein, da Schatten völlig fehlt. Nach dem Passieren der Rangerstation folgt man der Piste bis zu einem Parkplatz über knapp 2 km, von dort führt ein steiler Weg nach oben. Auf dem „Gipfel" stehend, genießt man einen wunderbaren Weitblick bis aufs Meer. Unterhalb des Morro liegt ein Strand, der zwar nicht spektakulär ist, aber eine kleine Rast ermöglicht.

Zu erreichen: Von Monte Cristi der Straße, die zum Strand führt, über 2–3 km folgen.

Praktische Reisetipps

An- und Abreise

- Von **Santo Domingo** verkehrt *Caribe Tours,* sechsmal am Tag. Variante zwei: einen der häufiger fahrenden Busse bis **Santiago** nehmen und von dort mit einer Guagua weiterfahren.

■ Von **Puerto Plata** per Guagua bis zur Verbindungsstraße Santiago – Monte Cristi fahren und dort umsteigen. Die Guaguas, die von **Santiago** kommen, sind zwar meist schon recht voll, aber der Cobrador findet schon noch ein Plätzchen.

Die Busse enden mitten im Ortskern, sofort bieten Motoconchofahrer ihre Dienste an.

Unterkunft

■ **Apart-Hotel Cayo Arena**③, Tel. 809-579-3145, www. cayoarena.com. Schöne Anlage mit zwölf Apartments außerhalb vom Ort gelegen, die über zwei Schlafräume, Wohnraum und Küche verfügen. Außerdem bieten sie vom Balkon Meerblick. Ein Restaurant sowie Pool nebst Poolbar gibt es auch noch.

■ **Chic Hotel**②, c/ Benito Monción 66, Tel. 809-579-2316, www.chichotel.net. Schon seit Jahrzehnten gibt es dieses mitten im Ort gelegene 41-Zimmer-Haus. Insgesamt ganz gut erhalten, mit Pool und Restaurant, etwa 500 m vom Strand entfernt. Das Haus kann durchaus gewählt werden, da alles Wichtige außer dem Strand in der Nähe liegt.

■ **El Morro Eco Adventure Hotel**③, c/ Duarte 77, Tel. 849-886-1605, www.elmorro.com.do. Im Jahr 2012 völlig neu gestaltete Anlage mit schönem Garten, 12 gut ausgestattete Zimmer. Insgesamt vielleicht 10 Minuten vom Meer entfernt gelegen. Ein Restaurant ist täglich von 11 bis 23 Uhr geöffnet, außerdem gibt es einen Pool mit Sonnenterrasse.

Weiterreise

■ Am besten per Guagua nach **Santiago** fahren und dort die weiteren Anschlüsse organisieren.

■ Nach **Santo Domingo** fährt *Caribe Tours* um 7.30, 8.30, 10.15, 13.45, 15 und 16 Uhr, Abfahrt: Avenida Mella Ecke Rodriguez Camargo, Tel. 809-579-2129.

Ausflug nach Dajabón

Dajabón liegt etwas mehr als 30 km südlich von Monte Cristi direkt an der Grenze zu Haiti. Genau diese Tatsache macht den Ort so interessant, dass Caribe Tours immerhin sechs tägliche Busverbindungen von Santo Domingo unterhält. Der Grund: Hier findet zweimal die Woche einer der größten grenzüberschreitenden **Märkte** des Landes statt. Jeden Montag und Freitag. Dabei kommen Hunderte von Haitianern über die Grenze, bieten Waren an und kaufen Dinge ein, die es bei ihnen nicht gibt. Es ist ein unglaublich quirliger, bunter Markt ohne jeden touristischen Schnickschnack. Hier werden nur Dinge des Alltags gehandelt. Staunende Ausländer fallen natürlich auf, deshalb gut auf die Wertsachen aufpassen!

Verkehrsverbindungen

■ Von **Monte Cristi** per Guagua, die speziell an den Markttagen (Montag und Freitag) häufig verkehren, auch von **Santiago** gibt es direkte Busse über Monte Cristi bis Dajabón. *Caribe Tours* fährt sechsmal von und nach **Santo Domingo.** Abfahrt ist die Calle Marcelo Carrasco, an der Ecke Calle Presidente Hernández.

241dr hf

6 Samaná

Eine üppig begrünte Landschaft ist diese Halbinsel, gesprenkelt mit einigen sehr schönen Stränden. Mit Las Terrenas und Las Galeras sind zwei davon schon etwas erschlossen, aber insgesamt herrscht hier eine ruhige, beinahe verträumte Atmosphäre vor. Andere Strände, wie die Playa Rincón, haben fast noch Geheimtipp-Status, sind aber dennoch recht gut zu erreichen. Eine Ecke für Entdecker.

◁ Rikscha-Taxi in Samaná-Stadt

SAMANÁ

Eine wunderschön begrünte Halbinsel mit erstklassigen Stränden. Mal sind sie schon recht gut touristisch erschlossen wie **Las Terrenas,** mal sehr viel weniger wie in **Las Galeras,** mal überhaupt noch nicht wie am **Playa Rincón.** Die Hauptstadt **Samaná-Stadt** liegt zwar auch am Meer, verfügt aber kaum über einen nennenswerten Strandbereich, Touristen zieht es deshalb eher zu anderen Orten. Nach Samaná kommen vor allem Individualreisende. Genügend kleine, charmante Hotels sind überall zu finden.

NICHT VERPASSEN!

- Im **Pueblo de Pescadores** in Las Terrenas einen Drink nehmen, auf der Terrasse eines der Lokale am Strand, und den Meerblick genießen | 183
- Die **Playa Bonita** besuchen und möglichst dort auch übernachten; die Stille genießen, wenn sich der Tag verabschiedet | 186
- **Saltos de Limón,** ein sehr schöner Wasserfall unweit von Las Terrenas, den man nach einer kleinen Exkursion zu Pferd oder zu Fuß erreicht | 187
- **Playa Rincón** probeliegen, ein von vielen Dominikanern in höchsten Tönen gelobter Strand | 197

Diese Tipps erkennt man an der gelben Hinterlegung.

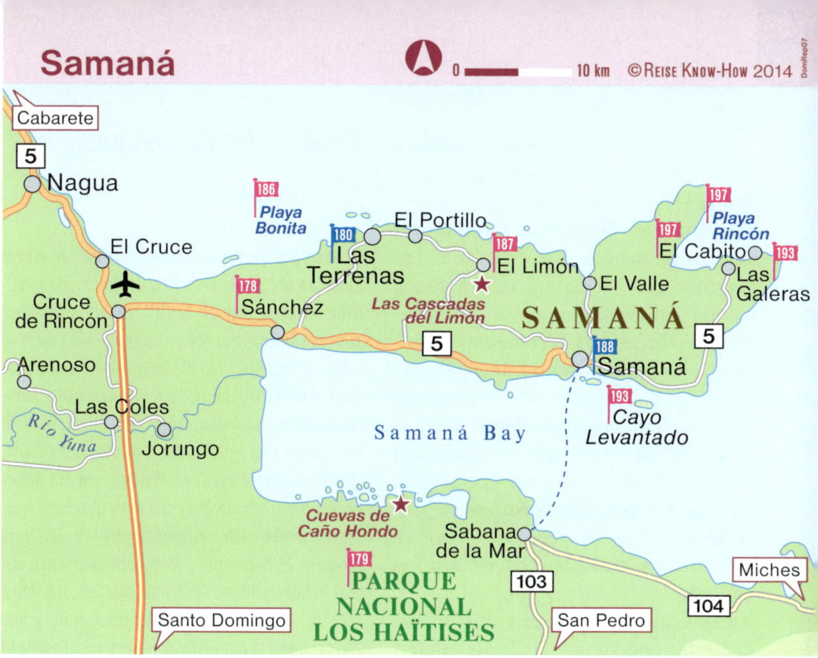

Überblick

Die Halbinsel Samaná zählt eindeutig zu dem **schönsten Teil der Insel.** Üppige tropische Vegetation und Bilderbuchstrände haben Samaná zu einem obligatorischen Anlaufpunkt gemacht.

Die Halbinsel ist groß genug, sodass jeder seine Ecke finden kann, noch ist aus dieser Perle kein touristischer Rummelplatz geworden. Samaná ist zwar ein touristisches Muss, unterscheidet sich aber noch wohlwollend von vergleichbaren Orten.

Kolumbus und seine Männer waren auch hier die ersten Besucher, als sie am Ende der ersten Reise am 12.1.1493 hier an Land gingen. Die dort lebenden Ciguayos waren von der Visite aber gar nicht angetan und griffen die Spanier sofort an. Aufgrund dieser Attacke taufte *Kolumbus* die Bucht von Samaná Bahía de las Flechas (Bucht der Pfeile). Diese feindliche Begegnung ging als die erste Kampfhandlung zwischen Europäern und Bewohnern der Neuen Welt in die Geschichte ein.

1756 wurde eine **Stadt gegründet** mit dem Namen Santa Bárbara de Samaná, in der sich Auswanderer von den Kanaren niederließen.

In den Jahren 1824–1825 siedelten sich Hunderte von ehemaligen schwarzen **Sklaven aus den USA** hier an, die entscheidend zu der landwirtschaftlichen Entwicklung beitrugen.

Die heftigen Regenschauer, die auch außerhalb der Regenzeit stundenlang fallen können, lassen die Halbinsel im **üppigen Grün** erscheinen.

Abgesehen von den beiden größeren Orten Sánchez und Santa Bárbara de Samaná gibt es kaum nennenswerte Ortschaften. Der Tourismus konzentriert sich hauptsächlich auf drei Orte, Las Terrenas, Las Galeras und Santa Bárbara, so der offizielle Name von Samaná-Stadt. Während **Las Terrenas** an der offenen Nordküste liegt und einen kilometerlangen, palmengesäumten Strand aufweist, ist **Samaná-Stadt** längst nicht so idyllisch. Eigentlich gibt es überhaupt wenig zu sehen, aber der Ort eignet sich gut als Ausgang für Ausflüge zu den Stränden in der Umgebung und vor allem zum Bacardi-Island, der **Cayo Levantado.**

Las Galeras liegt sehr ruhig an der Ostspitze und könnte für Leute interessant sein, denen Las Terrenas bereits zu rummelig ist.

Sánchez

Sánchez ist der erste größere Ort auf der Halbinsel Samaná, aber er bleibt für die meisten Besucher nur Zwischenstation auf dem Weg zu den Stränden. Wer nach Samaná-Stadt will, fährt durch, Leute, die nach Las Terrenas wollen, müssen hier umsteigen.

Der Ort hat einige hübsche im viktorianischen Stil erbaute **Holzhäuser** zu bieten, das ist eigentlich schon alles. Ansonsten gibt er sich träge und ruhig, so gemächlich, wie die sanften Wellen ans Ufer schwappen.

Von hier starten allerdings **organisierte Ausflüge** zum Nationalpark Los Haïtises.

Praktische Reisetipps

An- und Weiterreise

- **nach Las Terrenas:** *Caribe Tours* hält an einem Punkt an der Straße nach Nagua, der *Proyecto Residencial Cerros Chaljub* heißt. Anschluss-Guaguas starten von einem anderen Punkt, der aber nicht so weit entfernt liegt, nur die Busse nach Las Terrenas starten überwiegend an der Kreuzung bei der Tankstelle, die ein paar Kilometer entfernt liegt. Deshalb überbieten sich auch bei Ankunft des *Caribe Tours*-Busses die Jungs auf ihren Motorrädern mit Angeboten. Natürlich möchte jeder auch gleich die Ausländer direkt nach Las Terrenas fahren. Das sind schon so 20 Kilometer, und es geht über einen gut 500 m hohen Hügel. Kann man machen, ich selbst fuhr so dreimal hinüber, aber man muss schon ziemlich viel Vertrauen haben und vor allem sehr wenig Gepäck.
- **nach Samaná-Stadt:** Guaguas starten von einer Kreuzung, die mitten im Ort liegt. Von der Hauptstraße nach Nagua an der großen Kreuzung abbiegen und drei, vier Blocks der Calle Duarte in den Ort hinein folgen. *Caribe Tours* fährt von Santo Domingo (mit einem Stopp in Sánchez) durch bis Samaná-Stadt.
- **nach Nagua:** Die Guaguas nach Nagua starten von einem leicht erhöht liegenden Platz an der Hauptdurchgangsstraße. Sie drehen aber noch eine Runde durch den Ort, bevor es dann richtig losgeht, und passieren dabei auch die Kreuzung, wo die Busse nach Samaná-Stadt abfahren bzw. enden. Die Frequenz aller Guaguas liegt bei gut halbstündlich, *más o menos.*
- **nach Puerto Plata:** Wer nach Puerto Plata bzw. **Sosúa** und Cabarete fahren möchte, kann dies ohne große Probleme machen. Zuerst eine Guagua bis nach Nagua nehmen. Gleich dem Fahrer oder Cobrador mitteilen, dass man weiter möchte nach **Río San Juan.** Dort das gleiche Spiel, noch einmal umsteigen. Nun entweder mit einem Kleinbus weiter, der sehr häufig direkt bis Puerto Plata fährt

ohne weiteres Umsteigen. Oder man fährt mit einem Sammeltaxi. Das kostet etwas mehr, hält dafür aber unterwegs selten. Es kann sein, dass man bei dieser Variante noch einmal das Auto wechseln muss. Es gibt auch einige wenige Direktbusse nach Puerto Plata, genauere Infos dazu unter „Samaná-Stadt".

Mit *Caribe Tours* besteht eine Verbindung nach **Santo Domingo.** Der Bus startet in Samaná-Stadt (siehe dort) und ist ca. 30 Minuten später am Terminal, dessen offizieller Name lautet: *Proyecto Residencial Cerros Chaljub,* gelegen an der Straße nach Nagua, Tel. 552-7434. Offizielle Abfahrtszeiten: 8.30, 10.30, 14.30 und 15.30 Uhr.

Parque Nacional Los Haïtises

Der Park erstreckt sich im Nordosten des Landes, südlich der Bucht von Samaná. Dieses **Karstgebiet,** bestehend aus einer Reihung von 30 bis 40 Meter hohen Hügeln, ist einmalig in seiner Formation auf Hispaniola.

Häufige Regenfälle, ständige Bewolkung und hohe Luftfeuchtigkeit bewirken eine **reichhaltige Vegetation** mit über 700 Arten breitblättriger Bäume wie dem Kapokbaum, der Silberpalme, Farnen, Lianen und Bromelien. In diesem Park finden sich die größten Mangrovenwälder der karibischen Inseln!

Außer den beiden einheimischen **Säugetieren** Schlitzrüssler und Hutia leben hier noch 22 **Reptilienarten** und 110 verschiedene **Vögel,** darunter eine größere Anzahl von Meeresvögeln: Braunpelikan, Gelbstirn-Jassana, Fregattvogel, Seeschwalbe und Blaureiher.

Einige Höhlensysteme bewahren noch **Wandmalereien** und **Steinzeichnungen der Tainos.**

Der Park ist **ausschließlich per Boot erreichbar.** Die Besucher der Nordküste beginnen die Reise in Samaná mit einer einstündigen Überfahrt durch die Bucht von Samaná, die Urlauber der Süd- und Ostküste starten in Sabana de la Mar und reisen 30 Minuten westwärts in den Park.

Es gibt verschiedene Anbieter für diese Trips, beispielsweise *Amilka Tours.* Die Tour dauert circa vier Stunden und kostet etwa 45 US$, inklusive Mittagessen. Die **Boote** fahren nach der Überquerung der Bucht den Küstenstreifen des Nationalparks ab. Dieser ist durchsetzt von freistehenden Kalkfelsen, und man zeigt und erklärt in erster Linie die Vogelwelt, hauptsächlich Pelikane und Papageien. Einen Einblick erhalten Interessierte zudem in die tropische Vegetation und dunkle, etwas geheimnisvolle Höhlen. Beispielsweise die Höhle von San Lorenzo, die von zwei in Felsen gemeißelten Gesichtern flankiert wird. Weitere Höhlen mit teilweise abenteuerlichem Hintergrund (Schatz vom Piraten *Cofresí* (siehe auch Exkurs „Der Schatz von Cofresí") oder die Einsiedlerhöhle) können ebenfalls besichtigt werden. Ein kundiger Führer kann hier auch Felszeichnungen der Tainos zeigen. Darüber hinaus wird der Park mit seinem typischen Baumbestand des Feuchtwaldes, dem größten Mangrovenwald der Karibik, und den seltenen Zagutis und Schlitzrüsslern erforscht. Von den 22 Reptilienarten wird bei einer solchen Tour wohl auch kaum ein Exemplar über den Weg krabbeln. Buchungen übernimmt jedes Reisebüro.

Las Terrenas

Las Terrenas liegt an der nördlichen Seite der Halbinsel. Hier winden sich kilometerlange Sandstrände durch unzählige Buchten. Las Terrenas besteht aus kaum mehr als einer langgezogenen Zufahrtsstraße und einer weiteren gepflasterten Straße, die von der Zufahrtstraße abzweigt und am Meer entlang verläuft. Dieser Weg parallel zum Strand zieht sich über 1–2 Kilometer, an ihm sind die **Hotels** der unterschiedlichsten Qualität zu finden. Somit sind die Wege recht lang, aber Dutzende von Motoconcho-Fahrern bieten ihre Dienste an.

Man kann nicht drum herum reden: Die **Hauptstraße** ist laut, wuselig und alles andere als idyllisch. Ständig knattern Mopeds oder versperren Lieferwagen den eh schon schmalen Weg. Hier liegen aber auch alle wichtigen Einrichtungen wie Telefonamt, Geldwechsler, Mopedverleih, Supermarkt und sogar ein paar Hotels.

Ruhiger wird es erst hinter dem Friedhof Richtung El Portillo, und deutlich ruhiger entlang der Straße am Meer.

Direkt am Schnittpunkt von Piste und Hauptstraße liegt das recht große **Centro Comercial El Paseo,** eine Shopping-Meile mit mehreren Lokalen.

Die **touristische Infrastruktur** hat sich sehr entwickelt in den letzten Jah-

ren: Großzügige Unterkünfte sind entstanden, weitere Restaurants wurden eröffnet, und zusätzliche Serviceeinrichtungen, wie Auto- und Motorradverleih, kamen hinzu; die alten, kleinen Travellerhotels verschwinden immer mehr, allerdings auch schon so manche große Hotelanlage. Der Trend geht klar zu modernen Apartmentanlagen.

Noch ist Las Terrenas einer der **Hauptorte des Individualtourismus,** aber ob dies noch lange gilt? Es gibt gute Restaurants, viele mit einer Terrasse direkt am Meer, gemütliche und auch coole Bars sowie eine gut besuchte Disco. Man kann also prima am Strand abhängen, abends abwechslungsreich essen gehen, nachts die Piste unsicher machen und problemlos Ausflüge unternehmen.

Der Hauptanziehungspunkt ist aber immer noch eindeutig der Strand. Der **Strand** ist recht schmal und das Wasser ziemlich flach. Dieses seichte Wasser bietet allerdings ungeahnte Möglichkeiten zum Schnorcheln. Man muss nur weit genug laufen, um seine einsame Ecke zu finden.

Praktische Reisetipps

Anreise

■ Von **Sánchez** aus mit Pick-up oder Guagua. Die Straße führt über einen 550 Meter hohen Gebirgszug, am Scheitelpunkt sagenhafter Blick zu beiden Meeren! Eine äußerst schöne Landschaft und einige typische Dörfer werden passiert. Ständig bieten sich während der Fahrt die tollsten Ausblicke auf die weit entfernte See. Die Busse fahren in Las Terrenas meist durch das ganze Dorf, bis die Straße schließlich den Strand und damit die Hotelzone erreicht. Hier muss man aussteigen und nach links dem Weg am Wasser entlang folgen. Oder noch ein Stückchen der Straße schräg nach rechts folgen. Wegen des ständigen Motorradlärms besser ein abseits der Straße gelegenes Quartier suchen. So Leid es mir auch tut, aber die Häuser entlang der Hauptstraße und im Umfeld vom Friedhof können einfach nicht mehr empfohlen werden, es gibt aber auch genügend Alternativen.

Unterkunft

■ **Alisei Hotel**④, Tel. 809-240-5555, http://aliseihotel.com. Schöne Anlage mit 48 Ferienwohnungen und sechs Penthouses, direkt am Strand gelegen. Alle Wohnungen sind bestens ausgestattet, es gibt sogar eine Hochzeitssuite. Ein Restaurant und ein Pool gibt's auch, vor allem aber hat das Haus einen großen Wellness-Bereich, u.a. mit einem türkischen Hamman, einem Blütenbad und verschiedenen Massage-Angeboten. WiFi.

■ **Casas del Mar Neptunia**②-③, Av. Emilio Prud'Homme 1, Tel. 809-240-6884, www.casasdelmarneptunia.com. Insgesamt 8 Bungalows liegen in einem netten Garten, dessen Mitte eine überdachte Terrasse einnimmt, wo auch das Frühstück serviert wird. Die Bungalows sind unterschiedlich dekoriert und bieten Platz für vier Personen. Sie sind einfach, aber völlig ausreichend eingerichtet und in den maritimen Farben weiß und blau gehalten. Außerdem werden noch zwei Apartments vermietet. WiFi.

■ **Casa Nina**②, Tel. 809-240-5490, www.hotel-casanina.com; einstöckiges Steinhaus mit Pool und kleinem Garten. Relativ ruhig, an der Straße nach Portillo, ca. 500 m von Terrenas-City entfernt.

■ **Casa Robinson**②, Av. Emilio Prud'Home, Tel. 809-240-6496, www.casarobinson.it. Kleines, uriggemütliches Holzhaus mit einem knappen Dutzend Zimmer, die alle Balkon oder Terrasse haben. Einige Räume haben eine Küche; vor allem liegt das Hotel relativ ruhig in einer Stichstraße.

■ **Coco Plaza Hotel**③, Francisco Bono 2, Tel./Fax 809-240-6516, www.hotelcocoplaza.com, ein etwas verwinkeltes Steinhaus mit 16 Zimmern und neun Apartments, die meisten Zimmer mit Meerblick, aber die Anlage liegt ein wenig zurückversetzt, sodass man nicht jeden Motoconchofahrer hören muss. Es gibt eine Bar, die Apartments haben Kühlschrank, TV, Zimmersafe und sind recht geräumig. Auf Wunsch wird Frühstück serviert. WiFi.

■ **El Rincón de Abi**②, Av. Emilio Prud'Homme 3, Tel. 809-240-6639, www.el-rincon-de-abi.com. Das kleine solide Steinhaus liegt am Ende dieser ru-

238dr hf

higen Stichstraße und macht schon von außen einen guten Eindruck. Es hat nur sechs gut eingerichtete Zimmer und ein großes Apartment, ein allgemeiner Aufenthaltsraum liegt unter einem Palmendach. Bei Bedarf ist eine Küchennutzung möglich, außerdem sind ein Pool, Zimmersafe und WiFi vorhanden.

Der Palmenstrand von Las Terrenas

■ **Hotel Iguana**③, Tel. 809-240-5525, www.iguana-hotel.com. Acht Bungalows für 2–4 Personen mit Safe, Terrasse, Pool. Eingerichtet im fröhlich-karibischen Stil, umgeben von einem tropischen Garten, mit Restaurant. Das Haus liegt sehr ruhig, etwa 250 m vom Strand entfernt am Ende einer Piste in einer winzigen Villensiedlung. WiFi.

■ **Playa Colibri**③-④, sehr gestaffelte Preise, Tel. 809-240-6434, www.playacolibri.com. Schöne größere Anlage mit 45 Apartments unterschiedlicher Größe. In der Mitte der Anlage lockt ein Pool, obwohl der Stand gerade zehn Schritte entfernt ist.

Essen und Trinken

Die größte und beste Auswahl an Lokalen liegt an einem zentralen Streifen am Strand, der **Pueblo de Pescadores** genannt wird. Praktisch alle haben nach hinten zum Meer eine Terrasse und vorne den etwas unspektakulären Eingang. Da sie in unmittelbarer Nachbarschaft zu finden sind, kann man sich rasch einen Überblick verschaffen:

■ **Pizza Playa:** Nach einem anstrengenden Tag am Strand hat man vielleicht so richtig Hunger auf eine leckere Pizza, hier gibt es über drei Dutzend Varianten.

■ **Cayuco:** Ein spanisches Restaurant, in dem es Tapas, kleinere Gerichte, aber auch Paella gibt. Eines der größeren Lokale an dieser Meile.

■ **Casa Azul** hat mehrere Tische direkt am Strand, schön geeignet zum Abhängen mit Meerblick. Serviert wird vor allem Pizza.

■ **One Love Surfshop** ist dekoriert mit zahlreichen Surfer-Fotos an den Wänden. Es gibt Frühstück und internationale Küche, außerdem von der Terrasse einen tollen Blick aufs Meer.

■ **Colonial Risto Lounge:** schön aufgemachtes Italo-Lokal mit guter italienischer Küche. Serviert

400 versunkene Schiffe

25. Dezember 1492, *Kolumbus* segelte entlang der Küste des neu entdeckten Landes. Noch wusste er nicht, dass Hispaniola eine Insel ist. Er wollte einen sicheren Ankerplatz suchen. Was er nicht wissen konnte, war, dass die Küste von unzähligen Korallenbänken und Riffen umgeben war. Das **Schiff Santa María** segelte frontal auf eine dieser Korallenbänke, die unter der Meeresoberfläche verborgen waren, und schlug leck. Es war somit das erste europäische Schiff, das vor der dominikanischen Küste gesunken war. Fast 400 (!) weitere sollten folgen.

Alle Schiffe waren reich beladen. Entweder transportierten sie Reichtümer aus Mexiko/ Peru nach Spanien oder brachten Möbel, Rohstoffe, Waffen oder andere Kostbarkeiten aus der Alten in die Neue Welt. In jedem Fall stellte der Verlust einen herben Schlag dar. Im Jahre 1724 sanken in der Bucht von Samaná die **spanischen Schiffe Guadalupe** und **Tolosa.** Die Schiffe mussten wegen eines aufziehenden Sturmes in die schützende Bucht einlaufen. Bei diesem Versuch liefen sie auf eine der Korallenbänke und versanken binnen Minuten.

Unvorstellbare Silberschätze lagen auf dem Meeresboden. Natürlich wurde versucht, die Schätze zu bergen. Das klappte im 18. Jahrhundert verständlicherweise so gut wie gar nicht, fehlte es doch an jeglicher Ausrüstung. Die eingesetzten Taucher hatten nicht nur mit den Strömungen und dem Wasserdruck zu kämpfen, sondern auch manches Mal mit den Haifischen! Der Erfolg blieb mäßig.

Der größte Verlust war wahrscheinlich das Schiff mit dem edlen Namen **Nuestra Señora de la Pura y Limpia Concepción** (Unsere Jungfrau der unbefleckten Empfängnis). Dieses Schiff versank, wie viele andere auch, auf der Höhe von Puerto Plata. Die Gegend wurde daraufhin auch sinnigerweise Banco de la Plata (Silberbank) getauft.

Da die Schätze so unglaublich groß waren, wurde auch hier fieberhaft gesucht. Dabei war der Erfolg natürlich bescheiden, die Wracks gerieten jahrhundertelang in Vergessenheit, bis zum Jahr 1950. In dem Jahr wurde erstmals die Suche, diesmal mit modernster Technik, wieder aufgenommen. Zunächst hatten die Schatzsucher nur wenig Skrupel, die Korallenbänke, unter denen die Schiffe vermutet wurden, einfach wegzusprengen, später ging man vorsichtiger zu Werke. Die Taucher wurden tatsächlich fündig. 1976 wurde die *Concepción* lokalisiert, im selben Jahr die *Guadalupe,* und schließlich (1977) sogar die *Tolosa.* Die Strömung hatte sie sieben Kilometer von der Stelle, wo sie ursprünglich versunken war, abgetrieben.

338 Jahre nach dem Unglück konnte so nebenbei noch ein dreister Schmuggelversuch aufgeklärt werden: In einer Truhe fand man in einem doppelten Boden 1400 Silbermünzen.

wird Pasta, Fisch, Fleisch und das Ganze auch hier mit schönem Meerblick.

■ **Paco Cabana:** Dieses schon etwas größere und leicht elegante Lokal liegt neben dem Friedhof, also nicht mehr unmittelbar im Pueblo de Pescadores. Verwandelt sich abends in eine Musikbar und hat ein cooles Design mit Strandliegen zum Abchillen.

■ **La Salsa:** Momentan das letzte Restaurant an dieser Meile. Hat eine nette Terrasse, alles ist gemütlich eingerichtet, die Karte bietet internationale Küche.

Direkt im Ort:

■ **Barrio Latino:** Zentraler Ortsmittelpunkt mit diversen Läden, aber auch ein paar netten Lokalen, wo man ruhig seinen Kaffee trinken oder auch gemütlich frühstücken kann.

■ **Mi Corazón,** c/ Duarte 7, Tel. 809-240-5329, www.micorazon.com, tägl. außer So/Mo ab 19 Uhr. Schickes Lokal, für den Ort fast schon ein wenig vornehm zu nennen. Schweizer Besitzer, die eine qualitativ hochwertige Menükarte anbieten.

■ **Restaurant La Yuca Caliente,** c/ Libertad 6, Tel. 809-240-6634. Italienisches Lokal mit Tischen zum Strand. Geboten werden Pizza, Pasta, Fleischgerichte oder Salate. Alles wird mit Reis oder Yuca serviert, manchmal sind hier auch Shows im Programm.

Nachtleben

■ **Gaia Club,** liegt am Anfang der Strandstraße gegenüber vom Lokal *Cayuco* und fällt sofort auf. Musik-Club in einem soliden Steinhaus mit drei unterschiedlichen Stilrichtungen: Merengue, Bachata und House sowie eine Chill-out-Zone.

■ **Nuevo Mundo:** Seit vielen Jahren bewährte Disko an der Hauptzufahrtsstraße, wo es Merengue und Bachata auf die Ohren gibt. Am Wochenende brennt hier die Luft!

Adressen

■ **Telefonieren:** *Claró* hat sein Büro fast am Ende der Zufahrtsstraße.

■ **Post:** c/ Carmen 63.

■ **Bank:** *Banco Popular* und *BanReservas* (beide mit Geldautomaten) liegen etwa 50 m hinter dem Telefonamt *Claró* (aus Richtung City kommend); *Proasseso*-Geldautomat im Einkaufszentrum Barrio Latino (hinten). Dort befindet sich auch eine Geldwechselstube.

■ Kleines **Internet-Café** im Barrio Latino.

■ **Zeitungen:** Internationale, überwiegend jedoch französische Presse gibt es in einem Geschäft im Einkaufszentrum Barrio Latino, teilweise im Original, teilweise auch ausgedruckt. Nach Vorbestellung kann man dort seine Lieblingszeitung bekommen.

■ Plaza Taina ist eine **Shoppingmeile,** aber eine ganze Spur kleiner als das Barrio Latino, im Hintergrund gibt es eine ruhige Bar.

Aktivitäten

■ **Schnorcheln:** Das Gewässer bei Las Terrenas, besonders in den etwas abgelegeneren Ecken, eignet sich zum Schnorcheln.

■ **Reisebüro** *Bahía Tours* in der Shoppingmeile Casa Linda, Tel. 809-979-1564, www.bahia-tours.com.

Weiterreise

■ **Nach Sánchez:** Guaguas nach Sánchez starten fast am Ortsausgang von einem relativ unscheinbaren Platz, den aber jeder Motoconchofahrer natürlich kennt. Frequenz: etwa halbstündlich. Von Sánchez geht es dann weiter Richtung Nagua, der Fahrer bringt einen dorthin.

■ **Nach Samaná:** Pick-ups oder vereinzelt Kleinbusse starten beim Friedhof und fahren bis El Limón. Dort ist dann Endstation, sodass man umsteigen muss, und mit einer anderen Guagua geht es dann weiter. Frequenz: auch hier etwa halbstündlich, wobei der letzte Bus schon gegen 18 Uhr startet.

■ Von der Kreuzung vor dem Friedhof, Höhe Einkaufszentrum Barrio Latino, bestehen Verbindungen nach:

– **Santo Domingo:** um 5, 7, 9, 14, 15.30 Uhr
– **Santiago:** um 6, 8, 12.30 Uhr
– **Puerto Plata:** um 6.30 Uhr

Playa Bonita

Playa Bonita liegt drei Kilometer von Las Terrenas entfernt. 500 Meter hinter dem Ortseingang von Las Terrenas zweigt ein Weg links ab, der durch ein Dorf und später durch ein Waldgebiet zum Strand führt. Bis auf die wenigen Hotelanlagen gibt es keinerlei Einrichtungen. Wer entspannen will, wird sich wohl fühlen, Nachtschwärmer dürften eher nicht auf ihre Kosten kommen.

Die **Hotels** liegen sehr schön unter Palmen und unmittelbar am Meer. Es scheint beinahe eine **Postkartenidylle** zu sein. Der schmale Strand zieht sich kilometerweit durch die Buchten, ständig ist er von Palmen gesäumt.

Hier hat man Ruhe satt, wer nächtlichen Trubel will, muss rüber nach Las Terrenas.

Ausflug zur Playa Cosón

Von Las Terrenas verläuft eine asphaltierte Straße zur Playa Cosón. Dieser **schöne Strand** liegt noch ziemlich einsam ein paar Kilometer außerhalb von Terrenas. Dort kann man (noch) in ziemlicher Einsamkeit mal einen Tag an

Strand vor Palmenallee

239dr hf

einem durchaus langen Strand verbringen. Noch ist die Infrastruktur bescheiden, ein Hotel entsteht und eine nette Bar mit dem Namen „the Beach" existiert schon.

Praktische Reisetipps

Anreise

■ Von **Las Terrenas** am besten mit einem Motoconcho fahren, denn die drei Kilometer mit Gepäck zu laufen, verbietet sich bei der Hitze von selbst, Guaguas verkehren nicht.

Unterkunft

■ **Hotel Acaya**③, Tel. 809-240-6161, www.acaya-hotel.fr.com. Insgesamt 16 Räume, ein kleineres, angenehmes Haus. In dem weitläufigen Garten kann man in Hängematten schaukeln und abschalten, nettes Restaurant.

MEIN TIPP: **Hotel Atlantis**④, Tel. 809-240-6111, www.hotel-atlantis-lasterrenas.com. Bietet 18 Räume in verschiedenen Zimmergrößen und auch vereinzelte Bungalows an. Es ist eine kleine, gemütliche Anlage, die direkt am Strand liegt und unter französischer Leitung steht (exzellente Küche unter *Mitterands* ehemaligem Chefkoch, der mittlerweile sogar französischer Konsul ist). WiFi.

MEIN TIPP: **Coyamar**②-④, Tel. 809-240-5130, www.coyamar.com. Zwei fröhlich bunt bemalte, zweistöckige Häuser mit Restaurant, großem Garten und kleinem Pool. Die Zimmer sind großzügig und hell eingerichtet, haben Safe, Ventilator und eine Radioanlage, sodass man mal karibische Klänge hören kann. Außerdem sind die Fenster so angeordnet, dass ein kühlender Luftzug übers Bett weht. *Judith* und *Peter*, zwei ausgewanderte Münchner, leiten die Anlage und können gute Tipps geben. Kleines Hobby der beiden: Am Freitag ist Kinotag im Coyamar; seit Jahren wird da ein besonderer Film gezeigt, der mittlerweile viele Fans unter den deutschen Residenten hat.

■ **Casa Grande Beach Hotel**③-④, Tel. 809-240-6349, www.casagrandebeachhotel.com. Insgesamt zehn Zimmer mit unterschiedlichen Einrichtungsstilen vor einem großen, zum Meer offenen Garten. Dort liegt auch das Restaurant, wo man abends beim Piña Colada so richtig nett abhängen und sich aufs Meer wegträumen kann. Die Zimmer mit Meerblick sind etwas teurer.

Gastronomie

■ **Pizzeria Ellen:** Liegt am Ende des Strandweges in Höhe des Hotels Atlantis unter Palmen direkt vor dem Strand. Zwei Franken betreiben das Lokal und bieten eine ausgezeichnete Pizza, die man in lauer Luft unter Palmen bei Meeresrauschen genießen kann.

El Limón

El Limón liegt ca. zwölf Kilometer östlich von Las Terrenas. Die Straße dorthin führt ständig unmittelbar am Meer entlang, bis sie das riesige Gelände des **El Portillo Beach Resort** erreicht. Auf dem Weg passiert man auch die Landebahn des kleinen Flugplatzes von Portillo.

Das Örtchen selbst hat keine touristische Besonderheit zu bieten, aber ein einzigartiges Naturwunder liegt etwas außerhalb in Richtung Samaná, der **Wasserfall Salto de Limón.**

Der **Salto del Limón** stürzt sich über 47 Meter hinunter, neben diesem beeindruckenden Anblick lockt vor allem ein erfrischendes Bad in dem herrlichen

Wasser. Leser schrieben, dass sie zu Fuß in 40 Minuten hingewandert sind, sich allerdings etliche abstruse „Warnungen“ anhören mussten.

Zunächst muss man mit der Guagua von Las Terrenas bis zum Dörfchen El Limón fahren. Dort bieten sogleich lokale Führer ihre Dienste an. An der Hauptkreuzung liegt die Bar *Santís Parada*, die ein Spanier aus Asturien führt. Hier können Sie eine Tour zu dem Wasserfall buchen, die Guides gelten als kompetent und verlässlich. Meist ist in der Tour, die etwa 20 US$ kostet, ein Mittagessen eingeschlossen, was aber nicht verpflichtend ist. Man reitet wenigstens eine halbe Stunde buchstäblich über Stock und Stein, streckenweise auf ziemlich steilem Geläuf. Die letzten Meter geht man noch zu Fuß, aber dann öffnet sich das prächtige Panorama des herabstürzenden Wasserfalles. Direkt davor kann gebadet werden. Man kann sich auf einem Pferd zu den Saltos tragen lassen oder (außerhalb der Regenzeit) zu Fuß gehen. Es gibt mehrere Zugangswege zum Wasserfall, die alle gleich weit entfernt sind. Etwa einen Kilometer hinter El Limón in Richtung Samaná weist ein Schildchen „Saltos“ den Weg, ein zweiter Zugang liegt noch mal fünf Kilometer weiter beim Schild „Cascada del Limón“.

Samaná-Stadt

Samamá-Stadt heißt mit vollem Namen Santa Bárbara de Samaná. Samaná-Stadt bietet eine **entspannte Atmosphäre,** sowie alle notwendigen Einrichtungen, die der Reisende so wünscht (z.B. Restaurants, ausreichendes Hotelangebot). Diese beschränken sich jedoch auf eine **kleine touristische Meile,** die sich hauptsächlich entlang der Uferstraße Malecón erstreckt. Das Ganze ist aber noch auf eine relativ kleine Anzahl von Geschäften begrenzt, sodass sich alles noch im Rahmen hält. All zuviel los ist hier wahrlich nicht.

Möglicherweise trägt dazu auch die Tatsache bei, dass es keinen nennenswerten **Strand** direkt am Ort gibt. Der einzige erwähnenswerte liegt versteckt unterhalb des Hotels Cayacoa, dieser kann es aber mit den schönen Stränden weiter außerhalb nicht aufnehmen. Anscheinend erwarten einige Investoren doch noch Größeres. Am Malecón wurde im zentralen Bereich eine Häuserzeile errichtet, die einem viktorianischen Baustil nachempfunden wurde. Diese Zone heißt **Pueblo Príncipe** und wird vor allem von den Gästen einiger All-Inclusive-Anlagen (ebenfalls mit dem Namenszusatz „Príncipe“) aufgesucht, wenn die sich denn mal aus ihrem Resort heraustrauen.

Museo de las Ballenas

Das kleine **Walmuseum** liegt ein wenig versteckt. Auf Schautafeln mit Fotos wird das kulturelle Leben von Samaná

> Blick auf Samaná-Stadt

dargestellt; weitere Tafeln erklären die unterschiedlichen Walarten, die man vor Samaná antreffen kann. Es gibt auch das Skelett einer gestrandeten „Wal-Dame“ zu sehen, wie ein Leser so treffend schrieb.

■ Geöffnet: Mo–Fr 8–17 Uhr, Eintritt: 100 R.D.$.

Praktische Reisetipps

Anreise

■ Von **Santo Domingo** ist Samaná-Stadt per Bus der Gesellschaft *Caribe Tours* in 2½ Stunden zu erreichen. Die Busfahrt endet am Malecón, unweit der Hafenmole. Sofort werden etliche Schlepper herbeieilen und versuchen, einem Besucher das beste und billigste Hotel anzubieten. Die Jungs bekommen eine kleine Provision von den Besitzern der Hotels, in die sie die Gäste bringen. Da aber fast alle Hotels dicht beieinander liegen, kann man getrost auf eigene Faust ein Zimmer suchen gehen.

■ Wer, von **Sabana** kommend, mit der Fähre eintrifft, erlebt das gleiche Spektakel. Man läuft aber nur von der Mole auf den Malecón und befindet sich schon im Zentrum.

■ Wer sich per Guagua von **Puerto Plata, Sosúa** oder **Cabarete** bis hierher durchgeschlagen hat, landet dann beim Marktplatz, der zentralen Haltestelle aller Guaguas. Dort hält auch der Direktbus aus Puerto Plata, aber der fährt noch weiter bis zum Fähranleger.

Unterkunft

■ **Hotel Docia**①, Tel. 809-538-2041, liegt in der zweiten Reihe gegenüber der auffälligen Kirche mit dem spitzen Turm. Hier ist es schon eine deutliche Spur ruhiger. Die 15 Zimmer sind unspektakulär, für den Preis aber absolut in Ordnung.

240dr hf

■ **Hotel Bahía View**②, Tel. 809-538-2186, Av. Francisco del Rosario Sánchez, Ecke Av. Circunvalación 4. Das kleine Hotel liegt direkt hinter dem zweiten Kreisverkehr links, die Zimmer sind in der ersten Etage, unten befindet sich ein Restaurant, sodass man tatsächlich auf die Bucht blicken kann, wie der Name verspricht. Es ist leicht verwinkelt gebaut, gewinnt dadurch aber einen individuellen Touch. Es gibt kleine Balkone vor den 10 einfachen, aber korrekten Zimmern.

■ **Hotel Gran Bahía Cayacoa**④ (alles inklusive), Tel. 809-538-3131-9, insgesamt 82 Räume. Das große Hotel liegt auf einem Hügel hoch oberhalb der Stadt, ca. 500 Meter steil bergan. Es bietet eine absolut ruhige Lage und die schönste Aussicht auf die Stadt und die Bucht. Das Hotel hat sogar einen Tennisplatz und einen kleinen Strand.

■ **Hotel Puerto Escondido**②, Carretera al Hotel Cayacoa, Tel. 809-538-3337. Auf halbem Weg hoch zum Hotel Gran Bahía Cayacoa liegt dieses kleine, helle Haus schon ziemlich ruhig. Korrekte, nicht zu große Zimmer, aber das größte Plus dürfte die ruhige Lage sein.

Gastronomie

Die meisten Restaurants liegen am Malecón.

■ **Restaurant Tony,** c/ Sánchez 34. Sehr zentral gelegen am Kreisverkehr. Internationale Küche und morgens wird ein leckeres Frühstück serviert.

■ **Restaurant Bambú,** schräg gegenüber der Anlegemole. Fundierte Auswahl und eine kleine Terrasse.

■ **Mata Rossada,** kleines Restaurant in der Häuserzeile am Malecón mit hübscher Terrasse und internationaler Karte.

■ **Restaurante Chino** (heißt wirklich so!), c/ San Juan 1. Unübersehbar dank der riesigen Aufschrift an der Hauswand liegt dieses Lokal hoch über der Stadt. Eine Treppe führt steil nach oben, etwa in Höhe vom Hotel Docia, sonst der geschwungenen Av. Circunvalación nach oben folgen.

■ **Café de Paris,** am Malecón. Ein Klassiker seit über zwei Jahrzehnten unten am Malecón. Französisch geprägte Küche und überhaupt Treff der französischen Residenten hier auf Samaná. Gute Bistroküche, abends Musik, manchmal Konzerte.

Adressen

■ **Banken:** *Banco Popular,* etwa Höhe Anlegemole.

■ **Busgesellschaft:** *Caribe Tours,* Malecón 5, Tel. 809-538-2229. Das kleine Büro ist schnell zu übersehen, es liegt neben der besser sichtbaren Eisdiele „Bon".

■ **Post:** erste Parallelstraße hinter dem Malecón.

Aktivitäten

■ **Walbeobachtungen:** *Whale Samaná,* Veranstaltungsbüro der Kanadierin *Kim Badell*, liegt am Malecón neben dem Restaurant *Bambú,* Tel. 809-538-2494, www.whalesamana.com. Die Saison für Walbeobachtungen liegt im Zeitraum Mitte Januar bis Mitte März. In dieser Zeit bietet *Kim* zweimal täglich um 9 und 13.30 Uhr Touren für ca. 65 US$ an, auf Wunsch auch mit Verlängerung auf Cayo Levantado.

■ Von Samaná-Stadt aus kann man die Halbinsel gut erkunden. Besonders per **Geländemotorrad** lassen sich viele kleine, einsame Strandbuchten (siehe auch unter El Valle und Playa Rincón) entdecken.

■ Die Stadt selbst hat keinen Badestrand zu bieten mit Ausnahme des kleinen Strandes unterhalb des Hotels Coyacoa. Mit etwas Aufwand ist die Insel **Cayo Levantado** zu erreichen (siehe dort).

Weiterreise

■ Nach **Santo Domingo:** mit *Caribe Tours:* 8, 10, 14 und 16 Uhr.

■ Nach **Puerto Plata per Guagua:** Zunächst vom Marktplatz nach Sánchez fahren. Dort in eine andere Guagua nach Nagua umsteigen. Unter der Woche gibt es auch vereinzelte Direktbusse nach Nagua. Von dort geht es weiter nach Río San Juan und nach abermaligem Umsteigen schließlich bis nach Puerto Plata. Immer dem Fahrer erzählen, dass man den Anschlussbus erreichen möchte, dann bringt er einen dorthin.

■ Nach **Puerto Plata mit einem Direktbus:** Um 8 Uhr und um 11 Uhr fährt ein Bus von der Hafenmole (mit einem kurzem Halt beim kleinem Termial am Markt) ohne Zwischenstopp (nur eine Essenspause) nach Puerto Plata. Nachmittags um 14 Uhr fährt der Bus *El Papagayo* ebenfalls direkt nach Puerto Plata.

■ Nach **Las Terrenas:** vom Markt mit einem Pickup oder Kleinbus zunächst nach El Limón fahren, dort umsteigen und weiter nach Las Terrenas. Klappt recht gut, die Frequenz beträgt etwa 30 Minuten.

■ Nach **Las Galeras** fährt ebenfalls halbstündlich ein Fahrzeug ab Marktplatz.

■ Nach **Sabana de la Mar:** Die Fähre legt um 7, 9, 11 und 15 Uhr ab. Die Überfahrt dauert je nach Wetterverhältnissen ca. 1½ Stunden, Ticketverkauf eine halbe Stunde vor Abfahrt. Preis: 200 R.D.$.

Achtung: Kurz vor dem Einlaufen in den Hafen von Sabana müssen alle Passagiere in ein winziges Ruderboot umsteigen. Bis zur Brust im Wasser stehende Männer schieben die Boote die letzten Meter bis zum Steg. Dieser Service kostet natürlich extra.

■ **Von Sabana** gibt es seltene Verbindungen nach Miches oder über Hato Mayor **nach San Pedro de Macorís.** Von dort wiederum starten ständig Guaguas sowohl **nach Santo Domingo** als auch **nach La Romana, Higüey.** Wenn die Fähre einläuft, warten sogar an der Mole Guaguas, die direkt nach Santo Domingo fahren. Reisende mit sperrigem Gepäck sollten die Fähre meiden und mit *Caribe Tours* fahren.

Whale Watching

8 Uhr morgens, das Boot legt ab. An Bord etwa 20 Touristen und **Kim** – Expertin für Wale, und deshalb fahren wir zusammen raus: Whale Watching. Erst einmal geht es schnurstracks raus, an der Cayo Levantado vorbei. Unterwegs erklärt *Kim* die Spielregeln. Alle müssen mitmachen, immer den Horizont absuchen. Der wird gemäß der Uhr in Abschnitte eingeteilt.

Vorne am Bug ist es 12 Uhr, hinten am Heck 6 Uhr. Steuerbord, also rechts, ist es 3 Uhr, backbord 9 Uhr. Wer einen Wal sieht, ruft nur die entsprechende Uhrzeit, ganz einfach. Also starren wir und gucken und ... nichts. Kein Wal. Doch dann, *Kim* hat's gesehen: ten o'clock, also halb links. Wo? Wo? Doch, wirklich: eine Mutter und ihr Kalb. Volle Kraft voraus, zunächst, aber dann rechtzeitig stoppen. Nicht zu nahe heran. Die beiden sind schon wieder untergetaucht. Also warten. Warten. Warten ... Plötzlich: two o'clock. Alles hastet nach rechts. Und dann sehen wir ihn tatsächlich, aber weit weg. Unendlich langsam hebt er sich aus dem Wasser, zieht in einer geschmeidigen Bewegung seinen riesigen Körper durch und taucht ab.

Unser erster Wal, Wahnsinn. Wir stieren gebannt aufs Wasser. Was war das? Eine Sonnenreflexion? Eine Fontäne, oder was? Dann: auf 11 Uhr ... und weg. Ganz kurz tauchte er auf und gleich wieder weg. *Kim* kommentiert: Der kommt gleich wieder. Und wirklich, jetzt taucht er auf, nur 40 Meter von uns entfernt. Oh, ah, unglaublich, *amazing, dios mío!* Erst der Kopf, dann zieht sich der Körper in seiner vollen Länge aus dem Wasser, beschreibt einen Halbbogen und versinkt langsam wieder, ganz zum Schluss die Fluke in voller Größe. Kameras klicken, Münder stehen offen, alle sind begeistert.

Wo bleibt der nächste? Der kommt nicht. Warten. Schon 20 Minuten, die Sonne brennt, wir werden müde. Die Aufmerksamkeit sinkt. *Kim* versucht einen Scherz: *This is not whale watching, this is whale waiting.* Dann: 3 Uhr. Tatsächlich! Unglaubliche 20 Meter nah. Wieder hebt er sich aus dem Wasser, erst der Kopf, dann der Rücken, dann ganz langsam die Finne und dann der Schwanz, die Fluke. Langsam wird der Halbbogen kleiner, versinkt.

Alles danach ist fast Routine. Noch ein paar Wale sehen wir, dann müssen wir zurück. Unser Zeitlimit ist abgelaufen. Kein Boot darf länger als 30 Minuten bei einer Walgruppe bleiben.

Wir klettern unter das Sonnendach, entspannen uns, packen die Kameras weg, reden. Mit einmal schreit der Steuermann: *A la seis – six o'clock*. Ruckartig fahren wir hoch. Der Wal ist wieder da. Aber was macht er? Er bewegt den linken Flipper und dann den rechten. Er platscht ihn zurück aufs Wasser und wieder der andere, der linke und platsch! der rechte. Der linke, der rechte. Und aus und weg. *Kim* kommentiert: *he said Good bye to us.* Genauso sah es aus. Nur Mist, dass die Kameras schon weggepackt waren.

Cayo Levantado

Cayo Levantado ist ein winziges Inselchen, ca. 5 km vor Samaná-Stadt gelegen und nur per Boot zu erreichen. Zwei Strände und eine üppige Vegetation sind zu finden, die Insel wird auch *Bacardi-Island* genannt, weil angeblich hier der Werbespot gedreht wurde.

Das Ganze wird schon kräftig vermarktet als eine Art organisiertes Robinson-Crusoe-Feeling, lohnt aber trotzdem einen Besuch. Wer dem täglichen **Besucherandrang entgehen** will, muss nur früh genug kommen bzw. spät genug wieder wegfahren. Die organisierten Reisegruppen bleiben meist nur kurze Zeit über Mittag.

Das Inselchen hat einen **Hauptstrand** mit weichem, weißem Sand und diverse Grillstände. Hier bieten Fischer Langusten, Grillfisch und Drinks an. Man kann sein Essen zu einer bestimmten Zeit vorbestellen. Der Hauptstrand ist etwas lebhafter, denn die meisten Leute bleiben gleich hier.

In der Bucht eröffnet sich ein ca. 100 Meter langer weißer Sandstrand mit Palmen im Hintergrund. Und ganz im Hintergrund beugt sich tatsächlich eine Palme über das Meer, beinahe so, wie aus diversen Werbefilmen bekannt. Hier kann man ganz nett, aber nicht spektakulär schnorcheln und die buntesten Fische beobachten.

Auf der Insel befindet sich das 5-Sterne-Hotel *Gran Bahía Príncipe Cayo Levantado*. Die Zimmer liegen im Haupthaus und in einzeln stehenden Bungalows. Damit wird schon ein gewisser Platz der kleinen Insel belegt. Dazu kommen die **Tagesausflügler,** sodass es schon etwas voller ist. 1990 existierte das Hotel noch nicht und man konnte tatsächlich das „Bacardi-Feeling" erleben. Leser berichteten, dass sie dieses zwar nicht mehr vorfanden, ein Besuch jedoch immer noch reizvoll sei, aber man die Erwartungen lieber etwas tiefer hängen solle.

Praktische Reisetipps

Anreise

- Es starten Boote direkt vom Hafen von **Samaná-Stadt,** zumeist geht's frühmorgens rüber, eine Zeit für die Rückfahrt wird vereinbart, und der Käpt'n ist pünktlich zur Stelle. Eine zweite Abfahrtsstelle, **Simi Baez,** liegt ein paar Kilometer außerhalb an der Straße nach Las Galeras. Ob man da sehr viel spart ist fraglich, da der Transport hin (und zurück) organisiert werden muss.

Las Galeras

Las Galeras bezeichnet ein etwas abgelegeneres Strandgebiet, das 28 km von Samaná-Stadt entfernt liegt und ein ruhiges Minidorf ist. Hier endet die Straße, die von Samaná-Stadt in Richtung Osten führt. Sie stößt auf eine ca. einen Kilometer lange **Strandbucht,** die recht hübsch von Hügeln eingerahmt wird. Ein paar Boote dümpeln herum, einige Palmen spenden Schatten, ein Essensstand bietet fangfrischen Fisch und Langusten an.

Einsamer ist es dagegen in der sich rechts anschließenden **Bucht Playa Bo-**

nita, wenn auch eine große Hotelanlage dort in den Palmen steht. Ein Sandweg führt vom Hauptstrand in östlicher Richtung entlang der Küste dorthin (ca. 500 Meter). Der Strand ist hier schmaler, das Wasser flacher und mit vielen Korallenbänken durchsetzt.

Knapp außerhalb vom Ort liegt ein Strand, der kurz und bündig „playita" (Strändchen) genannt wird. Auf der Hauptstraße ein paar hundert Meter ortsauswärts gehen, dann westwärts durch die Felder auf einer Erdstraße. Sehr schöne, ruhige Strandbucht von vielleicht 250 Meter Länge mit zwei einfachen Fischlokalen.

Praktische Reisetipps

Anreise

- Per Guagua oder Rikscha-Motoconcho vom Marktplatz in **Samaná-Stadt.**

Unterkunft

Etwa 100 m bevor die Straße am Strand endet, liegt eine Kreuzung. Jeweils nach rechts oder nach links zweigt eine Straße ab, an der alle Unterkünfte zu finden sind. Man kann sie bequem zu Fuß erreichen.

An der linken Straße:

MEIN TIPP: **Hotel Villa Serena**④ (mit Frühstück), Tel. 809-538-0000, www.villaserena.com. Das Hotel liegt links vom Hauptstrand etwas zurückversetzt. Das Haus liegt äußerst ruhig am Meer und ist mit viel Liebe zum Detail eingerichtet worden, alle 21 Zimmer haben ihren besonderen Stil, alle besitzen eine Terrasse mit Meerblick. Pool, Restaurant und ein schöner Garten runden die Idylle ab.

- **La Bella Ventura**②-③, Tel. 1849-881-0643, www.labellaventura.net. Sehr schöne kleine Anlage in einem weitläufigen Garten. Einzelne Häuschen oder Zimmer mit Küche. Gut eingerichtet, farbenfroh und zweckmäßig gestaltet. Sehr ruhige Umgebung, 100 m vom Strand entfernt.
- **Aparthotel La Isleta**②-③, Tel. 829-887-5058, www.la-isleta.com. Eine schön gestaltete, kleine Anlage in hellen Farben mit gemütlichem Garten und kleinem Pool. Gut ausgestattete Bungalows mit Küche für bis zu vier Personen. WiFi.

▷ Strand von Las Galeras

Rechte Straße:

Todo Blanco Hotel③, Tel. 809-538-0201, www.hoteltodoblanco.com. Kleines schickes Haus mit acht netten und praktisch eingerichteten Zimmern, die alle einen Balkon zur Meerseite haben. Das Haus liegt rund 50 Meter vom Strand entfernt und hat deutsch-italienische Besitzer. Auf Vorbestellung kocht der Patron italienisch-kreolisch. WiFi.

La Plantación Guest House②-③, Tel. u. Fax 809-538-0079, www.villalaplantacion. com. Eine sehr schön gestaltete Anlage mit zwei vornehmen Villen in einem ebenso hübschen 2600 m² großen Garten. Vermietet werden vier Zimmer und ein Apartment, das ganze liegt nur knappe 150 m vom Strand entfernt. Schöner Pool, WiFi.

Solazul②-③, Tel. 829-882-8790, www.elsolazul.com. In der weitläufigen und schönen Anlage fällt sofort die Schweizer Flagge im Garten auf. Man schläft in Palmenhütten unter Moskitonetzen. Die ockerfarbenen Gebäude sind liebevoll gepflegt, es gibt einen kleinen Pool. WiFi.

La Rancheta①-②, Tel. 829-939-825, www.la rancheta. com. Auch bekannt unter „Karin y Ronald-Bungalows", liegt diese rustikale Anlage gut 2½ km von der Hauptkreuzung entfernt. Es gibt drei Unterkünfte mit Selbstverpflegung.

Gastronomie

Die Lokale sind im Bereich der einzigen Kreuzung des Ortes zu finden:

Mein Tipp: Restaurant Le Tainos, Tel. 829-713-7463, an der Straßenkreuzung im Dorfzentrum gelegen. Frischer Fisch und französisch inspirierte Gerichte mit dominikanischen Einflüssen. Gute Getränkeauswahl, u.a. diverse Rumsorten aus der ganzen Karibik. Angenehmes Ambiente, die Bar hat Lounge-Charakter.

242dr hf

219dr hf

Chez Francis: liegt an der Hauptstraße und bietet kleine und größere französische Gerichte, aber auch Pizza, Pasta und Frühstück.

Plaza Lusitania: ist so etwas wie ein zentraler Punkt mit mehreren Läden. Dort gibt es auch ein italienisches Restaurant.

Strandlokal: Direkt am Strand liegt ein einfaches Lokal, was sich aber nur auf die Bauweise bezieht. Hier bekommt man leckere Fischgerichte oder hängt ganz einfach an den urigen Tischen bei einem Presidente-Bier 'ne Runde ab.

Adressen

Ein **Minimarket** liegt an der Hauptstraße.

Autoverleih: *Caribe Fun Rentals,* Tel. 809-538-0109, ist ein deutschsprachiger Auto- und Motorradverleiher. Er liegt am linken Straßenarm nach der Hauptkreuzung.

Direkt bei der Hauptkreuzung, etwa 100 m vor dem Strand, liegt links in dem auffälligen Gebäude ein **Informationsbüro** und ein **Internet-Café.**

Sunshine Tours, ein Deutscher verleiht Motorräder und vermittelt Ausflüge. Zu finden beim Supermarkt. Mehrere Leser waren sehr angetan. Tel. 809-538-0262, www.sunshine-holiday.net.

Weiterreise

Etwa halbstündlich fahren Guaguas nach **Samaná-Stadt** bis zum Markt, von wo es weitergeht nach Sánchez, El Limón oder Las Terrenas.

Wer mit *Caribe Tours* nach **Santo Domingo** reisen möchte, steigt vorher aus, nämlich am Malecón, etwa in Höhe der Fähranlegestelle.

Kneipe am „Ende der Welt"

El Cabito

Cabito liegt drei Kilometer außerhalb von Las Galeras und etwa 10 m hoch über dem Wasser auf einer Klippe. Dort kann man sogar von einem 14 m hohen Felsen **direkt ins Meer springen.** Der Ort liegt äußerst einsam, und die Strecke dorthin ist ziemlich rustikal. Ab Las Galeras Hauptkreuzung vor dem Infocenter nach rechts der Straße folgen bis zum Ende, dort nach links und dann erneut nach rechts (ausgeschildert). Dort liegt hoch über den Klippen:

■ **Restaurant und Sunset Bar El Cabito,** Tel. 829-697-9506. Die Spezialität des Hauses sind Meeresfrüchte. Man genießt dort wunderbare Sonnenuntergangsblicke von der Terrasse. Wer will, kann auch in zwei Cabañas oder etwas rustikaler in Hängematten übernachten.

El Valle

Dieser absolut einsam gelegene Strand ist am besten mit einem Motorrad zu erreichen, allerdings auf einer **unwegsamen Strecke,** die nichts für Anfänger ist (bitte ernst nehmen!). Man verlässt Samaná-Stadt in Richtung Las Galeras, fährt den kleinen Hügel in einer Linkskurve hoch bis zur T-Kreuzung, wo die Straße rechts nach Las Galeras abzweigt. Dieser folgt man bis nach wenigen hundert Metern ein kleines Schild nach links den Weg weist: El Valle. Die nun folgende unebene Piste weist tiefe Schlaglöcher auf, ist stark ausgewaschen und teilweise äußerst steil. Unterwegs müssen zwei Bäche durchquert werden. Insgesamt ein Weg von 9 km. Trotz aller Strapazen ist der Weg landschaftlich sehr schön. Ausflügler passieren einige Häuser, die zur Sicherheit auf Pfählen stehen.

Vorsicht beim Baden, hier herrscht eine tückische Strömung. Der 20 Meter breite Strand ist durch einen großen Felsen zweigeteilt. Aus ihm sprudelt eine Süßwasserquelle mit erfrischendem glasklarem Wasser, das nach wenigen Metern im Meer versickert.

Playa Rincón

Der 3 km lange **Strand** zählt zu den schönsten, die man im ganzen Land finden kann! Einige kleine Kioske bieten Fischgerichte an, ansonsten gibt es wenig bis gar keine Infrastruktur. An einer kleinen Süßwasserquelle kann später das Salz abgewaschen werden.

Die Straße dorthin ist fast durchgehend asphaltiert, aber nicht bis zum Schluss. Einige wenige Guaguas fahren bis zu einem Punkt, der etwa drei Kilometer von der Küste entfernt liegt. Die fehlenden Kilometer bis zum Strand sind immerhin schon geglättet.

Zufahrt: von der Straße Samaná-Stadt nach Las Galeras bei km 17 links abbiegen (ausgeschildert) bzw. von Las Galeras nach sieben Kilometer rechts.

In Las Galeras werden auch immer wieder **Bootstouren** zu diesem Strand angeboten. Ich selbst habe es bislang noch nicht gemacht, kann es mir aber ziemlich reizvoll vorstellen. Das wird sich aber nur für eine kleine Gruppe lohnen.

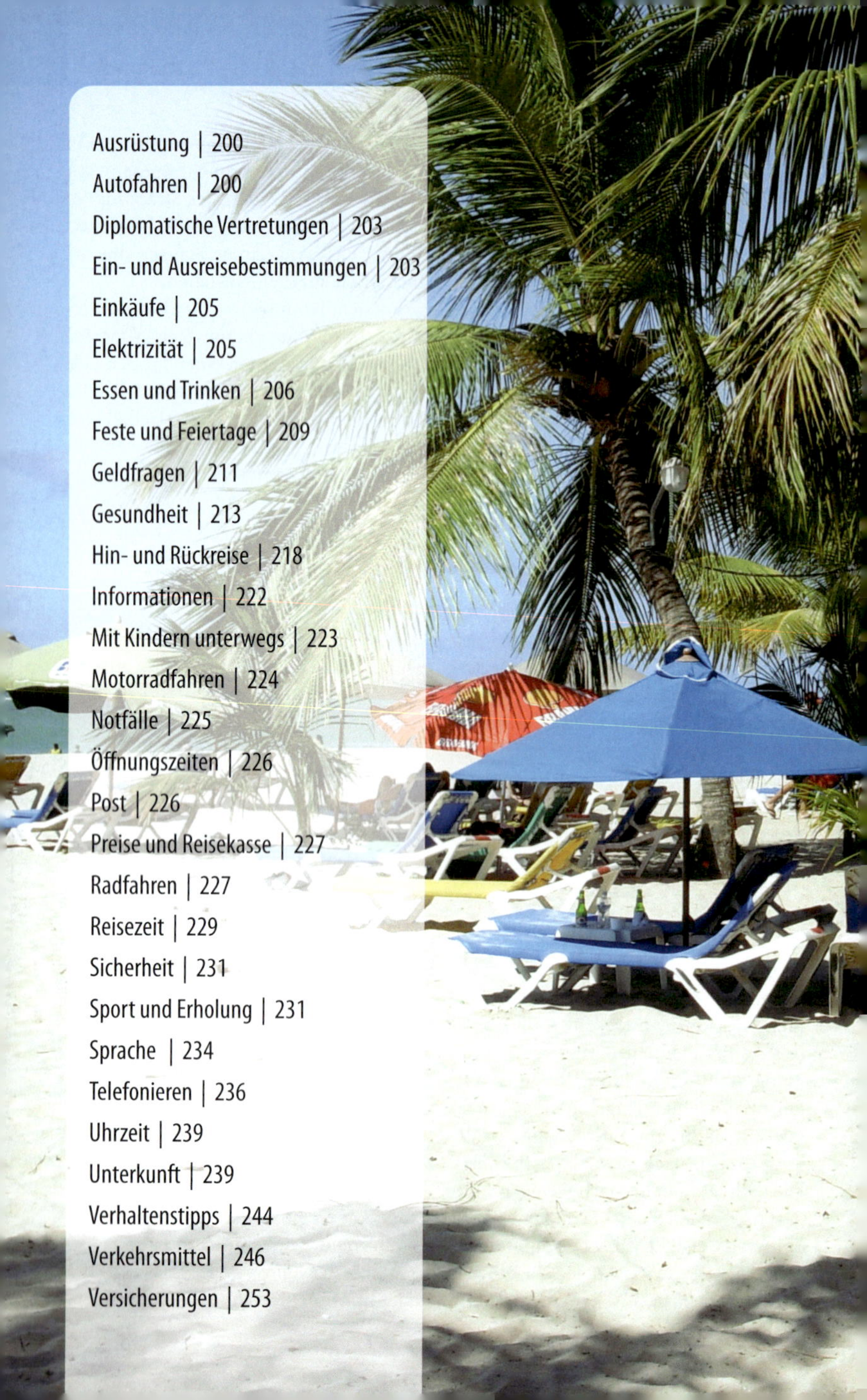

249dr hf

7 Praktische Reisetipps A–Z

Strand von Cabarete

Ausrüstung

Hier nur ein paar Tipps, denn was jeder mitnehmen will, muss er/sie schon selbst entscheiden.

Hilfreich ist eine **Taschenlampe.** Im ganzen Land fällt regelmäßig für mehrere Stunden der Strom aus. Zwar haben die meisten Hotels einen Generator, der die Stromversorgung sichern soll, aber das klappt eben nicht immer. Außerdem ist es in manchen Orten stockfinster, wenn die Straßenbeleuchtung nicht funktioniert. Da ist eine Taschenlampe bitter nötig, um nicht hilflos durch die Straßen zu stolpern.

Ohropax oder Ohrenstöpsel sind ebenfalls eine echte Hilfe für lärmempfindliche Leute. Wer sein Zimmer in der Nähe des Generators hat, wird diese Mittelchen sehr zu schätzen wissen.

Ein **Moskitonetz** ist nicht zwingend notwendig. Es genügen schon die Moskito-Coils. Diese Coils sind kleine Spiralen, die am Abend angezündet werden und ca. acht Stunden vor sich hinglimmen. Sie verbreiten einen scharfen Geruch, der die Moskitos vertreibt. Weiterhin helfen auch Mittel, die auf die Haut aufgetragen werden und dort einen Schutzfilm hinterlassen, der die Mücken abhält (siehe auch: Gesundheit).

Eine **Schnorchelausrüstung** mitzunehmen lohnt allemal. Speziell in den ruhigen Gewässern vor Samaná (Cayo Levantado, Las Terrenas) können Urlauber stundenlang tauchen und Fische beobachten.

Eine gute **Sonnenbrille** gehört unbedingt ins Gepäck, genau wie eine **Kopfbedeckung, Sweatshirt** und ein **Halstuch.** In den Bussen läuft entweder die Klimaanlage derart stark, dass man sehr schnell auskühlt, oder, falls keine vorhanden ist, werden alle Fenster aufgerissen. Dadurch entsteht der schönste Durchzug, beides hat schon so manchem Urlauber eine Erkältung beschert. Generell sollte leichte Kleidung aus Leinen oder Baumwolle bevorzugt werden.

Einen dicken **Schlafsack** benötigt man nicht, besser einen Leinenschlafsack, ein Inlett oder einfach einen großen Bettbezug einpacken. Meist ist es warm genug, sodass ein Daunenschlafsack völlig unnötig ist.

Einen **Adapter für Flachstecker** sollte jeder mitnehmen. Auf der Insel ist das amerikanische System der Flachstecker weit verbreitet, bestenfalls in einigen Hotels kann man den europäischen Stecker nutzen. Außerdem gibt es 110 V.

Autofahren

Viele Urlauber mieten ein Auto und genauso viele „Experten“ raten davon ab. Warum? Weil man sich einfach auf die **dominikanische Verkehrsrealität** einstellen muss. Und die weicht nun doch erheblich von der uns bekannten aus der Heimat ab.

> Auf der Schnellstraße Richtung Punta Cana

Wo liegen die Unterschiede? Der Verkehr sei ja chaotisch, behaupten nicht wenige; das ist so nicht richtig, er folgt nur anderen Gesetzmäßigkeiten. Selbstverständlich wollen auch Dominikaner ohne Beulen oder gar Unfällen nach Hause kommen. Was für Europäer so fremd wirkt, ist die Tatsache, dass Dominikaner nicht so stur in den Bahnen fahren, wie wir es gewohnt sind. Da wird problemlos links wie rechts überholt, auf einer zweispurigen Straße schnell eine dritte oder vierte Spur eröffnet.

Damit der Nebenmann dessen auch gewahr wird, drückt man einmal mehr oder weniger intensiv auf die **Hupe.** Sie wird so zu einem Kommunikationsmittel, was ebenfalls für die Ausländer ungewohnt ist. Kein Wunder, dass im alltäglichen Straßenverkehr ein konstanter Huplärm zu hören ist, denn gehupt wird ständig und von allen, Autos und Motorrädern, Bussen und Lkws. Das kann zugegebenermaßen nerven.

Ebenfalls ungewöhnlich für uns ist die Tatsache, dass der Autofahrer sich vornehmlich nach vorne orientiert. Er achtet stark auf die **Aktionen des Vordermannes,** um gegebenenfalls sofort reagieren zu können. Umgekehrt achtet er nicht allzu sehr auf den Hintermann, denn der – siehe oben – passt schon wieder selbst auf. Das ist ungewohnt, lernt man doch bei uns in der Fahrschule: Achte auf den Hintermann und richte deine Fahrweise entsprechend aus, sodass du ihn nicht gefährdest. Die Dominikaner machen es andersherum, sie achten darauf, dass sie den Vordermann nicht gefährden.

Der **Blinker** funktioniert oft nicht, deswegen muss der Hintermann auch genau auf die Handzeichen des Vordermannes achten. Er wird oft mit seinem linken Arm anzeigen, ob gehalten, abgebogen oder überholt werden soll.

Soweit zum Grundsätzlichen. Darüber hinaus gibt es noch eine einfache Regel:

161dr hf

Groß schlägt Klein. Ein großer Pkw hat im Zweifel Vorfahrt vor einem kleineren, ein Auto vor einem Moped, ein Motorrad vor einem Mofa. Das gilt auch beim Überholen, der Stärkere und damit Schnellere hupt kurz, zieht vorbei, und der Überholte weicht aus – sofern das überhaupt noch möglich ist. Man achte auf die Mopedfahrer, wenn sie von einem Auto überholt werden, irgendwie schaffen sie es immer, noch einen leichten Schlenker nach rechts zu machen, obwohl kaum Platz bleibt.

Ein besonderes Thema sind **Polizisten.** Dazu hat die Deutsche Botschaft auf ihrer Homepage einige Hinweise zusammengestellt. Generell kann man von der Polizei nicht ein ähnliches Verhalten erwarten, wie von zu Hause gewohnt. Das gilt selbstverständlich nicht für alle Polizisten, aber bei Straßenkontrollen werden mitunter Strafen verhängt für Vergehen, die sich dem Fahrer nicht so recht erschließen. Trotzdem gilt eigentlich, dass diese Strafen **nie direkt bezahlt** werden, sondern man erhält eine Zahlungsaufforderung, die man bei einer Bank bezahlen muss. Vorher wird einem die Fahrerlaubnis abgenommen. Man fährt zur Bank, bezahlt, kehrt zum Polizisten zurück und erhält den Führerschein zurück. Das kostet vor allem Zeit, weswegen auch manchmal angeboten wird, diese Strafe doch **direkt und ohne Quittung** zu bezahlen. Laut langjährigen Residenten komme dies aber immer seltener vor.

Bei **Unfällen** tendieren manche Polizisten einseitig dazu, die Schuld dem **Ausländer** zuzuschreiben, unabhängig von der tatsächlichen Schuldfrage. Was leider auch schon passierte bei Personenschäden. Mitunter werden alle Beteiligten eines Unfalls zunächst festgenommen, bis die Sachlage geklärt ist.

Die **Straßen** sind durchweg gut, nicht wenige sogar hervorragend. Bei jeder Wahlkampftournee war es eines der wichtigsten Versprechen der jeweiligen Regierung, die Straßen in entfernten Regionen auszubauen. Und manchmal werden diese Zusagen auch eingehalten. In den 1990er Jahren wurde ziemlich häufig gewählt, also sind auch die wichtigsten Überlandstraßen tadellos, allerdings ohne Seitenstreifen und Beleuchtung. Das bedeutet, dass auf Nachtfahrten möglichst verzichtet werden sollte. Unzählige Autos, Motorräder und Fußgänger sind unterwegs und leider schlecht bis gar nicht erkennbar. In kleineren Orten gibt es häufig keine Bürgersteige; die Bewohner (also auch die Kinder!) sind gezwungen, die Straße zu benutzen. Hier heißt es doppelt aufpassen! Da es spätestens um 19 Uhr stockfinster ist, sollte der Mietwagenfahrer bis dahin rechtzeitig sein Quartier erreicht haben.

Vor beinahe jedem Ort sind sie zu finden, die „schlafenden Polizisten", *Policías acostados.* Ein gewichtiger Begriff, aber es sind nichts weiter als zwei **Bodenschwellen,** die im Abstand von etwa 3–5 Metern quer über die Straße verlaufen. So wird jeder Fahrer gezwungen, abzubremsen und im Schritttempo darüberzufahren. Die Höchstgeschwindigkeiten liegen nämlich bei 80 km/h auf Landstraßen und bei 35 km/h in Ortschaften; die Polizisten überprüfen dies mit sogenannten *speed guns,* Radarpistolen.

Die **Benzinmenge** wird nicht in Litern angegeben, sondern in US-Gallonen. Eine amerikanische Gallone entspricht 3,785 Litern.

Diplomatische Vertretungen

Vertretungen der Heimatländer in der Dominikanischen Republik

Deutschland

- **Embajada (Botschaft) de la República Alemania,** Calle Gustavo Mejía Ricart 196, esq. Av. Abraham Lincoln, Edificio Torre Piantini, 16. Stock, Santo Domingo, Tel. 809-542-8949 oder 50 und in dringenden Notfällen auch 809-543-5650, www.santo-domingo.diplo.de.

Österreich

- **Consulado (Konsulat) Honorario General de Austria,** km 11 Autopista Duarte, gegenüber „Alfarería", Santo Domingo, Tel. 809-947-7888, cdo.austria@codetel.net.do.

Schweiz

- **Embajada (Botschaft) de Suiza,** Av. Jiménez Moya 71 (Churchill esq. Desiderio Arias), Santo Domingo, Tel. 809-533-3781, www.eda.admin.ch/santo domingo.

Vertretungen der Dominikanischen Republik

Deutschland

- **Botschaft:** Dessauer Straße 28–29, 10963 Berlin, Tel. (030) 2575776, www.embajadadominicana.de.

Österreich

- **Botschaft:** Prinz Eugen Straße 18, 1040 Wien, Tel. (01) 5058555.

Schweiz

- **Botschaft:** Weltpoststraße 4, Postfach 22, 3000 Bern 15, Tel. (031) 3511585, consulado.rd.berna@gmail.com.

Ein- und Ausreisebestimmungen

Für die Einreise werden ein **Reisepass,** der zum Zeitpunkt der Einreise noch mindestens sechs Monate gültig sein muss, und eine Touristenkarte verlangt. Ein Personalausweis wird nicht anerkannt, Kindereinträge im Reisepass eines Elternteils ebenfalls nicht. **Kinder benötigen einen eigenen Kinderreisepass** (für Kinder ab 3 Jahren mit Foto).

Die **Touristenkarte** wird normalerweise bei Buchung des Fluges vom Reisebüro ausgegeben. Sie kann allerdings auch direkt am Zielflughafen für 10 US$ erworben werden. Direkt nach dem Aussteigen bieten Mitarbeiter der Immigration diese Karten an. Die Touristenkarte gilt 30 Tage (wer länger im Land bleibt, zahlt bei Ausreise eine progressive Gebühr, die sich nach der Zeit richtet, die man im Land verbrachte, s.u.).

Noch im Flieger muss jeder ein blaues Formular ausfüllen. Ein weiteres, weißes Formular muss für den Zoll ausgefüllt werden.

Mit einem gültigen Reisepass und einer Touristenkarte können sich Deutsche, Österreicher und Schweizer 60 Tage ohne Visum im Land aufhalten. Bei längerem Aufenthalt muss vor Ort ein **Visum** beantragt werden, zuständige Behörde ist das Secretaría de Estado de Relaciones Exteriores – Departamento de Visa, Santo Domingo.

Bei der Ausreise muss jeder Ausländer eine **Ausreisesteuer** von 20 US$ bezahlen. Die meisten Reiseveranstalter und Fluggesellschaften übernehmen allerdings die Gebühr als Bestandteil des Pauschalpreises. So entstehen dem Fluggast keine Ausreisekosten. Wer allerdings **länger als 30 Tage** im Land war, zahlt zusätzlich eine **Gebühr,** die progressiv steigt, je länger man vor Ort war. Bei bis zu drei Monaten beträgt die Gebühr 800 Pesos, bei bis zu neun Monaten 1000 Pesos und so steigt sie ständig weiter. Vor der Ausreise muss jeder Besucher erneut ein Formular ausfüllen.

Bei der Rückeinreise in Europa sind folgende **Freimengen** zollfrei:

- **Tabakwaren** (über 17-Jährige Reisende in EU-Länder und in die Schweiz): 200 Zigaretten oder 100 Zigarillos oder 50 Zigarren oder 250 g Tabak.
- **Alkohol** (über 17-Jährige Reisende in EU-Länder): 1 l über 22 Vol.-% oder 2 l bis 22 Vol.-% und zusätzlich 2 l nicht-schäumende Weine; in die Schweiz: 2 l (bis 15 Vol.-%) und 1 l (über 15 Vol.-%).
- **Andere Waren für den persönlichen Gebrauch:** für über 15-Jährige See- und Flugreisende in die EU bis zu einem Warenwert von insgesamt 430 €, für alle Reisende unter 15 Jahren 175 € (bzw. 150 € nach Österreich); In die Schweiz: neu angeschaffte Waren für den Privatgebrauch bis zu einem Gesamtwert von 300 SFr. Bei Nahrungsmitteln gibt es innerhalb dieser Wertfreigrenze auch Mengenbeschränkungen.

Wird der Warenwert von 430 Euro bzw. 300 SFr. überschritten, sind **Einfuhrabgaben** auf den Gesamtwert der Ware zu zahlen. Die Berechnung erfolgt entweder pauschalisiert oder nach dem Zolltarif jeder einzelnen Ware zzgl. Steuern.

Einfuhrbeschränkungen bestehen z.B. für Tiere, Pflanzen, Arzneimittel, Feuerwerkskörper, Lebensmittel, Raubkopien, Waffen und Munition. **Nähere Informationen:**

- **Deutschland:** www.zoll.de oder Tel. 0351 44834510
- **Österreich:** www.bmf.gv.at oder Tel. 01 51433564053
- **Schweiz:** www.ezv.admin.ch oder Tel. 061 2871111

Hinweis: Da sich die **Einreisebedingungen kurzfristig ändern** können, raten wir, sich kurz vor der Abreise beim Auswärtigen Amt (www.auswaertiges-amt.de bzw. www.bmeia.gv.at bzw. www.dfae.admin.ch/eda/de) oder der jeweiligen Botschaft zu informieren.

Einkäufe

Aus touristischer Sicht gilt die Dominikanische Republik kaum als Einkaufsparadies. Die **Dinge des täglichen Bedarfs** sind vor allem in den Supermärkten zu bekommen, wer aber etwas Außergewöhnliches sucht, muss schon in die nächste größere Stadt fahren. Dominikaner decken sich meist auf dem Markt ein oder im Colmado, so eine Art Tante-Emma-Laden, der alle möglichen Lebensmittel und Notwendigkeiten des Alltags vorrätig hält, nur eben nicht unbedingt die frischen Waren, denn die gibt's auf den Märkten. Colmados sind Kommunikationsstätten, denn abends trifft man sich hier zum Plausch, irgendwer stellt 'ne Rumbuddel auf den Tisch, Merengue dröhnt, da wird aus dem Geschäft flugs eine kleine Eckkneipe.

Touristen, die etwas Authentisches suchen, werden nicht viel finden. Natürlich, karibischen **Rum** gibt's überall, nicht nur im Colmado, zur Not noch im Duty Free am Flugplatz. Auch dominikanische **Zigarren,** ebenso handgefertigt und von ähnlicher Qualität wie die kubanischen, werden ihre Käufer finden. Selbst Kaffee wäre eine gute Idee. Und dann wären da noch die **Bilder,** die der naiven Malerei aus Haiti nachempfunden sind. An jeder Ecke werden sie angeboten, zumindest in den Touristenorten. Die Motive sind durchaus schick und stilvoll, vielleicht trifft ja eines Ihren persönlichen Geschmack.

Bernstein wird ebenfalls überall angeboten. Tatsächlich wird in der Dominikanischen Republik ganz außergewöhnlicher Bernstein gefördert. Kein Wunder, dass es bereits Museen gibt, die sich ihm widmen und die einen Verkaufsraum eingerichtet haben; zu finden sind sie in Puerto Plata und in der Altstadt von Santo Domingo.

Elektrizität

Im ganzen Land gibt es ausnahmslos 110-V-Spannung; außerdem ist das amerikanische Steckdosensystem mit den Flachsteckern verbreitet, weshalb man einen **Adapter** mitnehmen sollte.

Im gesamten Land kommt es aber auch immer wieder zu **Stromausfällen,** nicht nur in abgelegenen Dörfern, sondern selbst in der Hauptstadt oder in den riesigen Hotelanlagen von Punta Cana. Hotelbetriebe, gleich welcher Art, haben sich mittlerweile darauf eingestellt und eigene **Stromgeneratoren** angeschafft. Diese springen dann nach kurzer Zeit an und erzeugen Strom – leider auch einen ziemlichen Krach. Deshalb kann es nicht schaden, beim Einchecken in einem kleineren Hotel auf die *Planta,* den Stromgenerator, zu achten; hoffentlich steht der nicht ausgerechnet unter dem eigenen Fenster.

162dr hf

Essen und Trinken

Speisen

In den Hotelanlagen und besseren **Restaurants** präsentiert sich die dominikanische Küche reichhaltig an Fleisch *(Carne)*, Fisch *(Pescado)*, Meeresfrüchten *(Mariscos)* und exotischen Früchten, in den einfacheren Restaurants fällt die Auswahl dann doch meist ein wenig bescheidener aus.

Als **Frühstück** werden in vielen Bars und Cafeterias Sandwiches mit Schinken *(Jamón)* oder Käse *(Queso)* gereicht. Allerdings bekommt man auch Toast mit Marmelade *(Tostada con mermelada)* oder Rühreier *(Huevos revueltos)* bzw. Spiegeleier *(Huevos fritos)*.

Das **Mittagessen** wird zu durchaus europäischen Zeiten eingenommen und eher selten erst gegen 15 Uhr wie in Spanien. Viele kleine Essensstände, **Comedores,** bieten am Straßenrand einfache Gerichte an, mit denen auch viele Arbeiter ihren Hunger stillen. Ein Comedor wird meist von einer Person geschmissen, es gibt in der Regel nur ein Gericht, vorzugsweise Eintopf oder *Bandera dominicana* („dominikanische Flagge"). Der ursprüngliche Name lautet *Arroz con habichuelas*, Reis mit Bohnen in roter Soße, aber in Anlehnung an die Zutaten spricht man eben auch von der *Bandera dominicana*, die den Farben weiß (Reis), rot (Sauce) und blau (Bohnen) entspricht. Typisches Essen eines Comedores ist z.B. *Sancocho*, ein Eintopf mit verschiedenen Zutaten wie Kochbananen, Paprika und Zwiebeln. Gerade

⌃ Stromleitungen in Santo Domingo

die Beilagen ändern sich häufig, je nachdem, was gerade auf dem Markt zu bekommen ist, aber ein guter *Sancocho* beinhaltet sieben Wurzelgemüse und mehrere Sorten Fleisch.

Zum täglichen Speiseplan gehört fast schon **„Jonny Cakes"** (Maiskuchen), die hispanisiert auch *Yaniqueques* heißen und überall angeboten werden. Ebenfalls sehr beliebt ist *Mangú*, ein Püree aus Kochbananen. Aus der Epoche der Taínos haben sich *Casabe* (Maniokbrot) und *Catibía* (frittierte Manioktaschen) erhalten.

Plátanos (Kochbananen), *Guineos* (Essbananen), *Batata* (Süßkartoffeln) oder *Yuca* (Maniok) bereichern viele Mahlzeiten, verfeinern auch den *Sancocho. Plátanos* werden auch als frittierte Beilage serviert, als *Plátanos fritos.* Fleischgerichte basieren zumeist auf *Pollo* (Hähnchen), *Carne de res* (Rindfleisch), *Carne de cerdo* (Schweinefleisch) oder *Carne de chivo* (Ziegenfleisch).

Neben den Restaurants bieten auch Cafeterias kleine Gerichte wie Suppen, Kurzgebratenes oder Omelettes an. Darüber hinaus haben viele Cafeterias chinesische Gerichte auf der Speisekarte.

Abends wird etwas später gegessen. Der Hunger **zwischen den Mahlzeiten** kann mit einem Sandwich oder etwas Frittiertem, das an Straßenständen angeboten wird, gestillt werden. In kleinen Portionen werden dort Schweineschwarten, Fleischstücke oder Fisch frittiert angeboten. Als Beilage werden meist noch frittierte Kochbananen gereicht.

An gut besuchten Stränden werden von fliegenden Händlern oft **Meeresfrüchte** direkt angeboten, z.B. große Meeresschnecken *(Lambí),* Austern *(Ostras)* oder gar Langusten *(Langostas).*

Die Auswahl an **Früchten** ist naturgemäß riesig, kein Platz, kein Busterminal, kaum eine Straßenecke, wo nicht ein Früchtestand zu finden ist, auch wenn es nach Saison und Gebiet variiert. Von Straßenverkäufern werden oft geschälte Apfelsinen *(Naranjas),* Ananas *(Piña)* und *Limoncillo,* eine kleine Frucht mit grüner Schale und hellem Fruchtfleisch, ähnlich der Litschi, angeboten. Auf den Märkten sind Papaya, Bananen *(Guineos)* und Passionsfrüchte *(Chinolas)* erhältlich. Viele der kleineren Früchte werden abgeschält an jeder Ecke verkauft, viele Dominikaner lutschen sie lässig aus, mehr zum Zeitvertreib denn als Durstlöscher.

Getränke

Zum Durstlöschen werden neben den üblichen Getränken überall **Fruchtsäfte** *(Jugos)* angeboten. Die häufigsten Sorten sind *Piña* (Ananas), *Chinola* (Passionsfrucht), *Limón* (Zitrone), *Naranja*

Piña colada

Um eine Piña colada kommt niemand herum. Dieser vermutlich bekannteste Drink aus der Karibik wird folgendermaßen gemixt: einen Teil Kokoscreme (gibt es in Delikatessengeschäften, übrigens aus der Dominikanischen Republik importiert), zwei Teile Ananassaft, 1,5 Teile weißen Rum und zerstoßenes Eis gut mixen und in einem schlanken Glas servieren.

(Orangensaft) und *Tamarindo* (Tamarinde, schmeckt herb). Manchmal werden die Säfte noch mit Zuckerwasser vermischt. Wer an einem mobilen Stand einen *Jugo de ...* verlangt, bekommt den ausgepressten Saft übrigens in einer kleinen Plastiktüte mit Strohhalm überreicht, oder in einem Styroporbecher.

Bier ist äußerst beliebt, es wird eiskalt, teilweise sogar noch gefroren serviert, und kann deshalb auch mit „una fría" (ein Kaltes) bestellt werden. Die bekanntesten Marken sind *Presidente* und *Brahma,* seltener dagegen schon *Bohemia* und *Quisqueya.* Achtung, in einigen Bars wird nach einer Bestellung von einem Bier gleich eine tiefgefrorene Literflasche „serviert"! Wobei meist nur die Flasche noch gefroren ist, der Inhalt in der Regel nicht, obgleich man auch das Gegenteil erleben kann. Die Bierflasche wird übrigens generell mit zwei weißen Servietten drapiert. Eine liegt wie eine Bauchbinde um die Flasche gewickelt und hilft beim Anfassen der eiskalten Flasche. Die andere ist ein wenig in den Flaschenhals gestopft, damit kann man dann den Mund oder auch den Flaschenhals abwischen.

Mit Karibik assoziiert der Besucher vor allem exotische Mixgetränke auf Rumbasis. Nicht in jeder Bar sind diese jedoch zu erhalten, denn die Dominikaner trinken ihren **Rum** lieber pur. In den Abendstunden und besonders am Wochenende fließt er denn auch reichlich. Überall werden die kleinen Flaschen von den drei großen Marken mit dem B, *Barceló, Brugal* und *Bermúdez* verkauft. Alle drei Marken werden als heller und dunkler Rum und als veredelte Marke *(Añejo)* angeboten.

Speziell an den Stränden verkaufen Händler ihre **Trink-Kokosnüsse.** Diese ähneln gar nicht so sehr denen, die bei uns in den Geschäften erhältlich sind. Die Trink-Kokosnuss ist noch von der grünlichen Schale umgeben, die den Kern (die bei uns bekannte Kokosnuss) einschließt. Bei den hier angebotenen

033dr sm

063dr hf

Cocos de agua handelt es sich um noch unreife Früchte, d.h. das Innere der Nuss ist noch vollkommen flüssig. Erst im späteren Reifeprozess verwandelt sich ein Teil des Nährwassers in eine feste Masse (Kokosnussfleisch). Der Verkäufer schlägt die Frucht fachgerecht mit einer Machete auf, und dann kann das frische Kokosnusswasser getrunken werden. Der Geschmack ist allerdings etwas gewöhnungsbedürftig. Das junge, noch sehr weiche Fruchtfleisch wird anschließend mit einem Stück Kokosnussrinde abgekratzt und gegessen.

An einigen Stränden wird die Trink-Kokosnuss als *Coco loco* angeboten, die „verrückte Kokosnuss" wird dann halbgefüllt mit Rum serviert.

In den Städten findet sich auch der Frío-frío-Mann. Er verkauft geraspeltes **Eis,** über das Sirup gegossen wird. Das Eis schmilzt, und man bekommt einen kühlen Drink. Aber Vorsicht: wer weiß, welches Wasser hier zu Eis gefroren wurde?

Feste und Feiertage

Die **kirchlichen Feiertage** zu Ehren des Schutzpatrons werden meist mit einer Prozession und anschließender Messe begangen, danach wird dann die ganze Nacht gefeiert.

Während des **Merenguefestivals** wird ein Teil des Malecón in Santo Domingo gesperrt. Dort treffen sich am Abend Tausende, tanzen nach Merengueklängen, und der Rum fließt in Strömen.

Weihnachten wird, wie in allen lateinamerikanischen Ländern, anders als bei uns gefeiert. Der 24. Dezember hat nur eine untergeordnete Bedeutung.

^ Bananenhändler

< Platte mit Meeresfrüchten

030dr sm

Prozession am Palmsonntag in Santo Domingo

Man geht zur Mitternachtsmesse und feiert speziell am 25. Dezember. Die Geschenke werden erst am 6. Januar, zum Tag der Heiligen Drei Könige, überreicht.

Landesweite Feiertage

(Geschäfte bleiben geschlossen)

- **1. Januar:** Neujahr
- **6. Januar:** Heilige 3 Könige
- **21. Januar:** *Nuestra Señora de la Altagracia*
- **26. Januar:** Feiertag zu Ehren von *Pablo Duarte*
- **27. Februar:** Unabhängigkeitstag
- **Ostern**
- **Donnerstag i. d. 7. Woche nach Ostern:** Corpus Christi
- **1. Mai:** *Día Internacional de Trabajo*
- **16. August:** *Restauración* (Nationalfeiertag)
- **24. September:** *Nuestra Señora de las Mercedes*
- **6. November:** *Día de la Constitución*
- **25. Dezember:** Weihnachten

Lokale Feiertage

- **Februar:** Karneval, speziell in La Vega (jeden Sonntag), Santo Domingo (letzter Sonntag großer Umzug)
- **29. Juni:** Fest des Schutzpatrons *San Pedro,* in San Pedro
- **5. Juli:** Fest zu Ehren von *San Felipe,* in Puerto Plata
- **15. Juli:** *Nuestra Señora del Carmen*, in Jarabacoa
- **25. Juli:** Fest zu Ehren von *San Santiago,* in Santiago
- **3. Woche im Juli:** Merenguefestival, in Santo Domingo (speziell für Touristen geschaffen)
- **4. Oktober:** *Nuestra Señora del Rosario,* u.a. in Barahona

- **12. Oktober:** *Día de la Raza* (Entdeckung Amerikas), wird in ganz Lateinamerika gefeiert
- **23.–24. Oktober:** *Bámbula,* Fest zu Ehren von *San Rafael,* auf Samaná
- **2. Woche im Oktober:** Puerto Plata Festival, Puerto Plata
- **30. November:** *San Andrés,* in Boca Chica
- **4. Dezember:** *Santa Bárbara,* auf Samaná

Geldfragen

Die dominikanische Währung heißt **Peso,** ausgezeichnet sind die Preise mit R.D.$, wobei R.D. für República Dominicana steht. Es gibt Scheine zu 20, 50, 100, 500, 1000 und 2000 Pesos und Münzen zu 1, 5, 10 und 25 Pesos. Seit neuestem gibt es auch einen 20-Pesos-Schein, der nicht aus Papier hergestellt wurde, sondern aus Polymer.

Vereinzelt sind auch noch **Centavo-Münzen** zu bekommen, vor allem zu 25 und 50 Centavos.

Bei der Ausreise können bis zu 30 % der bei der Einreise erworbenen Summe gegen Vorlage der Umtauschquittung zu rückgetauscht werden. Dies kann z.B. am Flugplatz geschehen, um die Ausreisesteuer zu bezahlen. Ein **Rücktausch von Pesos** ist obendrein an strenge Bestimmungen gekoppelt, man sollte deshalb unbedingt die Umtauschquittungen aufbewahren, ohne Beleg tauscht die Bank keinen Peso in Dollar oder Euro zurück, dies machen nur private Wechselstuben.

Euro und Dollar werden problemlos gewechselt, bereits am Flughafen gibt es **Wechselstuben.** Selbst in manchen Geschäften kann man mit Dollar bezahlen, mit Euro nicht ganz so selbstverständlich. In allen touristischen Orten gibt es neben einer offiziellen Bank auch Wechselstuben, die sich ebenfalls gerne „Banco" nennen. Dort kann ganz schnell und unproblematisch Geld gewechselt werden.

Alle harten Währungen können getauscht werden, aber nicht überall. Am besten tauscht sich der **US$,** aber auch **Euros** lassen sich überall eintauschen.

Mit seiner Bankkarte kann man an allen **Geldautomaten,** die das Maestro- oder Cirrus-Zeichen tragen, Geld abheben. So muss man nicht vorher seine gesamte Urlaubskasse in US-Dollar umtauschen. Dies ist auch die preiswerteste Art der Geldbeschaffung.

Achtung: Bankkarten mit dem neuen **V PAY-Logo** funktionieren nicht in der Dominikanischen Republik!

Ob Kosten für die Barabhebung entstehen und wie hoch sie sind, ist abhängig von der kartenaustellenden Bank und von der Bank, bei der die Abhebung erfolgt. Man sollte sich daher vor der Reise bei seiner Hausbank informieren, mit welcher Bank sie vor Ort zusammenarbeitet. Im ungünstigsten Fall wird

Wechselkurse

1 Euro =	58,13 R.D.$
100 R.D.$ =	1,69 Euro
1 SFr =	47,85 R.D.$
100 R.D.$ =	2,05 SFr
1 US$ =	42,98 R.D.$
100 R.D.$ =	2,28 US$

Stand: Juli 2014

015dr sm

pro Abhebung (per Debitkarte mit Maestro-Logo) eine **Gebühr** von bis zu 1 % des Abhebungsbetrags berechnet.

Ganz wichtig ist es, vor der Reise bei seiner heimatlichen Bank zu klären, ob die Karte **für das außereuropäische Ausland gesperrt** ist. Falls dies der Fall sein sollte, kann man kein Geld am Automaten ziehen. Das hat schon manchem Urlauber teure Telefonate aus der Karibik zur heimischen Bank beschert, um die Karte freizuschalten.

Früher reiste der Autor ausschließlich mit Dollar-Reiseschecks, heute verlasse ich mich auf die Maestro-(EC-)Karte und habe etwas Bargeld dabei. Die Geldautomaten nutze ich **nur während der Öffnungszeiten** der Bank, denn ein Automat kann ja auch mal einfach die Karte einziehen, wie ich aus leidvoller Erfahrung weiß. Mancher Supermarkt hat ebenfalls einen Geldautomaten. Residenten berichteten mir allerdings glaubhaft von schlechten Erfahrungen mit manipulierten Automaten.

Mit einer **Kreditkarte** kann man in vielen Institutionen zahlen. Nur in Ausnahmefällen wird sie als Zahlungsmittel abgelehnt. Aber für das **bargeldlose Zahlen** berechnet der Kreditkartenaussteller eine Gebühr für den Auslandseinsatz in Höhe von ca. 1–2 %.

Bei Barabhebungen per Kreditkarte werden bis zu 5,5 % des Abhebungsbetrags als Gebühr einbehalten.

Es ist wichtig, ständig **kleinere Scheine** mit sich zu führen. Scheine über 100 Pesos und größer können schlecht gewechselt werden. In einer Guagua wird kaum einer entsprechendes Wechselgeld haben. Oft genug hört man dann *No tiene menudo?* (Haben Sie es nicht kleiner?).

Wer sich **Geld aus der Heimat schicken** lassen möchte, sollte den Service

Geldwechsler: für eine Handvoll Dollar ...

von *Western Union* nutzen. Dabei müssen der Einzahler zu Hause und der Empfänger sich telefonisch über Zeit und Ort der Abholung abstimmen. Eingezahlt werden kann in Geschäftsstellen der *Reise Bank AG* und *Cash Express GmbH* auf großen Bahnhöfen oder am Flughafen, sowie auch bei vielen Volks- und Raiffeisenbanken oder bei Filialen der Postbank.

Ausgezahlt werden kann der Betrag in Filialen der Western Union. Die Überweisung erfolgt sehr schnell, teilweise ist das Geld schon nach 15 Minuten abrufbar. Der Annehmende des Geldes muss sich ausweisen können, gegebenenfalls durch Passersatz. Je nach Höhe der Summe muss der Absender eine Gebühr zahlen (2000 € in die Dominikanische Republik kosten derzeit 24,90 € Gebühr). Infos: www.westernunion.com.

Gesundheit

Aktuelle Reisegesundheitsinformationen findet man unter **www.crm.de** und im Anhang diese Buches.

Allgemeine Verhaltenstipps

Für viele Reisende ist es der erste Aufenthalt in den Tropen. Das ungewohnte Klima, die Zeitumstellung und die nicht immer einwandfreien hygienischen Verhältnisse haben schon so manchen Urlauber umgeworfen. Deshalb hier ein paar Tipps.

Lassen Sie es ruhig angehen! Der Körper muss die **Zeitumstellung** verkraften und sich langsam an das **tropische Klima** gewöhnen. Es herrschen zwar „nur" 25–30 °C, aber durch die hohe Luftfeuchtigkeit schwitzt man ständig. Deshalb ist es wichtig, den Flüssigkeitsverlust auszugleichen, d.h. viel trinken.

Wer einen empfindlichen Magen hat, sollte zumindest anfänglich auf **Eiswürfel** verzichten, da man nie wissen kann, unter welchen Umständen das Wasser gefroren wurde.

Tagsüber möglichst keinen **Alkohol** trinken; das sagt sich leicht, nicht wahr? Speziell, wenn man in einer *All-Inclusive*-Anlage wohnt. Gleichwohl: Durch Alkohol wird die Blutzirkulation angeregt und man schwitzt noch mehr. Außerdem wird z.B. Bier eiskalt serviert, teilweise ist es sogar noch gefroren, man würde seinem Magen nur einen Kälteschock versetzen; die unangenehmen Folgen: Schweißausbruch und eventuell Bauchschmerzen.

Kein **Leitungswasser** trinken, auch nicht zum Zähneputzen, zumindest in den kleineren Hotels. In den größeren Hotels stehen meist Behälter mit extra behandeltem Wasser bereit, aus denen unbedenklich getrunken werden kann. Ansonsten lieber Mineralwasser kaufen *(Soda)*, das es in jedem Laden gibt.

An **Obst** nur frisch geschälte Früchte wie Bananen, Orangen, Ananas essen. Hier gilt die uralte Regel: *Boil it, cook it, peal it or forget it.*

Hände weg auch von **Salaten,** zumindest in einfacheren Restaurants. Man weiß nie, unter welchen Umständen der Salat gewaschen und wie lange er gelagert wurde.

Alle Speisen stark nachsalzen, um den **Salzverlust,** der durch das ständige Schwitzen auftritt, auszugleichen.

Vorsicht auch bei **Fisch!** Speziell in den Garküchen wird der Fisch morgens gebraten, liegt dann den Tag über zum Verkauf bereit und wird mittags noch einmal kurz angewärmt. In der Hitze zersetzt sich das Eiweiß äußerst schnell.

Warnung: In der Zeit von April bis September sollte auf den Verzehr von Fisch verzichtet werden sollte. In dieser Zeit kann es nach dem Verzehr zu schweren **Vergiftungen** mit Krämpfen, Lähmungen, Sehstörungen und Durchfall kommen. Oftmals sind auch die Empfindungen für warm und kalt umgedreht. In einigen Fällen kann diese Vergiftung sogar tödlich verlaufen. Hervorgerufen wird die Vergiftung durch einen Stoff namens Ciguatoxin. Man nimmt an, dass die Fische das Toxin durch giftige Algen über die Nahrungsmittelkette aufnehmen. Bei dem Fisch verursacht die Vergiftung keinerlei Veränderung.

Äußersten Respekt vor der **tropischen Sonne!** Unverantwortlicher Leichtsinn wäre es, sich gleich am ersten Tag stundenlang an den Strand zu legen. Die Sonne brennt derart vom Himmel, dass man sich bereits im Schatten einen Sonnenbrand holen kann. Unbedingt Sonnencreme mit einem hohen Schutzfaktor benutzen! Vorsicht auch beim Schnorcheln und Surfen, denn dabei setzt man sich oftmals stundenlang der Sonne aus, spürt aber durch das Wasser oder den kühlen Wind nicht die Wirkung. Ein T-Shirt sollte deshalb beim Schnorcheln obligatorisch sein. Eine Kopfbedeckung ist ebenfalls wichtig, wenn man sich längere Zeit der prallen Sonne aussetzt (z.B. Fahrt auf einem offenen Pick-up) sogar dringend notwendig. Eine Sonnenbrille wird wohl jeder mitnehmen, man sollte aber darauf achten, dass die Brille auch die schädlichen UV-Strahlen herausfiltert.

Die mit **Aircondition oder Ventilatoren** ausgestatteten Räume und Busse wirken für den ersten Moment äußerst angenehm, können jedoch, wenn man sich längere Zeit dort aufhält, zu einer Unterkühlung führen. Die Folgen sind die typischen Erkältungssymptome wie Gliederschmerzen, Fieber, Schnupfen etc. Deshalb Vorsicht beim Schlafen in einem Raum mit eingeschalteter Aircondition. Lieber auf niedrigste Stufe stellen, wenn überhaupt. Auf Busfahrten immer eine Jacke oder ein Sweatshirt und Halstuch parat haben, um sich vor der Zugluft zu schützen. Dominikaner lieben Aircondition und stellen sie gerne auf Höchststufe.

Malaria

Ganz wichtig kann eine Malariaprophylaxe sein. Zwar gilt nicht die gesamte Insel als **Malariagebiet,** aber wer will zweifelsfrei die Grenze ziehen? Als offizielles Malariagebiet galten bislang die folgenden Provinzen: Barahona, Dajabón, La Estrelleta, Pedernales und Montecristi, also die westlichen Regionen im Grenz-

> Garküche? Nicht gleich am ersten Tag!

gebiet zu Haiti. Hier besteht ein ganzjähriges Risiko in der gefährlichen Form Malaria tropica.

Ein zeitweiser Schutz wird durch die Einnahme von **Malariatabletten** erreicht. Durch diese Einnahme wird der Choloroquinspiegel im Blut erhöht. Eventuelle Malaria-Erreger, die in den Körper eingedrungen sind, werden somit abgetötet. Die Erreger werden durch die Anopheles Stechmücke auf den Menschen übertragen.

Der beste Malariaschutz ist immer noch, den Stichen vorzubeugen. Moskitos sind nachtaktiv und stechen besonders gerne in der **Dämmerung,** das heißt, gerade zur Zeit des *Sundowners,* so zwischen 18 und 20 Uhr. Zu dieser Zeit möglichst die Fenster und Türen zum Zimmer geschlossen halten, damit keine Moskitos später den Schlaf stören. Die Klimaanlage sollte in der Dämmerzeit auch während der Abwesenheit angeschaltet bleiben, die erzeugte Kühle hält Mücken fern.

Wer ein **Moskitonetz** hat, sollte es beim ersten Mal auf jeden Fall auf Löcher überprüfen.

Wer sich draußen aufhält, kann sich am besten mit **langer Hose und langärmligem Hemd** vor den angriffslustigen Insekten schützen, auch wenn man am liebsten wegen der Wärme und der Stimmung in kurzer Hose und T-Shirt im Schaukelstuhl sitzen möchte.

Eine weitere Möglichkeit ist, unbedeckte Haut mit **Insekten abwehrenden Mitteln** einzureiben.

Hilfreich sind auch sog. **Moskitocoils,** meist in guten Ausrüstungsläden oder in den Colmados vor Ort erhältlich. Die kleinen Spiralen glühen nach dem Anzünden mehrere Stunden und vertreiben durch ihren beißenden Geruch die Peiniger. Ähnlich wirken auch spezielle Kerzen, deren Nachteil jedoch ist, dass man sie nicht unbeaufsichtigt über Nacht brennen lassen sollte, was bei den Moskitocoils möglich ist. Auch elektronische Mückenvertreiber, mittlerweile in

131dr hf

vielen Haushaltswarenläden zu bekommen, leisten gute Dienste.

Sollte man **nach der Rückkehr** erkranken (selbst, wenn es Monate später geschieht), muss man immer eine seltene Tropenkrankheit in Erwägung ziehen und sollte seinen Arzt unbedingt auf die Reise in die Karibik hinweisen.

Information vor der Reise

Eine hervorragende Quelle, sich vor der Reise über die Gesundheitssituation zu informieren, bietet das **Zentrum für Reisemedizin.** Reisende werden hier in Form eines Reise-Gesundheitsbriefes beraten, dieses Schreiben wird jeweils für ein bestimmtes Zielgebiet erstellt und informiert verständlich über mögliche Risiken. Die neuesten Infos über empfohlene Impfungen, über die aktuelle Malariasituation sowie allgemeine Gesundheitstipps werden anschaulich dargeboten. Für diesen umfangreichen Gesundheitsbrief, der sowohl telefonisch als auch schriftlich angefordert werden kann, wird eine Schutzgebühr von 10 Euro berechnet, telefonisch gegen Nennung der Kreditkartendaten.

- **Zentrum für Reisemedizin,** Hansaallee 299, 40549 Düsseldorf, Tel. (0211) 904290, www.crm.de.

164dr hf

Reisekrankenversicherung

Die Kosten für eine Behandlung in der Dominikanischen Republik werden von den gesetzlichen Versicherungen in Deutschland und Österreich nicht übernommen, daher ist der Abschluss einer **Auslandskrankenversicherung unverzichtbar.** Bei Abschluss der Versicherung – die es mit bis zu einem Jahr Gültigkeit gibt – sollte auf einige Punkte geachtet werden. Zunächst sollte ein **Vollschutz ohne Summenbeschränkung** bestehen, im Falle einer schweren Krankheit oder eines Unfalls sollte auch der **Rücktransport** übernommen werden. Wichtig ist, dass im Krankheitsfall der **Versicherungsschutz über die vorher festgelegte Zeit hinaus** automatisch verlängert wird, wenn die Rückreise nicht möglich ist.

Schweizer sollten bei ihrer Krankenversicherungsgesellschaft nachfragen, ob die Auslandsdeckung auch für die Dominikanische Republik inbegriffen ist. Sofern man keine Auslandsdeckung hat, kann man sich kostenlos bei Soliswiss (Gutenbergstr. 6, 3011 Bern, Tel. 031-3810494, www.so liswiss.ch) über mögliche Krankenversicherer informieren.

Zur Erstattung der Kosten benötigt man ausführliche **Quittungen** mit Datum, Namen, Art und Umfang, Kosten und Medikamenten.

Der Abschluss einer **Jahresversicherung** ist in der Regel kostengünstiger als mehrere Einzelversicherungen. Deutlich günstiger ist zumeist auch die **Versicherung als Familie** statt als Einzelpersonen. Hierbei sollte man allerdings die Definition von „Familie" genau prüfen.

Nicht die Sonne unterschätzen!

Ärzte

Auf der Homepage der Deutschen Botschaft, www.santo-domingo.diplo.de, findet sich eine **Liste mit Ärzten und Kliniken** aller Fachrichtungen, auch mit den jeweiligen Fremdsprachen.

In allen halbwegs größeren Orten existiert ein Hospital, das aber oftmals nur eingeschränkten Standard bietet. In touristischen Zentren dagegen arbeiten meist **gut ausgebildete Ärzte** in medizinischen Zentren. Diese Ärzte haben oftmals in den USA studiert und können sprachlich und kulturell auch mit den ausländischen Gästen kommunizieren. Eine **Clínica** ist meist eine private Klinik auf hohem Niveau.

Ein Ausländer wird in aller Regel eine Behandlung **sofort bezahlen** müssen.

Notruf

- **Notrufnummer** (Polizei, Feuerwehr, Notarzt): 911.

Hin- und Rückreise

Zielflughafen

Neben der Frage nach dem Flugpreis und dem Abflugort ist es wichtig, den richtigen Zielflughafen auszusuchen. Wer ein Pauschalangebot bucht, dem wird diese Sorge abgenommen, wer dagegen auf eigene Faust loszieht, sollte sich vorher über das Zielgebiet Gedanken machen. Die folgenden Hinweise gelten deshalb auch hauptsächlich **für Individualreisende,** die keine Hotelunterkunft gebucht haben.

Zurzeit existieren acht internationale Flughäfen, aber nicht alle werden von Europa aus angeflogen:

Punta Cana ist für Individualreisende als Zielflughafen am wenigsten geeignet. Der Flugplatz liegt im äußersten Osten der Insel, und bis in die nächste Stadt, Higüey, sind es immerhin 50 km. In der Nähe von Punta Cana liegen zwar rund 60 erstklassige Hotelanlagen, die aber in der Regel von Individualreisenden nicht angesteuert werden. Wer trotzdem in Punta Cana aussteigen und kein Taxi nehmen möchte, läuft etwa 300 m bis zur Straße. Dort fahren die Busse, die nach Higüey fahren, vorbei. Wer auf eigene Faust eine Bleibe sucht, sollte bis zum Strandabschnitt Cortecito fahren.

☒ Wer früh genug landet,
kann noch am selben Tag in der Karibik baden

Dort bei der weithin bekannten Kneipe *Capitán Cook* liegen das *Cortecito Inn* und in der Nähe zwei weitere Hotels.

Im Flughafen von Punta Cana gibt es Geldwechselmöglichkeiten.

Puerto Plata wird, genau wie Punta Cana, hauptsächlich von Charterflügen angesteuert. Wer in Puerto Plata landet, hat entschieden mehr Möglichkeiten. Der Flugplatz liegt zwischen Puerto Plata und Sosúa, beide Orte sind nicht mehr als 20 km entfernt. Sosúa bietet sich als brauchbarer Einstieg an, der Ort ist vom Flugplatz mit einem Taxi sehr schnell erreicht, und man kann aus einem breiten Hotelangebot wählen. Es gibt dort einige gute Häuser, und man beginnt seine Reise recht entspannt, muss sich nur mit dem nächtlichen Treiben arrangieren können. Wem der Sinn mehr nach einer sportiven Atmosphäre steht, fährt nur ein paar Kilometer weiter nach Cabarete, dort treffen sich nämlich die Surfer.

Puerto Plata bietet nicht allzu viele Unterkünfte und auch der Ort selbst ist eigentlich wenig geeignet für erbauliche Ferien. Besser wohnt man dagegen in Sosúa und vor allem in Cabarete.

Wer in Puerto Plata bei Tageslicht (!) landet und sich noch fit fühlt, kann auch das Taxigeld sparen. Dazu die etwa 400 Meter bis zur Hauptstraße gehen und auf den nächsten Bus warten. Nach rechts gelangt man nach Puerto Plata, nach links Richtung Sosúa und Cabarete. Wer dorthin will, muss also nur einmal die Straße überqueren und dann den nächsten Bus stoppen.

Wer in **Santo Domingo** landet, hat zwei Optionen: die Großstadt Santo Domingo oder auch Boca Chica. Für Boca Chica spricht grundsätzlich der Strand, aber dagegen spricht, dass der Ort einer der Hotspots der Nachtleben-Szene mit Sextourismus ist. Glücklicherweise beschränkt sich diese Szene auf einen kurzen Straßenabschnitt, aber man sollte es schon wissen, bevor man ahnungslos dorthin fährt.

Santo Domingo als Startpunkt kann gewählt werden, wenn man sich ein Hotel in der Zona Colonial nimmt, wobei ich für einen ruhigen karibischen Start immer zu einem guten Hotel raten würde.

El Catey auf Samaná wurde zuletzt nicht mehr angeflogen und der Flugplatz von **La Romana** eignet sich eigentlich nur für Gäste, die es in das kleine Dorf Bayahibe zieht.

Fazit: Punta Cana ist etwas umständlich, Puerto Plata bietet die meisten Möglichkeiten, und bei Santo Domingo als Zielflughafen bietet sich auch Boca Chica als Startpunkt an.

Fluggesellschaften

Direktverbindungen aus dem deutschsprachigen Raum in die Dominikanische Republik bestehen mit *Condor* und *Air Berlin* von mehreren deutschen Flughäfen. Beide fliegen hauptsächlich nach Puerto Plata und Punta Cana. Mit *Edelweiss Air* geht es von Zürich nach Punta Cana und Puerto Plata.

Daneben gibt es **interessante Umsteigeverbindungen** in die Dominikanische Republik mit *Air France* (über Paris), mit *Iberia* (über Madrid), mit *KLM* sowie mit *Continental Airlines* (über New York) und mit *Delta Air Lines* (über Atlanta). Diese können zwar billiger sein als die Nonstop-Flüge, aber man muss hier auch eine längere Flugdauer einkalkulieren. Die Dauer eines Nonstopfluges nach Punta Cana, Puerto Plata und Santo Domingo liegt bei **10 Std. (Hinflug)**

165dr hf

und 9 Std. (Rückflug), mit Zwischenlandung oder Umsteigen in der Regel bei circa zwei oder drei Stunden mehr.

Flugpreise

Je nach Fluggesellschaft, Jahreszeit und Aufenthaltsdauer in der Dominikanischen Republik bekommt man ein Economy-Ticket von Deutschland, Österreich und der Schweiz hin und zurück **ab etwa 700 Euro** (inkl. aller Steuern, Gebühren und Entgelte). **Hauptsaison** ist im Winterhalbjahr, in dem die Preise für Flüge rund um Weihnachten und Neujahr besonders hoch sind und über 1000 Euro betragen können. Am niedrigsten sind die Flugpreise von nach Ostern bis Ende Juni.

Preiswertere Flüge sind mit **Jugend- und Studententickets** (je nach Airline alle jungen Leute bis 29 Jahre und Studenten bis 34 Jahre) möglich. Außerhalb der Hauptsaison gibt es einen Hin- und Rückflug von Frankfurt nach Santo Domingo ab etwa 650 Euro.

Gelegentlich offerieren Fluggesellschaften **befristete Sonderangebote.** Dann kann man z.B. mit *Air France* für ca. 600 Euro von vielen Flughäfen in Deutschland, Österreich und der Schweiz über Paris nach Punta Cana oder Santo Domingo und zurück fliegen.

In Deutschland gibt es von Frankfurt aus die häufigsten und preiswertesten Verbindungen in die Dominikanische Republik. Da kann es sich für Deutsche lohnen, mit einem **Rail-and-Fly-Ticket** per Bahn nach Frankfurt zu reisen (entweder bereits im Flugpreis enthalten oder nur 30 bis 60 Euro extra).

Indirekt sparen kann man als Mitglied eines **Vielflieger-Programms** wie www.skyteam.com (Mitglieder u.a. *Air France, Delta Air Lines*), www.star-alliance.com (Mitglieder u.a. *Lufthansa, Swiss*) sowie www.oneworld.com (Mitglied u.a. *Iberia*). Die Mitgliedschaft ist kostenlos, und mit jedem Flug werden Meilen gesammelt, die dann vielleicht schon im nächsten Urlaub für einen Freiflug bei einer der Partnergesellschaften reichen. Für die Einlösung eines Gratisfluges ist allerdings langfristige Vorausplanung nötig.

Buchung

Für die Tickets der Linienfluggesellschaften kann man bei folgendem zuverlässigen Reisebüro meistens günstigere Preise als bei vielen anderen finden:

- **Jet-Travel,** In der Flent 7, 53773 Hennef, Tel. 02242/868606, www.jet-travel.de. Buchungsanfragen oder Onlinebuchungen auf der Homepage unter der Auswahl „Flüge".

Last-Minute

Wer sich erst im letzten Augenblick für eine Reise in die Dominikanische Republik entscheidet oder gern pokert, kann Ausschau nach Last-Minute-Flügen halten, die von einigen Airlines mit deutlicher Ermäßigung **ab etwa 14 Tage vor Abflug** angeboten werden, wenn noch Plätze zu füllen sind. In letzter Zeit wurde das Flug-Angebot etwas ausgedünnt. Da die einzelnen Airlines weniger Flüge im Programm haben, gibt es auch weniger Last-Minute-Flüge.

202dr hf

Diese Last-Minute-Flüge lassen sich nur bei Spezialisten buchen:

- **L'Tur,** www.ltur.com, Tel. 00800 21212100 europaweit.
- **Lastminute,** www.lastminute.de, (D-)Tel. 089-17923040.
- **5 vor Flug,** www.5vorflug.de, (D-)Tel. 089-710454109, (A-)Tel. 0820 203 085.
- **Holiday Check,** www.holidaycheck.at.

Weiterreise im Land

Der Flug selbst dauert rund zehn Stunden, und die Maschine landet meist am späten Nachmittag dominikanischer Zeit. Allerdings gab es zuletzt auch Flüge, bei denen man erst sehr viel später landete. Wer in Punta Cana sein Hotel gebucht hat, kann sich freuen, denn spätestens zwei Stunden nach der Landung kann der Urlauber schon in karibischen Fluten baden. Da vergisst jeder sofort das frühe Aufstehen und die Strapazen des Fluges. Später macht sich dann doch die Zeitumstellung bemerkbar, die biologische Uhr ist ja fünf bzw. sechs Stunden voraus. Nach zwei Tagen dürfte sich aber jeder akklimatisiert haben.

Landeanflug auf Puerto Plata

Kleines Flug-Know-how

Check-in

Bei den meisten internationalen Flügen muss man **zwei bis drei Stunden vor Abflug** am Schalter der Airline eingecheckt haben. Je nach Fluggesellschaft kann man das in der Regel ab 23 Stunden vor dem Flug vorab zuhause im Internet erledigen und muss am Flughafen nur noch die ausgedruckte Boardkarte mit Barcode nach unten auf den Scanner legen und sein Gepäck an dem entsprechenden Schalter abgeben. Reist man nur mit Handgepäck, kann man je nach Fluggesellschaft nach einer kurzen Prüfung gleich durch die Schranke in den Boardingraum.

Das Gepäck

Beim Packen des **Handgepäcks** sollte man darauf achten, dass man Getränke oder vergleichbare Substanzen (Gel, Parfüm, Shampoo, Creme, Zahnpasta, Suppe, Lotion, Rasierschaum, Aerosole etc.) nur in geringen Mengen bis zu jeweils 100 ml mit ins Flugzeug nehmen darf. Diese Substanzen muss man **separat** in einem durchsichtigen Plastikbeutel (z. B. Gefrierbeutel) transportieren, den man beim Durchleuchten in eine der bereit stehenden Schalen auf das Fließband legen sollte. Auch das Notebook oder Smartphone muss in eine solche Schale gelegt werden. Hat man einen Gürtel mit einer Schnalle aus Metall, empfiehlt es sich, diesen auszuziehen und ebenfalls in die Schale zu legen, da sonst in der Regel der Metalldetektor anschlägt und man vom Flughafenpersonal abgetastet werden muss.

Aus Sicherheitsgründen dürfen **Nagelfeilen** sowie **Messer** und **Scheren** aller Art, also auch **Taschenmesser,** nicht im Handgepäck untergebracht werden. Diese sollte man unbedingt daheim lassen oder im aufzugebenden Gepäck verstauen, sonst werden diese Gegenstände bei der Sicherheitskontrolle einfach weggeworfen. Darüber hinaus gilt, dass leicht entzündliche Gase in Sprühdosen (Schuhspray, Campinggas, Feuerzeugfüllung), Benzinfeuerzeuge und Feuerwerkskörper etc. nicht im Koffer oder dem Handgepäck transportiert werden dürfen.

Von einen Verschließen des Gepäcks mittels eines Vorhängeschlosses wird abgeraten, da das Gepäck bei Auffälligkeiten beim Durchleuchten vom Flughafenpersonal durchsucht werden können muss.

Informationen

Botschaften

Adressen siehe Kapitel „Diplomatische Vertretungen".

Fremdenverkehrsamt

Infos und Prospekte verschickt:

- **Dominikanisches Fremdenverkehrsamt,** Kaiserstr. 13, 60311 Frankfurt/M., Tel. (069) 9139 7878, Fax 283430, www.godominicanrepublic.com.

Internet

- **www.dominican-rep.com** (Tipps zu den Regionen, Englisch)
- **www.hispaniola.com** (sehr viele konkrete Reisetipps, Englisch)

- **www.popreport.com** (Infos zu Puerto Plata und zur Nordküste, Englisch)
- **www.dominicana.com.do** (allgemeine Infos zum Land, Deutsch)
- **www.the-samana-page.com** (informative Seiten über Samaná mit vielen Tipps, Deutsch)
- **www.infolasgaleras.com** (praktische Tipps zu diesem kleinen Samaná-Ort, Englisch)
- **www.domrep-magazin.de** (liefert interessante Nachrichten von der Karibikinsel, Deutsch)
- **www.activecabarete.com** (Tipps zum Ort, u.a. auch zu Hotels, Kneipen und Ausflügen, Englisch)

Mit Kindern unterwegs

„Niklas ist unser Türöffner", so fasste ein österreichisches Ehepaar die Erfahrungen beim Reisen mit einem Kind zusammen. Und in der Tat zeigt sich dies bereits in Kleinigkeiten, beispielsweise beim Tanken an einer Tankstelle. Sobald die Angestellten den kleinen Niklas entdeckten, rückte der in den Mittelpunkt der **kinderlieben Dominikaner,** der kleine „Gringo" war etwas Besonderes. „Cómo te llamas?" „Wie heißt du?", eröffnet immer das Gespräch, das naturgemäß sehr einseitig verläuft. Gleichwohl spüren die Eltern die Herzlichkeit, und der Kleine sowieso.

Zumindest die großen **Hotels** stellen sich auch bereits auf kleine Kinder ein. Ein zusätzliches Bett wird ins Zimmer gestellt, und im Speisesaal sind die Kinder sowieso Könige. Kaum eine Kellnerin, die die Kinder nicht nach Strich und Faden verwöhnt.

In den meisten Hotels zahlen die Eltern für Kinder bis 12 Jahren 30–50 % des **Zimmerpreises,** aber das muss vorher im Reisebüro geklärt werden. Ebenso die Frage, ob ein Hochstuhl oder ein zusätzliches Bett zur Verfügung steht.

Kinder unter zwei Jahren und solche, die keinen eigenen Sitzplatz im **Flugzeug** beanspruchen, fliegen zum Nulltarif oder zu knapp 10 % des Reisepreises. Die zehn Flugstunden wollen erstmal überbrückt werden, unumgänglich sind deshalb genügend Spiele, und natürlich darf auch der Lieblingsteddy nicht vergessen werden. Die Fluggesellschaften bemühen sich aber auch um Familien mit Kindern, bieten ihnen besondere Plätze an, nämlich vorne in der ersten Reihe. Außerdem zaubern sie meist noch eine kleine Überraschungstasche mit Spielzeug oder Malheften hervor.

Vor der Reise ist ein Besuch beim Kinderarzt besonders wichtig, auf die bevorstehende Karibikreise sollte dabei hingewiesen werden. Unterschätzen sollte man auch nicht die möglichen **Umstellungsschwierigkeiten,** denn Hitze, permanenter Sonnenschein und die ungewohnte Umgebung können auch den Kindern zu schaffen machen. Viele Eltern testen deshalb erstmal, ob ihr Kind eine fremde Umgebung überhaupt annimmt, fahren beispielsweise für ein verlängertes Wochenende oder Kurzurlaub an einen nicht ganz so weit entfernten Strand. Wenn das Kind sich in der Fremde unwohl fühlt, dürfte auch für die Eltern sehr schnell die Urlaubsstimmung dahin sein.

Am Zielort angekommen, finden Kinder meist schnell zueinander. Unabdingbar ist aber ein **Sonnenschutz,** die Karibiksonne brennt erbarmungslos. Bei

Kindern ist ausreichende **Flüssigkeitszufuhr** besonders wichtig, deshalb beispielsweise eine Fahrradflasche mitnehmen.

Einen **Buggy** kann man am Strand kaum benutzen, in den meisten Städten ebenfalls nicht. Hohe Bordsteinkanten, holprige Straßen und Schlaglöcher machen den Spaziergang zum Hindernislauf. Besser ist hier eine stabile **Rückentrage.**

Als Zielgebiete eignen sich eher ausgedehnte, ruhige Strandzonen als ein Strand in der Nähe eines Ortes. Dort, also in Boca Chica, Sosúa und Cabarete herrscht einfach ein zu quirliges Treiben. Ruhige Strandzonen dagegen finden sich in Punta Cana, Las Terrenas, speziell Playa Bonita, in Maimón, Cofresí, Luperón und Playa Grande.

Motorradfahren

Sind es Tausende? Oder gar Zehntausende? Das weiß wohl wirklich niemand so genau. Gleichwohl, kein Ort, kein Dorf, kein Weg, auf dem nicht irgendwann einmal ein Moped oder, seltener, ein größeres Motorrad entlangknattert. An allen Kreuzungen stehen sie: junge Burschen mit relativ kleinen Maschinen, die auf Kundschaft warten. **Motoconchos** werden sie genannt, **Moped-Taxis.** Sie bringen jeden Fahrgast über eine mittlere Distanz ans Ziel, egal wohin, jedenfalls beinahe. Wenn's sein muss, steigt auch gleich eine ganze Familie auf den Sozius.

So mancher Dominikaner **fährt auch privat Motorrad,** obwohl japanische Kleinwagen mit einer multi-mega-großen und vor allem multi-mega-lauten Musikanlage viel beliebter sind. Aber ein eigenes Moped ist ja auch schon was,

Motorradtaxi

167dr hf

und das Fahren unter karibischer Sonne bringt auch Spaß.

In allen touristischen Orten werden **kleine Motorräder vermietet,** viele Touristen nehmen dankend an. Viel mehr als der Führerschein und eine Kreditkarte wird vom Vermieter selten verlangt, alternativ ein hoher Geldbetrag als Sicherheit.

Unter Palmen in Sichtweite zum Meer, vom Fahrtwind gekühlt, der endlich mal die Hitze vergessen lässt, so in etwa das gängige Klischee. Das verlockt zum Fahren ohne Helm, einfach so. Andererseits wird einem nicht viel anderes übrigbleiben, als **ohne spezielle Ausrüstung** zu fahren. Denn eine Lederkombi wird man im ganzen Land nicht bekommen, einen Helm nur mit Glück.

Darüber hinaus darf niemand die veränderte **Verkehrssituation** außen vor lassen. Die Überlandstraßen sind alle in Ordnung, deshalb sind sie auch so stark befahren. Autofahrer und noch stärker Busfahrer werden kaum einen ausreichenden Sicherheitsabstand halten, hier gilt das Recht des Stärkeren. Im Gegenteil, meist wird der Mopedfahrer kurz angehupt und damit aufgefordert, etwas Platz zu machen, quasi zur Seite zu rücken. Motoconchofahrer schaffen das auch locker, legen einen leichten Schlenker hin, auch da, wo eigentlich gar kein Platz mehr nach rechts ist, die Autos brausen vorbei. Daran muss man sich erst gewöhnen. Genauso, dass zumindest in den Dörfern ständig Tiere über die Straße laufen. Erfahrene Biker schwören, dass Ziegen am intelligentesten seien und am ehesten ausweichen.

Gute Strecken führen in die Bergwelt der Cordillera Central nach Jarabacoa und Constanza. Ebenfalls ein herrliches Gebiet ist die Halbinsel Samaná. Dort gibt es genügend einsame Pisten und Wege, selten führen sie weit vom Meer weg, genügend Stopps zum Baden bieten sich förmlich an.

Sollte es doch mal eine **Reifenpanne** geben, hilft der *Gomero,* der Reifenflicker, den es in beinahe jedem Dorf gibt.

Seine Maschine sollte niemand unbeaufsichtigt lassen, es kursieren die abenteuerlichsten Geschichten über durch Zweitschlüssel **verschwundene Bikes** und späteres Abkassieren der hinterlegten Kaution für den „Diebstahl". Mit Sicherheit sind diese Erzählungen weit übertrieben, aber gleichwohl kann ein Blick auf das Moped selbst beim Baden ja nicht schaden. Ärgerlicher bei einem Diebstahl ist, dass die lokale Versicherung meist nicht den Verlust übernimmt. Meist steht deshalb im Mietvertrag, dass der Mieter den Wert des Motorrades ersetzen muss, was schnell bis zu 3000 US-Dollar sein können.

Nachts sollte schon gar niemand fahren. Ab 19 Uhr ist es stockdunkel, Straßenlampen brennen nur in größeren Städten, sodass Mensch und Tier, unbeleuchtete Fahrzeuge und abgefallene Äste als plötzliches Hindernis überall auftauchen können.

Notfälle

Verlust von Geldkarten

Bei Verlust oder Diebstahl der Kredit- oder Maestro-(EC-)Karte sollte man sie sofort sperren. Für deutsche Karten gibt es die **Sperrnummer 0049-116116,** im

Ausland zusätzlich 0049-3040504050. Für Österreicher und Schweizer gelten folgende Sperrnummern:

- **Maestro/Bankomat,** (A-)Tel. 0043-12048800; (CH-)Tel. 0041-44271 2230, UBS: 0041-800888601, Credit Suisse: 0041-800800488.
- Für **MasterCard, VISA, American Express** und **Diners Club** sollten Österreicher und Schweizer sich vor der Reise die Rufnummer der kartenausstellenden Bank notieren.

Ausweisverlust/dringender Notfall

Wird Pass oder Ausweis gestohlen, muss man dies bei der örtlichen Polizei melden. Außerdem sollte man sich an seine Auslandsvertretung (siehe „Diplomatische Vertretungen") wenden, damit man einen Ersatzausweis zur Rückkehr ausgestellt bekommt. Es kann nicht schaden, sich vorab eine Fotokopie der wichtigsten Papiere zu machen.

Auch in **dringenden Notfällen,** z.B. medizinischer oder rechtlicher Art, Vermisstensuche, Hilfe bei Todesfällen, Häftlingsbetreuung o.Ä. sind die Auslandsvertretungen bemüht zu helfen.

Notruf

- **Notruf** (Polizei, Feuerwehr, Notarzt): **911.**

Öffnungszeiten

Generelle Öffnungszeiten gibt es zwar, aber leichte Abweichungen sind immer möglich.

- **Banken:** Mo–Fr 8.30–15 Uhr, manche Banken sogar bis 19 Uhr, Sa 9–13 Uhr.
- **Geschäfte:** Mo–Sa 9–19 bzw. 20 Uhr.
- **Museen:** Di–Sa 9–17 Uhr, die meisten Museen sind montags zu und haben sonntags veränderte Zeiten.
- Die kleinen **Eckläden,** Colmados, bedienen ihre Kunden in der Regel bis 22 Uhr oder sogar noch darüber hinaus.

Post

Verbindliche Informationen über das Porto können an dieser Stelle leider nicht gegeben werden, da sich die Preise ständig ändern.

Versendete Post benötigt nach Europa etwa 14 Tage. Aber hiervon kann es u. U. ganz erhebliche Abweichungen geben. Der Autor hat sich bislang bei allen Reisen immer selbst eine Postkarte geschickt, sie waren zwischen 5 und 12 Wochen unterwegs, zwei kamen gar nicht an.

Man wird so gut wie nie einen Briefkasten finden, sodass man notgedrungen die Postkarten im **Postamt** *(Correos)* abgegeben muss, oder, falls der Service angeboten wird, im Hotel, in dem man abgestiegen ist. Die Postämter sind teilweise recht schwierig zu finden, da sie nicht besonders auffällig beschildert sind. Hilfreiche Frage: *Dónde está el Correo?* (Wo ist die Post?) Nach eigenen Erfahrungen ist es besser, die Karten direkt am Schalter abzugeben. Zweimal warf ich Karten in den Briefkasten neben dem Eingang der Post in Puerto Plata, und ich vermute, dass sie da wohl heute noch liegen.

Preise und Reisekasse

Der **Flug** ist sicher der größte Posten in der Reisekasse. Wer einen Hin- und Rückflug für 600–700 Euro bekommt, ist gut bedient. Das Angebot an Flügen ist in den letzten Jahren kontinuierlich kleiner geworden, die Maschinen sind dadurch meist voll, sodass sich auch höhere Preise durchsetzen lassen.

Hotels sind für 30 Euro aufwärts zu bekommen, in den touristisch geprägten Orten können die Preise aber auch erheblich darüber liegen. Deswegen lohnt durchaus auch der Blick in einen Reisekatalog, denn dort werden bestimmte Hotels zu anderen Preisen angeboten. Man kann so beispielsweise Flug und Hotel für die ersten Tage pauschal buchen und dann die Insel auf eigene Faust erkunden.

Mietwagen sind nicht ganz billig, auch hier kommt es stark auf die Anbieter und die Mietdauer an. Günstiger reist man per Bus und Guagua, wenngleich natürlich auch etwas unbequemer.

Auch die **Verpflegung** unterwegs sollte kein großes Loch in die Kasse reißen.

Im Folgenden eine Übersicht zum ungefähren (!) Preisniveau:

Allgemeines Preisniveau

- Einen **Flug** sollte man für ca. 750 € bzw. etwa 915 SFr bekommen können.
- **Hotels** für ca. 25–50 US$ lassen sich auch immer finden, billiger ist möglich, aber nicht immer leicht zu finden.
- **Transportkosten:** für 50–130 R.D.$ reist man in einer Guagua, für 200–300 R.D.$ in einem Bus auch über weite Strecken.
- **Mittag- oder Abendessen:** je nach Lokal sind Preise von 150–300 R.D.$ möglich.

Genannte Preise bei Hotels und im Restaurant sind nicht immer der Endpreis, oft kommen noch Steuern hinzu, und zwar 16 % ITBI-Steuern (eine Art Mehrwertsteuer) und 10 % Service-Steuer. Deshalb preist mancher Wirt seine Speisen auch mit dem Zusatz „Impuestos incluidos" (Steuern inbegriffen) auf der Speisekarte an. Falls das nicht der Fall ist, erhöht sich der Rechnungsbetrag um knapp ein Viertel der Summe.

Radfahren

Lange Jahre galt der unausgesprochene Grundsatz: Fahrrad fahren nur die Ärmsten, und das waren überwiegend Haitianer, die das Rad als Fortbewegungsmittel nutzten, weil sie sich nicht einmal den Bus leisten konnten. Dominikaner sah man praktisch nie radeln. Nun aber ändert sich das etwas. Speziell in Santo Domingo und Umgebung fahren am Sonntag kleinere Gruppen auf Rennrädern mit bester Ausrüstung sozusagen aus Spaß an der Freude herum. Noch sind es seltene Anblicke, aber diese Gruppen existieren. Dass ein Dominikaner per Rad zur Arbeit oder zum Einkaufen fährt, kommt nicht vor. Ausländer, die einen reinen Fahrradurlaub machen, sind ebenfalls selten, aber es gibt sie. Kann man in der Karibik Fahrradtouren unternehmen? Im Prinzip ja,

168dr hf

aber ... Für mich überwiegt das „Aber". Warum? Es ist einfach **zu heiß zum Radfahren,** eine Binsenweisheit, natürlich, aber dennoch mehr als richtig.

Wer es dennoch wagen will, sollte noch bedenken, dass die **Straßen** meist zwar in gutem Zustand, allerdings nur für den Autoverkehr gebaut sind. So wird man weder einen Seitenstreifen noch einen Radweg finden. Jedes Auto wird dafür haarscharf an dem Radler vorbeisausen. Keine böse Absicht, sondern nur höchste Überraschung, denn die Fahrer rechnen mit allem Möglichen, aber bestimmt nicht mit einem relativ langsamen Radfahrer.

Die **Erreichbarkeit der Orte** wäre das nächste Problem, denn diese liegen für Radler-Verhältnisse doch recht weit auseinander. Das bedeutet, dass man seinen Wasservorrat gut einteilen und sich auch frühzeitig um eine Übernachtungsmöglichkeit kümmern muss. Die Nacht bricht schnell und früh herein, um 19 Uhr ist es stockfinster. Spätestens dann hat ein Radfahrer nichts mehr auf der Straße zu suchen.

In Cabarete bietet die englische Agentur *Iguana Mama* **geführte Mountainbike-Touren** in das bergige Hinterland an. Jeder Ausflug wird allerspätestens um 13 Uhr beendet; das zeigt den Respekt, den die Veranstalter vor der Sonne haben. Ähnlich müsste auch der auf eigene Faust radelnde Tourist vorgehen.

Noch sind Radfahrer ein seltener Anblick

Das Radfahren im **Norden der Insel** auf der Strecke von Puerto Plata nach Samaná dürfte noch am angenehmsten sein. Immer verläuft die Straße in der Nähe vom Meer, teilweise sogar in Sichtweite, vielfach auch im Schatten von endlosen Kokospalmen, und eine erfrischende Brise weht beinahe beständig.

Im **Nordwesten** Richtung Monte Cristi wird es deutlich trockener, einsamer, heißer. Hier müssten größere Distanzen zwischen den einzelnen Dörfern überbrückt werden, und damit zwischen den Colmados, wo es Wasser zu kaufen gibt; kein guter Tipp also.

Nicht viel besser sieht es im **Südwesten** aus, hier verläuft eine tadellos asphaltierte Straße bis nach Barahona, aber durch kilometerweite Steppe. Ein Dominikaner, mit dem ich diese Strecke einmal befuhr, meinte ganz richtig, die Landschaft mache depressiv. Erst südlich von Barahona könnte es für einen Radler wieder interessanter werden, da sich die Straße nun entlang der Küste schlängelt. Frische Brise, angenehmes Landschaftsbild, aber schweißtreibende Hügel, die es zu überwinden gilt, und verstreute Orte.

Der **Südosten** zwischen der Hauptstadt und Higüey ist eine einzige Rennpiste, hier dürfte dem Radler schnellstens die Lust vergehen.

Alles in allem: Wer partout in der Dominikanischen Republik Fahrradurlaub machen möchte, muss schon ziemlich robust sein, sich auf die tropischen Gegebenheiten einstellen und vor allem mit der Hitze umgehen können. Anke und Willy Reitz sind mehrere tausend Kilometer durch die Dominikanische Republik geradelt und berichten darüber sehr ausführlich auf ihrer Homepage www.weltweit-biken.de.vu.

Reisezeit

Die Karibik ist ein **ganzjähriges Reiseziel,** gleichbleibende 25 bis manchmal 30 Grad Celsius locken uns wenig sonnenverwöhnte Mitteleuropäer.

Früher, so etwa um 1980 herum, kamen hauptsächlich Kanadier und US-Amerikaner. Diese flohen vor der winterlichen Kälte, machten einen kurzen Hopser oder bestenfalls mittellangen Flug und konnten sich die Kälte aus den Knochen schwitzen. Etwa so, wie wir im Winter auf die Kanaren flüchten. Aus dieser Zeit stammt noch die grundsätzliche **Zweiteilung der Reisesaison:** Hauptsaison ist in den Wintermonaten, Nebensaison im Sommer.

Verstärkend kommt noch hinzu, dass in unsere Sommerphase die karibische **Regenzeit** fällt, so etwa von Juni bis Oktober. Zwar bedeutet „Regenzeit" keinesfalls tagelange Schauer bei bedecktem Himmel, aber auf tägliche Regenfälle muss man sich, zumindest an der **Südküste,** schon einstellen. Hingegen beginnt die Regenzeit an der **Nordküste** später, etwa im Oktober, November, sie dauert etwa bis April, Mai. Wenn es dann mal regnet, muss man mit heftigen Schauern rechnen. Dann bleibt nur eins: sich fluchtartig unter das nächste Dach stellen. Es gießt schlicht sintflutartig. Aus schmalen Rinnsalen werden blitzartig reißende Ströme, der Regen trommelt mit einer derartigen Wucht auf die Dächer (vielfach aus Wellblech), dass man kein Wort mehr versteht. Ist es dann vorbei, blitzt die Sonne wieder hervor, das Wasser verdampft, die Menschen wagen sich zögernd wieder he-

132dr hf

raus. Zum Höhepunkt der Regenzeit wird man dieses Schauspiel täglich erleben können, aber zum Glück treten die Schauer auch öfter einmal nachts auf – allerdings ohne Gewähr.

Wer nun das Pech hat, nur in den **Sommerferien** verreisen zu können, muss sich mit der Regenzeit arrangieren. Glücklicherweise gilt diese Zeit ja als Nebensaison und wird entsprechend billiger – könnte man denken. Die Reiseveranstalter sehen das aber etwas anders, setzen wie immer Ferienzeiten als teure Phase an, als Hauptsaison eben. Somit kommt es nicht zur Deckung zwischen karibischer Nebensaison und europäischer. Dem kann nur derjenige entgehen, der direkt bei einem dominikanischen Hotel bucht.

Zusammengefasst kann gesagt werden, dass es während der europäischen Sommermonate nicht ganz so voll ist auf der Insel, dafür aber an der Südküste mit tropischen Schauern gerechnet werden muss. Während der **Wintermonate,** ganz besonders um Weihnachten herum, dürften alle Hotels nahezu ausgebucht sein, die amerikanischen Kurzurlauber sind dann da. In dieser Phase schnellen alle Preise nach oben, im Sommer dagegen wird vieles vor Ort billiger, die Katalogangebote dagegen nicht unbedingt wegen der Sommerferien (siehe oben). In den kälteren Monaten (Januar bis April) liegen die Preise der Reiseveranstalter generell etwas höher als während der wärmeren europäischen Monate.

Im europäischen Winter herrscht Hochsaison an den Stränden

Sicherheit

Nach meinen Erfahrungen ist die Dominikanische Republik kein Land, in dem man ständig Angst um seine Wertsachen haben muss. Natürlich wissen auch dominikanische Diebe, dass Touristen relative Reichtümer besitzen, deshalb gehören **touristische Hochburgen** noch am ehesten zu den Orten, an denen man etwas wachsamer sein muss. Hierzu zählen vor allem Sosúa und Boca Chica, aber auch der Innenstadtbereich von Santo Domingo. Aber man kann es auch nicht verschweigen, Kriminalität ist leider schon vorhanden. Sie richtet sich nicht gezielt gegen Ausländer, auch Dominikaner sind in ihrem Alltag davon betroffen. Erschwerend kommt hinzu, dass gar nicht einmal so wenige Dominikaner **Schusswaffen** tragen und diese auch viel zu oft nutzen. Sollte es also tatsächlich einmal zu einem Überfall kommen, lieber die Wertsachen herausgeben und sich defensiv verhalten. Grundsätzlich sollten Besucher bedenken, dass man als Ausländer auffällt. Deswegen gilt als oberstes Gebot, einem möglichen Dieb zu signalisieren, **dass ein Überfall oder Diebstahl sich nicht lohnt.** Also die Wertgegenstände wie Pass, Kreditkarte, Schmuck lieber im **Hotelsafe** einschließen. Nur wenig Bargeld mitnehmen und die Geldbörse nicht in die Gesäßtasche stecken.

Auch wird der Fotoapparat eben nicht lässig vor den Bauch gehängt, sondern in einer möglichst neutralen **Tasche** transportiert. Diese darf aber auch nicht leichtsinnig über die Schulter gehängt werden; der Riemen sollte immer quer über der Brust verlaufen, die Tasche somit vor dem Oberkörper getragen werden. Noch besser wäre es, wenn sich die Tasche zusätzlich mit einem Hüftgurt befestigen ließe. Damit wird das schnelle Herunterreißen verhindert.

Die Wertsachen, wie Flugticket, Pass, Schecks, gehören an den Körper (oder in den Hotelsafe). Wer dies alles in einem **Brustbeutel** verstauen möchte, sollte sich einen besorgen, der einen so langen Halsriemen hat, dass man den Beutel zusätzlich noch vorne in die Hose stopfen kann. Gut sind auch breite **Hüftgürtel,** in die alles Wichtige hineinkommt und die unter dem Hemd getragen werden. Sehr gut sind auch die kleinen Taschen, die man von innen an den Gürtel hängt. Wichtig ist in jedem Fall, dass die Tasche oder der Brustbeutel aus Baumwolle oder Leinen besteht, damit der Schweiß aufgesogen wird. Brustbeutel aus Kunststoff oder Leder können bei Hitze unangenehm scheuern.

Ein sogenannter **Geldgürtel** bietet zusätzliche Sicherheit. Hier kommen Reservescheine (große Dollarnoten) und die Quittung der Reiseschecks hinein.

Sport und Erholung

Die karibische Sonne lähmt allzu viele Aktivitäten, wenn doch, dann spielten sie sich meistens im, am, auf oder unter dem Wasser ab. Praktisch an jedem touristisch genutzten **Strand** findet man die gleichen sportiven Angebote, soll heißen: Segeltouren, Wasserjet, Crazy-Banana-Touren, Piratenausflüge (mit viel Rum und noch mehr Bier), Fallschirmschleppen, Glasbodenboot. Hierin unterscheiden sich die dominikanischen Strände in nichts von spanischen oder anderen Playas. Für denjenigen, der trotzdem etwas Besonderes sucht, hier ein paar Tipps.

Rundflüge

Es gibt Rundflüge, die von den Flugplätzen Punta Cana oder Puerto Plata starten. Angeboten werden meist **gemischte Trips,** d.h. man fliegt zu einer lokalen Sehenswürdigkeit, besichtigt diese, fährt ein Stückchen mit einem Bus, eine Mahlzeit schließt sich an, und schließlich geht's wieder zurück mit dem Flieger. So wären verschiedene Ziele angesteuert, die beliebtesten sind Touren zu vorgelagerten Inseln wie Isla Saona, aber auch zur „Bacardi-Insel" Cayo Levantado. In Punta Cana kann man nun auch mit einem Hubschrauber die Küste entlang fliegen. Infos in jedem Hotel.

Windsurfen

Wind- und Kitesurfer treffen sich in **Cabarete.** Nur dort weht beständig am Nachmittag ein starker Wind, der die Könner gar nicht mehr vom Brett steigen lässt. Wer sein eigenes nicht mitgebracht hat, kann sich vor Ort ein **Board ausleihen,** direkt am Stand haben etwa ein halbes Dutzend Anbieter ihre Basis aufgeschlagen.

Der deutsche Reiseveranstalter *Sun and Fun* bietet **spezielle Surfreisen nach Cabarete** an.

■ **Sun and Fun,** Franz-Joseph-Str. 43, 80801 München, www.surfreisen.de.

169dr hf

029dr sm

Radfahren

Mountainbike-Touren werden ebenfalls in Cabarete angeboten, aber dies ist wirklich nur etwas für hartgesottene Radler, denn mit der Hitze ist nicht zu spaßen. Der englische Anbieter *Iguana Mama* startet deshalb auch alle Touren am Morgen, und um spätestens 13 Uhr sollen die Ausflüge beendet sein. Mehrere Touren mit unterschiedlichsten Schwierigkeitsgraden stehen auf dem Programm, es geht ins hügelige Hinterland von Cabarete. Ähnliches organisiert Rancho Baiguate in Jarabacoa.

Tauchen

In den meisten Ferienzentren werden **Tauch-Exkursionen** angeboten. Ausrüstung wird gestellt, und Tauchzertifikate werden vorausgesetzt. Einige Anbieter locken mit **Schnupper-Kursen,** die dann im hoteleigenen Swimmingpool abgehalten werden, wobei so mancher da erst auf den Geschmack kommt. Meist kann anschließend ein **PADI-Tauchkurs** absolviert werden, bis hin zum Erwerb des Tauchzertifikats für offene Gewässer.

⌃ Schnorcheln kann man auch ohne Tauchzertifikat

‹ Surfer treffen sich in Cabarete

Bergsteigen

Bergsteigen bringt man wohl am wenigsten mit der Karibik in Verbindung, dabei erhebt sich auf der Insel immerhin der höchste Berg der gesamten Karibik, der Pico Duarte mit 3087 Metern. Wer den **Aufstieg auf eigene Faust** unternehmen will, was durchaus möglich ist, muss die entsprechende Ausrüstung bereits von zu Hause mitbringen. Details dazu sind unter dem Stichwort „Jarabacoa – Besteigung des Pico Duarte“ zu finden. **Organisierte Touren** werden in Jarabacoa u.a. vom Unternehmen *Rancho Baiguate* angeboten.

Reiten

Reitausflüge werden vor allem in Samaná (Las Terrenas), Jarabacoa und Punta Cana angeboten.

Sprache

Doninikanisches Spanisch

Mit Englisch kommt man nicht weit, Deutsch spricht außer in den Hotelhochburgen kein Mensch. Landessprache ist Spanisch (siehe auch die **Sprachhilfe im Anhang** dieses Buchs), aber möglicherweise werden Sie nicht allzu viel verstehen. Die Dominikaner haben eine **ureigene Aussprache** entwickelt, die besonders in abgelegenen Gegenden schwer verständlich ist.

Viele Wörter und Sätze werden **verkürzt und zusammengezogen,** sodass man schon genau hinhören muss.

Ein Beispiel

Va'n p'quito pa' 'tras.
hochspanisch: *Va un poquito para atrás.* (Geh noch ein Stückchen weiter nach hinten.)

Dies ist häufig im Guagua zu hören, wenn der Cobrador Platz für neue Fahrgäste schafft.

Größte Überraschung dürfte aber sein, dass in den südlichen Regionen und um Santo Domingo das **spanische R durch ein L ersetzt** wird! Diese ungewöhnliche Spracherscheinung erschwert das Verständnis anfangs ganz ungemein, muss man sich doch erst in diese Besonderheit einhören.

Gängige Beispiele

Señol für *Señor*
Hato Mayol für *Hato Mayor*
Sul für *Sur*
chofel für *chofer*

In den nördlichen Regionen des Cibao, also dem Gebiet, das wir unter „Cordillera Central“ zusammengefasst haben, erscheint anstelle des spanischen R sogar ein I. So wird aus dem Wort *calor* (Hitze) ein **caloi,** aus *beber* (trinken) wird **bebei.**

Weit verbreitet sind **Diminutive** (Verkleinerungsformen), z.B.:
cafesito (Kaffee, wörtlich: Käffchen)
traguito (Schlückchen)
la morenita (die kleine Braune)

Besonders häufig hört man **ahorita,** was einen leichten Bedeutungsunter-

☒ Was hat er gesagt?

schied zu *ahora* (jetzt) hat. *Ahora* bezeichnet ein Geschehen, das tatsächlich in diesem Moment passiert. *Ahorita* ist nur eine Umschreibung für einen nahen (?) Zeitpunkt, der auch in der Vergangenheit liegen kann, somit ziemlich unbestimmt ist. So erlebte ich einmal folgende Erklärung durch einen Kellner, als ich eine Rechnung bezahlen wollte und der Kellner fragte: „Ahorita o ahora?" Damit wollte er sagen: Bei *ahora* ist es dringend, er kommt sofort, bei *ahorita* erst in fünf Minuten.

Weitere dominikanische Besonderheiten:

Pareja de tres = 33 (Dreierpaar) statt *Treinta y tres.* Dieser Ausdruck wird oft bei Telefonnummern genannt, wenn zwei gleichlautende Zahlen aufeinanderfolgen. Beispiel: 8755 = *ocho, siete, pareja de cinco*

Cheles sind *centavos,* die Cent-Einheit der dominikanischen Währung.

Guachimán = ist ein Wachmann, abgeleitet vom amerikanischen *Watchman*

Boleto = Eintrittskarte oder Fahrkarte, *Billete* wird auch verstanden

Aguanta! = Halt an! Dieser Ausruf vom *Cobrador* gilt dem Fahrer einer Guagua, wenn das Fahrzeug einmal wieder so überfüllt ist, dass der Fahrer nicht erkennen kann, ob noch jemand aussteigen will oder nicht.

la bomba = Tankstelle

Cuarto = Zimmer, *habitación* ist auch geläufig.

Baño steht für WC und nicht nur für Badezimmer, der spanische Ausdruck *Servicios* ist hier nicht so geläufig.

Un palo ist kein Stock, sondern ein Schluck Rum. Es gab sogar einmal eine Marke mit Namen *Palo Viejo,* das zeigt, wie verbreitet der Begriff ist. Deshalb ist es nicht ungewöhnlich, wenn man in einer Bar folgendermaßen eingeladen wird:

010dr sm

Quieres tomar un palo? (Willst du ein Schlückchen?)

Ceniza = eine noch gefrorene Flasche Bier (eigentlich: Asche)

Una fría = so bestellt man ein kaltes Bier.

Solvete = Strohhalm

China = Orange

Medio pollo = (halbes Hühnchen) ist ein kleiner Kaffee mit wenig Milch.

Guapo heißt nicht nur „hübsch", sondern auch „wütend, sauer".

Sprache der Ureinwohner

Trotz der Tatsache, dass die Ureinwohner, die Tainos, bereits nach wenigen Jahren ausgerottet waren, haben sich einige Begriffe ihrer Sprache in den heutigen Sprachgebrauch gerettet.
Hier ein paar Beispiele:
bohío = Hütte
canoa = Kanu
carey = Seeschildkröte
hamaca = Hängematte
huracán = Hurrikan
iguana = Leguan
lambí = Seeschnecke
maíz = Mais
maní = Erdnuss
tabaco = Tabak
tiburón = Hai
yuca = Maniokwurzel

Buchtipp: Mehr zum Thema im Sprachführer **„Spanisch für die Dominikanische Republik – Wort für Wort"** (Band 128) aus der Kauderwelsch-Reihe, erschienen im Reise Know-How Verlag. Ein begleitender AusspracheTrainer auf CD ist erhältlich.

Telefonieren

In die Heimat

Wer in die Heimat telefonieren will, muss folgende **Auslandsvorwahl** wählen:
01149 nach Deutschland,
01141 in die Schweiz,
01143 nach Österreich,
danach die jeweilige Ortsvorwahl ohne die Null.

Früher gab es sie in jeder Stadt, seitdem Handys allgegenwärtig sind, verschwinden sie immer mehr: die Telefonzentralen von Codetel oder Claró. Das Telefonieren aus den Kabinen ist denkbar einfach, denn man wählt einfach direkt die gewünschte Nummer in der Heimat. Die Verbindung kommt nach allen Erfahrungen schnell zustande und ist sehr gut. Nach Beendigung des Gespräches werden die Gebühren bezahlt.

Codetel sowie auch einige ausländische Telefongesellschaften bieten einen Service an, der das gute alte **R-Gespräch** wieder aufleben lässt, „Deutschland direkt" heißt dieser Service. Und so funktioniert es: Zunächst wählt man folgende Nummer: 18007512101. Nach einer Begrüßungsansage wird man aufgefordert, die Nummer des gewünschten Teilnehmers zu wählen. Man wird nun aufgefordert seinen Namen auf Band zu sprechen. Jetzt wird die Verbindung zum gewünschten Gesprächspartner aufgebaut. Ihm wird mitgeteilt, dass es sich um ein R-Gespräch handelt, wer anruft und wie teuer das Gespräch wird. Stimmt der Angerufene dem zu, wird das Gespräch vermittelt. Ein solches R-

Gespräch wird später über die Telefonrechnung abgebucht und kostet 1,47 € pro Minute, sowie einmalig 3,99 € (www.telekom.de/r-gespraech).

Schweizer Bürger können diesen Service auch nutzen, hier lautet die Nummer: 18007514841.

Um in die Dominikanische Republik zu telefonieren, wählt man 00, dann die 1 und danach die zehnstellige Anschlussnummer.

Im Land

Das dominikanische Telefonsystem gehört zum North American Numbering Plan (NANP). Das bedeutet, dass es zehnstellige Nummern hat und die gleiche internationale Vorwahl wie andere amerikanische Staaten (die 1). Bei einem Inlandsgespräch ist immer eine **zehnstellige Nummer** zu wählen. Zusätzlich muss noch die **1** davor gewählt werden, wenn man sich nicht in der selben Ortsgesprächszone aufhält. Das ist nicht so einfach, weil die Zonen groß sein können, für Samaná gibt es beispielsweise nur eine einzige Ortsgesprächszone. Man kann deshalb auch „sicherheitshalber" die 1 davor wählen, weil sonst der Hinweis auf eine falsche Nummer kommt. Im Zweifel beide Varianten ausprobieren.

Codetel ist die Telefongesellschaft der Dominikanischen Republik

014dr sm

Handy

Mit einem **Triband-Handy** kann man auch in der Dominikanischen Republik telefonieren, die europäischen Anbieter haben Roaming-Abkommen mit den dominikanischen Anbietern Claro und Orange. Wegen hoher Gebühren sollte man bei seinem Anbieter nachfragen, welcher der Roamingpartner günstig ist und diesen per **manueller Netzauswahl** voreinstellen. Nicht zu vergessen sind die **passiven Kosten,** wenn man von zu Hause angerufen wird (Mailbox abstellen!). Der Anrufer zahlt nur die Gebühr ins heimische Netz, die teure Rufweiterleitung zahlt der Empfänger.

Preiswerter ist es, sich von vornherein auf das **Versenden von SMS** zu beschränken. Der **Empfang von SMS** ist in der Regel kostenfrei.

Besonders **gewarnt** seien **Nutzer von Smartphones,** denn die Nutzung des Datapacks im Ausland ist mit horrenden Kosten verbunden. Eine einzige e-mail per Smartphone schlägt in einem Nicht-EU-Land leicht mit 60 € zu Buche. Rechnungen mit vierstelligen Summen nach 14 Tagen Urlaub und 20 Mbyte pro Tag sind da keine Ausnahme! Empfehlenswert und preiswert ist **Skype** (zum Telefonieren z.B. in Internet-Cafés mit DSL), oder auch die Nutzung einer kostenlosen **WiFi-Verbindung** im Hotel oder Café zum Surfen mit dem Handy bzw. Tablet.

Falls das Mobiltelefon **SIM-lock-frei** ist (keine Sperrung anderer Provider vorhanden ist) und man viele Telefonate innerhalb der Dominikanischen Republik führen möchte, kann man sich eine örtliche **Prepaid-SIM-Karte** besorgen, z.B. bei www.claro.com.do und www.orange.com.do.

Von einem Handy wählt man nie die 1 vorweg.

204dr hf

Uhrzeit

Es besteht eine **Zeitdifferenz** von minus 6 Stunden während der Sommerzeit, d. h. wenn es bei uns zwölf Uhr mittags ist, zeigt die Uhr in der Dominikanischen Republik sechs Uhr morgens. Während der Winterzeit beträgt die Differenz minus fünf Stunden.

Unterkunft

Hotelbauboom

In den letzten Jahren wurde viel gebaut, es steht zu befürchten, dass ein Ende des Baubooms noch nicht absehbar ist. Vor allem im Osten bei Punta Cana entstehen immer noch neue Hotels, während in anderen Touristen-Orten eher Apartments gebaut werden. Oder es wird im weiteren Umfeld eines touristisch relevanten Ortes gebaut. Aber insgesamt entstehen doch eher Apartment-Anlagen, die an reiche Dominikaner und vor allem an US-Amerikaner verkauft werden sollen, was mal mehr, mal weniger gut klappt.

So geht's auch: direkte Kommunikation

Zu finden sind alle möglichen **Kategorien von Hotels,** sogar der pure Luxus (im *Casa de Campo* mit Suiten, die um 700 US$ pro Tag kosten). Das sind aber schon Ausnahmen, wenngleich in den letzten Jahren etliche Häuser gebaut wurden, die erstklassigen Ansprüchen genügen. Glücklicherweise findet man nur in Santo Domingo Hochhausriesen von 15 bis 20 Etagen, an den Küsten wurde darauf verzichtet.

Hotelanlagen an den Küsten

Die Hotelanlagen an den Küsten zeichnen sich generell dadurch aus, dass sie **sehr große Flächen einnehmen.** Vorne an der Straße weist oft ein überdimensional großes Eingangstor auf das Hotel hin, das deutet schon die Größe an. Häuser von mehreren hundert Zimmern sind keine Ausnahme, da sie, wie gesagt, nicht in die Höhe gebaut wurden, ging man zwangsläufig in die Breite. Und so entstanden riesige Anlagen, in nicht wenigen pendeln eigene kleine Busse, die die Gäste zum Strand bringen.

Die allermeisten Hotelanlagen haben im Laufe der Zeit auf das **All-Inclusive-System** umgestellt. Einmal zahlen, immer genießen, die Brieftasche kann zu Hause bleiben. Als Erkennungszeichen dient ein farbiges Armbändchen, am Anreisetag wird es dem Urlauber umgebunden und erst am Abreisetag entfernt. Ohne diese „Hundemarke" bekommt der Gast nicht mal eine Cola an der Bar. Dieses System wird mittlerweile von vielen mitgemacht, aber nicht ganz unkritisch gesehen. Zum einen verlässt jetzt noch nicht mal der gutwilligste Urlauber sein Refugium – warum auch, denn es

067dr hf

ist ja alles schon bezahlt? Das führte aber schon zu erheblichen Einbußen von Gastronomiebetrieben in der Umgebung der Hotels. Zum anderen ist tatsächlich nicht immer wirklich alles inklusive, wenngleich das Etikett es auch verspricht. Man muss hier wirklich nachfragen und das Kleingedruckte beachten. Denn mal sind nur nationale Getränke inklusive (also Presidente-Bier und Rum, aber kein deutsches oder holländisches Bier und beispielsweise kein Whisky), mal gilt dies nicht mehr nach einer bestimmten Uhrzeit, und wieder ein anderes Mal sind motorisierte Sportveranstaltungen ausgeschlossen. Allerdings sind manche dieser Häuser auch so etwas wie Stundenhotels, in denen Dominikaner mit ihren Freundinnen für ein paar Stunden verschwinden.

Hotels in touristischen Orten

Speziell in den letzten Jahren hat hier schon eine deutliche Verschiebung stattgefunden. Drei-Sterne-Hotels mit All-Inclusive-Service sind so gut wie kom-

⌃ Ein kleines, gemütliches Hotel – das Coyamar an der Playa Bonita auf der Halbinsel Samaná

⌃ Das charmante Hotel Secret Garden in Cabarete

plett verschwunden. Wo das A.I.-System angeboten wird, handelt es sich in aller Regel um gute bis sehr gute Häuser zu entsprechenden Preisen. Und diese Häuser liegen generell in den touristischen Hochburgen, vorwiegend im Osten um Punta Cana. In anderen Zonen, speziell an der Nordküste, gibt es sie vor allem konzentriert an der Playa Dorada, aber es mussten auch schon einige der eher etwas abgelegeneren Häuser schließen.

Direkt in den touristischen Orten finden sich **auch etliche kleinere Hotels,** die Zimmerzahl liegt in der Regel bei deutlich unter hundert Räumen. Von diesen Häusern werden nur einige wenige über Reisekataloge in Europa angeboten. Meist sind es **Familienbetriebe,** der Service ist entsprechend persönlich.

Einfache Hotels in jedem Ort

Und dann gibt es noch die preiswerten, einfachen Häuser, sie sind beinahe in jedem Ort zu finden. Sie werden so gut wie immer **von Dominikanern geführt,** sind teilweise alteingesessene Familienbetriebe und meist im Ortszentrum zu finden. Mitunter macht sich der **Stromausfall** negativ bemerkbar. Entweder haben diese Häuser keinen Generator, oder dieser steht direkt vor dem Fenster, sodass man durch den Lärm kein Auge zumacht. Wer sich also das Zimmer vorher anschaut, sollte auch immer nach dem Generator („la planta") fragen.

Wasserknappheit kommt leider auch immer wieder mal vor, wenngleich dies meist nicht allzu lange andauert.

170dr hf

038dr sm

Eines der größeren Hotels

Apartments

In einigen touristisch besonders frequentierten Orten können auch Apartments, oft **Condominios** genannt, oder abgekürzt: *Condos,* gemietet werden. Meist sind es hervorragend eingerichtete Wohnungen mit Essecke, Küche, Wohntrakt und nicht selten mit mehreren Schlafzimmern. Diese Art von Unterkünften wurde in den letzten Jahren verstärkt gebaut, auch in touristisch wichtigen Orten wie Las Terrenas oder Juan Dolio.

Verteilung der Unterkünfte über das Land

Ganz anders zeigt sich die Situation im beliebten **Punta Cana** an der Ostspitze. Dort findet der Urlauber ein wahres Strandparadies, 30 km heller, weicher Sandstrand, beständig von Palmen begrenzt und von etwa 50 bis 60 großen Hotelkomplexen unterbrochen. Jede dieser Anlagen, sei es *Riu*, *Bávaro* oder *Iberostar,* ist hervorragend ausgestattet, mit eigener Infrastruktur, in der es an nichts mangelt. Diese Hotelanlagen sind allerdings auch abgeschottet und werden streng bewacht, Außenstehende kommen nicht hinein. Die meisten Urlauber verlassen auch umgekehrt gar nicht erst ihr Gebiet. Immerhin wird ihnen alles Mögliche geboten, und außerdem liegt der nächste erreichbare Ort 50 km entfernt, das bedeutet eine einstündige Busfahrt, denn schneller geht's nicht.

Hier boomt der Tourismussektor weiterhin, entstehen nach wie vor neue Anlagen, allerdings gibt es nur sehr **wenige Häuser für Individualreisende.**

In anderen Orten mussten selbst große A.I.-Anlagen schließen, kleinere Drei-Sterne-Hotels verschwanden ebenfalls. Gehalten haben sich kleinere und mittlere Häuser, die nicht selten inhabergeführt sind. So findet man in den touristischen Hochburgen wie Cabarete, Sosúa, auf Samaná, in Jarabacoa, und Bayahibe und auch in Santo Domingo genügend Unterkünfte.

Während es in einem so abgeschiedenen Ort wie Barahona eine erstaunliche Vielzahl von Häusern gibt, fällt die Auswahl in anderen Orten (Monte Cristi) magerer aus. Boca Chica, Santo Domingo, Puerto Plata und vor allem Samaná bieten dagegen ein breites Angebot, das von preiswert bis Luxus reicht.

Preise

Das **Preisniveau** ist natürlich auch höchst unterschiedlich. Auffällig ist, dass die Hotels in den weniger besuchten Gegenden, wie z.B. in Barahona, auf einem deutlich niedrigeren Preisniveau liegen. Die Preise der besseren Hotels liegen dagegen oftmals deutlich über 100 US$!

Während der Wintermonate, wenn die Kanadier und Amerikaner kommen, schnellen in vielen Hotels die Preise massiv nach oben. Die **Wintersaison** mit höheren Preisen dauert etwa von November bis April (siehe auch Stichwort „Reisezeit").

Alle Hotels müssen zu dem Grundpreis noch **Steuern** hinzurechnen. So erfährt man in manchen Häusern nur den relativ günstigen Grundpreis, in anderen Hotels bereits den Endpreis. Da die Steuer insgesamt 26 % ausmacht, ist es schon wichtig zu fragen: „Tax incluido?" (Steuern eingeschlossen?). Die Steuer schlüsselt sich wie folgt auf: 10 % Bedienungssteuer und 16 % ITBI, eine Art Mehrwertsteuer.

Preiskategorien im Buch

In diesem Buch werden die Unterkünfte in die folgenden vier Preisklassen eingeteilt:

- bis 25 US$: ①
- 25–50 US$: ②
- 50–80 US$: ③
- über 80 US$: ④

Die Basis sind immer die **Preise für ein Doppelzimmer.** Allerdings können zu bestimmten Zeiten die Preise steigen, teilweise sogar ganz erheblich. Gerade für Individualreisende lohnt ein Blick ins **Internet,** manche Hotelkette bietet erstaunlich günstige Zimmertarife bei einer Online-Buchung. Das kann auch noch vereinzelt am Vortag aus einem Internet-Café geschehen.

171dr hf

Verhaltenstipps

Sonne

Äußersten Respekt vor der karibischen Sonne. Eigentlich weiß das jeder, aber immer wieder kommt es zu den gleichen Szenen: Weißhäutige Urlauber, die erst zwei Tage im Land sind, legen sich stundenlang in die Sonne. Das Ergebnis ist bekannt: Knallrot wie ein Hummer tauchen sie abends wieder auf. Und das wäre noch das Harmloseste. Nicht wenige übertreiben es derart, dass sich regelrechte Brandblasen auf der Haut bilden oder sie sogar einen Kreislaufkollaps erleiden. Auch wenn viele nicht drauf hören: nur in den Schatten legen, unbedingt eincremen und eine Kopfbedeckung tragen.

Eine Mütze sollte man übrigens ständig tragen, auch beim Stadtbummel. Die Hitze ist für die Urlauber, die aus gemäßigten oder gar kalten Zonen kommen, meist zuviel. Einen Sonnenstich hat man sich schnell eingefangen, besonders, wenn man es eigentlich gar nicht erwartet, wie beispielsweise bei einer Segeltour. Die Brise kühlt ja schön, aber die Sonne brennt unvermindert ...

⌃ In All-Inclusive-Hotels gibt es den ganzen Tag Programm für die Gäste

Kleidung

Am Strand und in der Hotelanlage sind Shorts und Tops angebracht, bei einem Stadtbummel nicht. Dominikaner wird man so gut wie nie derart gekleidet in den Städten sehen, der Tourist sollte sich da entsprechend verhalten. Eine Kirche darf niemals in allzu luftiger Kleidung betreten werden, das verbietet ganz einfach der Respekt, und am Panteón Nacional in Santo Domingo wird man vom wachhabenden Soldaten garantiert abgewiesen werden.

Fotografieren

Die Dominikaner lassen sich sehr gerne fotografieren, aber es ist eine Frage der Höflichkeit und des Respekts, sich vorher die Erlaubnis einzuholen. Ein fragender Blick auf die Kamera oder einfach „Puedo?“ (Darf ich?), das kann jeder lernen. Und wenn man danach aufgefordert wird, einen Abzug zu schicken, so ist es auch eine Frage der Höflichkeit, der Bitte nachzukommen.

Fliegender Händler

Überall an den Stränden kommen fliegende Händler vorbei, bieten alles Mögliche an, Uhren, Ketten, Drinks, Kokosnüsse, Massagen usw. Wer nichts möchte, muss ablehnen, und zwar deutlich, aber nicht unhöflich. Die Händler wollen natürlich ihr Geschäft machen, verdienen sich auf diese Weise ihr Geld. Sie kommen ja nicht, um die Touristen zu ärgern, zu nerven. Wer hier nur zögerlich abwinkt oder sich gar zunächst lange die Waren anschaut, darf sich nicht wundern, wenn der Händler nachsetzt. Übrigens, an manchen Hotelanlagen ist den Händlern der Zutritt zum Strand verboten, so in Punta Cana, zumindest am Strand vor den Hotels.

Taxi

Preise für Überlandfahrten in einem Taxi sind festgelegt und werden auch öffentlich ausgehängt. Trotzdem bleibt meist ein Spielraum zum Handeln, aber nie vergessen, dass auch hier eine Leistung ihren Preis hat. Ein Taxifahrer merkt sehr schnell, ob echtes Interesse besteht oder nicht. Wer handelt, muss seinem Gegenüber die Chance geben, sein Gesicht zu wahren und ihn „begründen“ lassen, warum der Preis heute und auch nur für einen selbst und niemanden sonst sinkt ...

Guagua

Wer in einer Guagua fährt, muss Kleingeld dabeihaben. Sobald der Wagen voll ist, geht's los, aber manchmal auch schon früher. Dann fahren die Jungs betont langsam. Und irgendwann wird der Kassierer das Fahrgeld einfordern. Dazu spricht er der Reihe nach jeden Fahrgast an. Man reicht einen Schein nach vorne, der wandert durch alle Reihen und landet vorne beim Kassierer. Sitzt ein Gringo dazwischen, muss er natürlich mitmachen. Außerdem dauert es manchmal, bis der Kassierer endlich wechseln kann. Der an Effizienz gewöhnte Ausländer wird dann schnell misstrauisch, glaubt (nach einiger Zeit), dass man ihn wieder mal übers Ohr hauen will. Aber meist kommt das Wechselgeld dann doch zurückgewandert. Und wenn mal nicht? Einfach beim Aussteigen den Kassierer daran erinnern, also die Hand aufhalten, kurz antippen und nur sagen: *el cambio,* das Wechselgeld. Das reicht meist. Und sollte es doch ein Versuch gewesen sein, ausgerechnet den Ausländer zu beschummeln, dann zeigt der sich souverän.

Verkehrsmittel

Busse

Hauptverkehrsmittel ist der Bus. Nahezu jeder Ort wird wenigstens einmal pro Tag angesteuert, meist sogar mehrfach. Es gibt allerdings einige Unterschiede in den einzelnen Busarten.

173dr hf

Sehr gute Fahrzeuge hat die **Gesellschaft Metro Bus.** Sie sind mit funktionierender Aircondition und teilweise getönten Scheiben ausgestattet, und meist ist sogar ein Steward an Bord. Leider verkehrt die Gesellschaft als Linienbus nur auf wenigen Strecken, hauptsächlich pendelt sie zwischen Santo Domingo und Puerto Plata.

Die **Gesellschaft Caribe Tours** fährt insgesamt 40 Ziele an, erreicht praktisch alle wichtigen Orte und hat ähnlich gute Busse wie Metro.

Nicht immer werden die großen Autobusse eingesetzt, sondern speziell am frühen Morgen nur Kleinbusse. Da in diesen Bussen deutlich weniger Passagiere befördert werden können, muss jeder **rechtzeitig am Terminal sein.** Beide Gesellschaften verkaufen nur so viele Tickets, wie Plätze, inklusive Notsitze, vorhanden sind.

Generell stellen die Busfahrer gerne die Klimaanlage derart hoch ein, dass es richtig kalt wird im Bus. Deshalb unbedingt eine Jacke, ein Sweatshirt und auch eine Mütze mit in den Bus nehmen.

Guaguas

Weiterhin verkehren zu buchstäblich allen Orten sogenannte Guaguas der unterschiedlichsten Qualität. Die Bezeichnung „Guagua“ steht für Bus, aber in der Dominikanischen Republik ist hier nur

< Wann kommt der Bus?

> Eine Guagua mit Klimaanlage an Bord

172dr hf

ein **Kleinbus** gemeint. Zumeist handelt es sich um mittelgroße japanische Modelle, die früher beliebten VW-Busse sind fast verschwunden. Diese Busse pendeln zwischen bestimmten Orten und sammeln so viele Leute wie möglich ein. Es wird eng in den Bussen; wer mit Gepäck reist, muss manchmal extra zahlen, da der Rucksack ja einen Sitzplatz belegt.

Der ungekrönte König einer Guagua ist der **Cobrador** (Kassierer). Er animiert die Leute, in „seinen" Bus einzusteigen, organisiert das Be- und Entladen, sammelt das Fahrgeld ein und regelt auch Sonderwünsche (Hol' mir mal eben eine Kokosnuss). Er hängt meist lässig außen an der Schiebetür und ruft das Fahrziel aus oder rudert mit einer Hand kreisförmig. Das zeigt an, dass er geradeaus *(derecho)* fährt.

Hier einige gängige **Preisbeispiele für Guaguas:**

Puerto Plata – Sosúa:	30 R.D.$
Puerto Plata – Cabarete:	50 R.D.$
Boca Chica – Sto. Dom.:	70 R.D.$
Sto. Domingo – Higüey:	250 R.D.$
Punta Cana – Higüey:	120 R.D.$
Sto. Domingo – La Romana:	180 R.D.$
Bayahibe – La Romana:	60 R.D.$
Las Terrenas – Samaná Stadt: (mit Umsteigen in El Limón)	120 R.D.$

In diesem Rahmen bewegen sich die Preise. Selbst lange Fahrten kosten nur etwa 5–8 US$, kurze Strecken sogar weniger als 2 US$.

133dr hf

Meist sind die Leute auch gegenüber Ausländern ehrlich. Wer unsicher ist, frage seinen Nachbarn oder gebe deutlich sichtbar für die anderen das **Fahrgeld** unaufgefordert nach vorne zum Cobrador, der wird dann kaum dem Gringo zuviel abknöpfen. Wer jedoch als Letzter im Bus sitzt, kann schon erleben, dass zuviel verlangt wird. Deshalb sollte man unbedingt bezahlen, wenn noch mehrere Reisende im Bus sind.

Mit einer Guagua ist **jedes Ziel erreichbar,** allerdings muss man oft mehrfach umsteigen. Das ist normalerweise kein Problem, da die nächste Guagua mit Sicherheit schon wartet oder der Fahrer den Reisenden zum Umsteigeplatz bringen wird.

Es gibt erstklassige Guaguas, in denen die Aircondition funktioniert und die im Punkt-zu-Punkt-Verkehr fahren und unterwegs kaum anhalten. Sie sind deshalb etwas teurer. Daneben existieren alle möglichen **Varianten** bis hin zu wahren Schrottkisten, an denen nichts mehr funktioniert und die nur noch der Rost zusammenhält; sie sind aber sehr selten geworden.

⌃ Die Guaguas haben einen Kassierer (Cobrador)

› Passt schon: vier Mann, ein Moped!

Der **beste Platz** in diesen Wagen ist neben dem Fahrer, hat man doch dort die größte Beinfreiheit.

In einigen seltenen Fällen in Santo Domingo muss das Ticket vor Fahrtantritt gekauft werden.

Wenn auch manche Wagen schon in recht desolatem Zustand sind, eins funktioniert meist: das **Autoradio.** Sobald der Wagen sich in Bewegung setzt, wirft der Fahrer eine Kassette ein, und Merenguemusik ertönt. Die Musik wird voll aufgedreht, der halbe Bus singt die Lieder mit. Nach ein paar Tagen werden auch Besucher die Songs von *La Morenita* kennen. Aber auch hier hat es Veränderungen gegeben, längst nicht jeder Fahrer spielt mehr Musik.

Motoconchos

In allen größeren Orten verkehren Motoconchos, das sind **kleine Motorräder oder Mofas.** Die Fahrer befördern bis zu vier Personen (!) auf ihrer Maschine. Für kurze Strecken quer durch die Stadt sind die kleinen, wendigen Mofas ideal.

Motoconchos sind **preiswert,** für die kurzen Distanzen zahlt man kaum mehr als 30 R.D.$.

Die Fahrer sind den ganzen Tag auf der Suche nach Kundschaft auf den Straßen unterwegs, **wenn man mitfahren will,** einfach winken. Wer jetzt vorher den Preis aushandeln will, gibt zu verstehen, dass er keine Ahnung vom Preisniveau hat. Einfach aufsteigen, das Ziel

205dr hf

nennen und am Ende bezahlen. Nachts verdoppelt sich der Tarif!

Fazit: Für eine kurze Strecke kann man wohl mit dem Concho fahren, wenn man dem Fahrer klarmachen kann, dass er langsam fahren möge *(suave oder lento)*, für längere Stecken sollte ein Taxi vorgezogen werden.

In Samaná-Stadt verkehren Motoconchos, die wie eine Art **Rikscha** gebaut sind. Ein überdachter Anhänger wird hinter das Motorrad gehängt, und bis zu sechs Personen finden dort Platz.

Taxis

Natürlich verkehren in jedem erdenklichen Ort auch Taxis. Sie warten an den großen und mittleren Hotels, vor Sehenswürdigkeiten und an wichtigen Plätzen. Andere pendeln ständig durch die Stadt. Es gibt für die meisten Entfernungen **Festpreise,** aber ein gewisser Spielraum zum Handeln bleibt immer. Aber immer vor Antritt der Fahrt nach dem Preis fragen, kaum ein Taxi hat ein Taxameter!

Speziell in den größeren Städten wie Santo Domingo und Santiago verkehren viele Taxen als **Carros Públicos,** die auf

Sehr bequem geht es mit Caribe Tours durchs Land

071dr hf

festen Routen pendeln. Näheres zum Benutzen dieses Transportmittels siehe unter „Santo Domingo, Transport innerhalb der Stadt“.

Fähren

Regelmäßige Fähren verkehren nur zwischen Samaná und Sabana. Dabei handelt es sich um kleine Holzschiffe, die nur Passagiere, im Ausnahmefall mal ein Motorrad, aber leider keine Autos befördern.

Schiffe zu vorgelagerten Inseln wie zur Isla Saona (von La Romana) oder zur Isla Cabritos im Lago Enriquillo verkehren sehr unregelmäßig. Derartige Ausflüge müssen vorher abgeklärt werden, am einfachsten arrangiert man einen Trip über ein Reisebüro, in beinahe jedem größeren Hotel werden diese Touren mittlerweile auch angeboten. Speziell zur Insel Isla Saona fahren täglich wohl mehr als ein Dutzend Boote, entsprechend groß ist das Angebot. Wer will, kann diesen Trip auch auf eigene Faust in Bayahibe organisieren, denn von dort starten auch die organisierten Touren. Bei einem Spaziergang durch das Dorf erhält jeder mehrere Angebote.

Mietwagen

Ein Auto zu mieten ist **teuer,** es kostet etwa 30–50 US$ pro Tag. Als Sicherheit muss ein Blankoabzug einer Kreditkarte oder ein hoher Dollarbetrag hinterlegt werden. Der nationale Führerschein wird akzeptiert. **Autovermieter** befinden sich in allen touristisch frequentierten Orten.

Der **Verkehr** ist auf den Überlandstraßen erträglich, in Santo Domingo dagegen chaotisch! Es ist wirklich nicht empfehlenswert, seine ersten karibischen Fahrversuche ausgerechnet in dieser Millionenstadt zu starten.

Ich habe mich bei der deutschen Botschaft in Santo Domingo erkundigt, was einem Ausländer passieren kann, der in einen **Unfall** verwickelt wird. Zusammengefasst hier die wichtigsten Infos:

Es besteht zwar auch in der Dominikanischen Republik eine gesetzlich vorgeschriebene Haftpflichtversicherung, aber aufgrund mangelnder Kontrolle kann davon ausgegangen werden, dass nur etwa die Hälfte aller Wagen versichert ist. Die Höhe der Haftpflichtversicherung liegt bei 5000 R.D.$ pro Schadensfall. Die Vermieter von Wagen haben meist in ihren Verträgen eine Klausel, dass alle diese Summe übersteigenden Kosten vom Mieter gezahlt werden müssen! Da die Autopreise im Land sehr hoch sind (Insellage), kann es sich hierbei um viele Tausend Euro handeln.

Traveller Police

Die Deckungssumme der Haftpflichtversicherung liegt auf sehr niedrigem Niveau. Wer nun mit seinem Mietwagen einen Unfall verursacht, muss damit rechnen, dass Schadenersatz gefordert wird. Um Forderungen, die die gesetzliche Haftpflichtversicherung übersteigen zu decken, kann man z.B. über seinen Automobilclub die sogenannte Traveller Police abschließen. Die Versicherungsleistungen (hier aus dem Versicherungsvertrag zitiert): „Die Haftpflicht-Versicherung beinhaltet die Deckung von ca.

500.000 € für Personen-, Sach- und Vermögensschäden. Sie tritt bis zu dieser Höhe ein, wenn anlässlich eines Schadenfalles die Haftpflichtdeckungssummen für den Mietwagen im Besucherland erschöpft sind. Voraussetzung ist somit, dass für das gemietete Fahrzeug eine örtliche Kraftfahrzeug-Haftpflichtversicherung als Basisdeckung besteht."

Die Polizei wird erfahrungsgemäß nur bei schweren Unfällen mit Personenschäden zum Unfallort kommen. Eine reguläre Schadensabwicklung ist trotzdem äußerst langwierig und schwierig. Ein Ausländer kann sogar von der Polizei bis zur Klärung der Angelegenheit festgehalten werden. Zitat der Botschaft: „In dominikanischen Gefängnissen herrschen in keiner Weise deutsche Haftbedingungen." Zitatende.

Da Unfallwagen von der Polizei beschlagnahmt und erst nach Klärung wieder freigegeben werden, stellen die Vermieter meist schnell einen Anwalt, der sich sehr für den Mieter einsetzt.

Wir wollen hier niemandem abraten, ein Auto zu mieten. Es bleibt aber festzuhalten, dass auf keinen Fall deutsche Maßstäbe an das Verhalten der Autofahrer und Polizisten gestellt werden dürfen. Größte Zurückhaltung und eine absolut defensive Fahrweise sind notwendig, bis man sich an die **Verkehrssituation** gewöhnt hat (s. „Autofahren").

Es existieren die folgenden **Geschwindigkeitsbegrenzungen:**

- auf den Autopistas, den Schnellstraßen: 80 km/h
- in den Vororten: 60 km/h
- in der Stadt: 40 km/h

Natürlich hält sich kein Mensch daran, aber leider haben die Verkehrspolizisten, speziell jene, die um Santo Domingo anzutreffen sind, die unangenehme Eigenschaft, zielsicher die Gringos herauszupicken. Während manche nur etwas plaudern wollen, erfinden andere abenteuerliche Übertretungen. Hier kann kein allgemeingültiger Rat gegeben werden, man muss die Situation abschätzen. Ungeschriebenes Gesetz: Wer zahlt, darf weiterfahren, wer sich weigert, verliert Stunden.

Wer Santo Domingo in Richtung Süden über die Autopista verlässt oder von Norden in die Stadt fährt, muss nach ein paar Kilometern eine Art Maut bezahlen. Das gilt auch für die Zufahrt zum Flugplatz und für die neue Straße nach Samaná.

Nachts Autofahren

Von Nachtfahrten ist **unbedingt abzuraten!** Es gibt so gut wie keine Straßenbeleuchtung, und andere Fahrzeuge sind ebenfalls schlecht beleuchtet.

Straßen

Die Straßen sind durchweg in Ordnung, nur einige abseitige Strecken sind in katastrophalem **Zustand.** Dazu zählt vor allem die Straße von Sabana nach Miches bzw. von Sabana nach Hato Mayor.

Tanken

Benzin wird nur noch bleifrei angeboten. Der Preis steht nicht für einen Liter, sondern für eine Gallone, was etwa 3,79 Litern entspricht.

Versicherungen

Der Abschluss einer **Auslandskrankenversicherung** wird dringend empfohlen (siehe Kapitel„Gesundheit").

Reiserücktrittskostenversicherung

Eine Reiserücktrittskostenversicherung lohnt sich vor allem, wenn man z.B. eine Pauschalreise oder ein **„preiswertes" Flugticket** mit einer geringen Gültigkeitsdauer oder mit festen Reiseterminen gebucht hat, die nicht mehr geändert werden können. Denn sonst kann der Flugtermin für eine geringe Gebühr innerhalb der Gültigkeitsdauer beliebig oft verschoben werden.

Ob es sich lohnt, die 35–80 € auszugeben, hängt nicht zuletzt von der Höhe der **Stornogebühr** ab, die im Falle des Reiserücktritts fällig würde. Wie hoch die Stornogebühr sein wird und wann sie fällig wird, sollte man bei Buchung der Reise genau klären.

Reisegepäckversicherung

Eine Reisegepäckversicherung kann sich lohnen, aber man sollte aufmerksam die Bedingungen lesen, da die Policen viele Einschränkungen enthalten können: Bei Flugreisen wird verlorenes Gepäck oft nur nach Kilopreis ersetzt. Wurde eine Wertsache im Hotel nicht im Safe aufbewahrt, gibt es bei Diebstahl keinen Ersatz. **Kameraausrüstung und Laptop** dürfen beim Flug nicht als Gepäck aufgegeben worden sein.

Überdies deckt häufig auch die **Hausratsversicherung** schon Einbruch, Raub und Beschädigung von Eigentum auch im Ausland.

Wer bestohlen wurde, muss zur Polizei gehen und ein **Protokoll** aufsetzen lassen. „Quiero denunciar un robo", „Ich möchte einen Diebstahl melden". Ohne dieses Protokoll ist es fast unmöglich, seine Ansprüche geltend zu machen.

Sicherungsschein

Jeder, der eine **Pauschalreise** bucht, hat das Recht darauf, sich zu vergewissern, dass sein Reiseveranstalter gegen eine Insolvenz (Pleite) abgesichert ist.

Eine Pauschalreise ist jede Kombination zweier gleichwertiger Reiseleistungen, also beispielsweise bereits die kombinierte Buchung von Flug und Mietwagen.

Spätestens bei der ersten (An-)Zahlung muss der Veranstalter bzw. das Reisebüro dem Kunden deshalb einen **Sicherungsschein** aushändigen. Wenn ein Veranstalter aus welchen Gründen auch immer diesen Sicherungsschein verweigert, kann man davon ausgehen, dass er gegen eine Pleite nicht versichert ist. Das muss kein Grund sein, die Reise nicht zu buchen, es schließt allerdings das Risiko mit ein, bereits bezahlte Reiseleistungen im Pleitefall nicht zu erhalten – beispielsweise den Rückflug ...

252dr hf

8 Land und Leute

Palmen wachsen fast überall

Das Land im Überblick

Kurze Vorstellung der Regionen

Die Dominikanische Republik ist für die meisten Urlauber ein Ziel, um Strandurlaub zu machen. Tatsächlich findet der Feriengast auch einige ganz vorzügliche Strandabschnitte, die Region um Punta Cana dürfte sogar unter karibischen Maßstäben weit vorne liegen. Aber nur zum „Beachen" in die Karibik fahren? Das wäre doch viel zu schade. Hier eine kurze Übersicht über die Möglichkeiten (vgl. **Regionenübersichtskarte** S. 10).

Santo Domingo

Die älteste noch existierende Stadt Amerikas ist mittlerweile zu einer Millionenstadt angewachsen. Der historische Kern dagegen ist ein architektonisches Kleinod geblieben. Alte spanische Kolonial-

Das Land in Zahlen

- **Offizieller Name:** República Dominicana
- **Staatspräsident:** Danilo Medina Sánchez
- **Fläche:** 48.511 km²
- **Bevölkerung:** ca. 10 Mio., davon 73 % Mestizen, 16 % Weiße, 11 % Schwarze
- **Bevölkerungswachstum:** zuletzt 1,33 %
- **Religion:** 75 % römisch-katholisch, 4 % Protestanten, 1,5 % Adventisten, 1,5 % Zeugen Jehovas, 2 % Sonstige (u.a. jüdischen Glaubens), außerdem sind 16 % ohne Religionszugehörigkeit.
- **Landesfarben:** rot-blau mit weißem Kreuz in der Mitte
- **Hauptstadt:** Santo Domingo (rd. 3 Mio., damit zweitgrößte Stadt der Karibik, nach Havanna auf Kuba)
- **Größere Städte:** Santiago (600.000 Einw.), La Romana (230.000), San Francisco de Macorís (180.000), San Pedro de Macorís (250.000), Puerto Plata (140.000)
- **Größter See:** Lago Enriquillo
- **Höchster Berg:** Pico Duarte (3087 Meter, damit höchster Berg der Karibik)
- **Niedrigster Punkt:** Lago Enriquillo, 44 Meter u. NN
- **Mittlere Temperaturen:** 24–27 °C im Jahresdurchschnitt, Mai–Oktober: 30–35 °C bei hoher Luftfeuchtigkeit, in den Wintermonaten 24–28 °C
- **Niederschläge:** Regenzeit von etwa Mai bis Oktober an der Südküste, im Norden eher ab November
- **Unabhängigkeitstag:** 27. Februar
- **Küstenlinie:** 1288 km
- **Grenze zu Haiti:** 310 km
- **Tourismus:** insgesamt rd. 4 Mio. Auslandsgäste, darunter zuletzt 182.000 Deutsche

bauten, wuchtige Festungsmauern, schicke Museen, eine beeindruckende Kathedrale und Straßenzüge, in denen die Zeit stehengeblieben scheint. Nur wenige Schritte entfernt der Alltag, entlang des Malecón, einer kilometerlangen Ausfallstraße mit Promenade, oder, zur anderen Stadtseite, das quirlige Marktgeschehen rund um die Plaza Enriquillo. Etwas außerhalb der Kolumbus-Leuchtturm, Faro á Colón, ein gigantomanisches Prestige-Bauwerk, das Ex-Präsident *Balaguer* zur 500-Jahr-Feier der Entdeckung Amerikas hochziehen ließ.

Südosten

Hier liegen mit Boca Chica und Juan Dolio zwei der ältesten Strandabschnitte. **Boca Chica** hat sich zu einem Ort gewandelt, in dem viel Trubel herrscht, und nicht wenige Sex-Touristen kommen hierhin. **Juan Dolio,** ein weitläufiges Stranddorf mit nur noch wenigen Hotels. Der Strand ist nicht einheitlich, mal schmal und grau, dann wieder einladend und breiter, er wurde durch Sandaufspülungen künstlich vergrößert. **La Romana,** ein mittelgroßer Ort ohne Sehenswürdigkeiten. **Bayahibe,** ein Dorf mit schöner Strandbucht und überwiegend einfachen Unterkünften sowie einem ca. drei Kilometer entfernten Strandabschnitt mit qualitativ besseren Häusern. Von hier starten täglich Dutzende von Ausflugsbooten zur vorgelagerten **Isla Saona. Higüey,** die letzte große Stadt im Osten mit eigenwilliger Kirche, die auf dem 50-Pesos-Schein abgebildet ist. **Punta Cana** ist das Strandparadies schlechthin: 30 km Strand, rund 50 hervorragender All-Inclusive-Hotels und Palmen, so weit das Auge reicht.

Südwesten

Barahona, letzte große Stadt im trockenen, heißen Westen, weist keine Sehenswürdigkeiten auf, ist aber Startpunkt für Touren zu den unerforschten Stränden von Paraíso oder Oviedo. **Lago Enriquillo,** ein See, der 44 Meter unter NN liegt und in dem noch Krokodile schwimmen, befindet sich in einer brütend heißen Klimazone.

Cordillera Central

Das fruchtbare zentrale Hochland wird auch „dominikanische Alpen“ genannt. **Jarabacoa,** eine Stadt inmitten einer bergigen, grünen Landschaft, in der abends das Thermometer herrlich sinkt und wo man viele Outdoor-Aktivitäten betreiben kann, ist Ausgangspunkt für eine Besteigung des höchsten Berges der Karibik, des Pico Duarte mit 3087 Metern. Etwas außerhalb liegt **Santiago,** die zweitgrößte Stadt des Landes und ein Tipp für alle, die einkaufen wollen.

Nordwesten

Auch hier versuchten die großen Reisekonzerne All-Inclusive-Anlagen zu etablieren, was aber nur teilweise gelang, die ersten Häuser sind schon wieder geschlossen. Daneben gibt es nur einige wenige, sehr kleine Unterkünfte. Es ist eine ziemlich einsame Gegend, man ist hier schon sehr auf sich alleine gestellt.

Norden

Puerto Plata, zentrale, aber noch relativ ruhige Stadt an der Nordküste. Kein herausragender Strand, aber ein Bernsteinmuseum, eine angenehme Stadtatmosphäre und eine Seilbahn zu einem 800 Meter hoch gelegenen Aussichtspunkt, dem Monte Isabel de Torres. Ganz in der Nähe liegt **Playa Dorada,** ein Strandabschnitt mit einem Dutzend großer Hotelanlagen in einem etwas separierten Abschnitt. Aus **Sosúa,** einer kleinen Gemeinde um eine nette Bucht, wurde der quirligste Touristenort des ganzen Landes, hier bleibt kein Auge trocken. Es ist der Party-Ort der Insel, viele kleine und einige Mega-Bars ziehen ein feierfreudiges Publikum an. **Cabarete,** der Surfertreff, liegt vor einem sehr schönen Strand.

Samaná

Eine Halbinsel, die wie ein ausgestreckter Finger ins Meer ragt, zählt zu den schönsten Ecken des Landes mit tollen Stränden, endlosen Palmenhainen und der Bacardi-Insel. Ein Höhepunkt der ganz besonderen Art: *Whale Watching* im Frühjahr.

Geografie

Fläche

Die Dominikanische Republik nimmt knapp zwei Drittel der Insel Hispaniola ein und grenzt an den Nachbarstaat Haiti, sie ist damit die zweitgrößte Insel der Großen Antillen; nur Kuba ist größer. Die **Gesamtfläche** beträgt 48.000 km^2.

Die größte Ausdehnung von Ost nach West erreicht mit 595 km die Strecke Punta Cana – Jimaní. Die Strecke Puerto Plata – Barahona ist mit 365 km die längste Nord-Süd-Entfernung.

Gebirgszüge

Drei große Gebirgszüge laufen durch das Land. Die **Cordillera Central,** die in Haiti beginnt und sich durch das zentrale Hochland bis hinunter nach San Cristóbal erstreckt, ist der Gebirgszug mit den höchsten Erhebungen; der höchste Berg der Antillen, der Pico Duarte (3087 Meter), befindet sich hier. Die **Cordillera Septentrional** zieht sich nördlich der Cordillera Central parallel zur Nordküste entlang. Die **Cordillera Oriental** ist der kleinste Bergzug; er erstreckt sich entlang der Atlantikküste zwischen Sabana und Hato Mayor. Die südwestliche Spitze und die Halbinsel Samaná sind mit kleineren Gebirgszügen durchsetzt.

Landschaften

Diese Gebirgszüge sorgen für eine höchst unterschiedliche landschaftliche Ausprägung. An der Luvseite der Gebirge, der Wetterseite, befinden sich ausgedehnte **Regenwälder** und grüne Täler. Auf der windabgewandten Seite erstrecken sich dagegen trockene, teilweise durch Erosion ausgetrocknete, **wüstenähnliche Landstriche.**

Im Norden liegt ein weitgeschwungenes Tal, das **Valle de Cibao,** das sich bis Haiti hinzieht. Ist dies in den östlichen

Ausläufern noch sehr fruchtbar, nimmt die Versteppung zum Westen hin immer mehr zu. Der östliche Teil, genannt **Vega Real,** dürfte mit den besten Boden des Landes aufweisen. Die **Halbinsel Samaná** ist von tropischen Wäldern bedeckt und von einer Hügelkette durchzogen. Die Inselmitte wird vom Gebirgszug Cordillera Central geprägt, erst weit im Osten wird das Land wieder flacher. Den Südwesten durchzieht ein tiefes Tal, die **Valle de Neiba.** In diesem Tal liegt der Lago Enriquillo immerhin 44 Meter unter dem Meeresspiegel.

Schöne **Strandzonen** sind sowohl im Norden (Playa Dorada, Sosúa, Cabarete, Samaná) als auch im Süden (Boca Chica, Juan Dolio, Bayahibe) zu finden. Das weitläufigste Strandgebiet liegt ganz im Osten zwischen Playa Macao und Punta Cana.

Klima

Das **tropische Klima** ist durch feuchtwarme Hitze geprägt, die der Nordostpassat an der Nordküste etwas mildert. Große Schwankungen der **Temperatur** sind nicht zu verzeichnen, sie betragen maximal 5 °C, die jährliche Durchschnittstemperatur misst 25 °C. Der August ist der heißeste, der Januar der kühlste Monat, aber selbst in den Orten im Gebirge, wie in Jarabacoa, ist es noch spürbar warm.

Die Jahreszeiten werden durch eine **Trockenzeit** und eine **Regenzeit** geprägt. Die Regenzeit ist besonders stark an der Südküste zwischen Mai und Oktober ausgeprägt, hingegen an der Nordküste erst ab Oktober. Regenzeit bedeu-

Fünf Namen für eine Insel

Die Insel hat im Laufe ihrer Geschichte bereits fünf Namen getragen. Die Tainos nannten sie ursprünglich **Haiti,** was soviel wie „hügeliges Land" bedeutet. *Kolumbus* taufte sie später **Hispaniola,** was nichts anderes als „kleines Spanien" hieß. Der erste Inselchronist *Pedro Mártir de Angelería* nannte sie schließlich **Quisqueya,** „großes Land". Das Wort soll aus der hebräischen Sprache stammen und würde darauf hindeuten, dass der Chronist jüdischen Glaubens war.

Im 16. Jahrhundert wurde die heutige Hauptstadt Santo Domingo de Guzmán gegründet, und ein Teil dieses Namens, **Santo Domingo,** wurde zunächst für die gesamte Insel übernommen; in Spanien wird sie übrigens heute noch so genannt. 1844 wurde schließlich der heute noch gültige Name **Dominicana** von *Juan Pablo Duarte* gewählt, in Erinnerung an einige Dominikanermönche.

Hurrikane

Hurrikane haben ihren **Entstehungspunkt** im Äquatorgürtel, meist an der afrikanischen Westküste. Die Hurrikan-Saison dauert von August bis November. In dieser Zeit wird am häufigsten die magische Wassertemperatur von 26–27 °C erreicht. Stößt bei dieser Temperatur die Warmluftfront auf ein Tiefdruckgebiet, verdunstet das aufgeheizte Wasser stärker als normal. Diese Massen von Wasserdampf strömen nach oben, verdichten sich zu Wolken, dehnen sich immer weiter aus und werden durch die Erdrotation gegen den Uhrzeigersinn in Bewegung gesetzt.

Hurrikane können sich so zu einem Durchmesser von bis zu 500 Kilometern aufbauen. Die Dunstwolken rotieren um das sogenannte Auge des Hurrikans, in dem absolute Windstille und strahlender Sonnenschein herrscht. Der Hurrikan dreht sich immer schneller und **wandert meist nach Westen.**

Durch den Aufwärtstrieb der warmen Luft und durch die Rotation entsteht ein Sog, der die Wassermassen des Ozeans zu **meterhohen Wellen** auftürmt. Dies war in früheren Zeiten die einzige Warnung, die die Küstenbewohner vor einem bevorstehenden Hurrikan hatten: Die Wellen stiegen, aber der dazugehörende **Wind** fehlte. Der Wind folgt in einer zweiten Stufe, nachdem sich die Wellen schon an der Küste gebrochen haben, und kann eine Geschwindigkeit von bis zu 400 Stundenkilometern erreichen, und am Schluss regnen sich die Wolken in **starken Güssen** ab. Diese sind genauso gefürchtet wie der Wind. Immerhin stürzen im Durchschnitt um die 150 Liter Wasser auf einen Quadratmeter nieder.

Am 31. August 1979 raste der **Hurrikan „David"** durch die Karibik. Seine Wellen türmten sich bis zu 15 Meter hoch, und „David" erreichte eine Geschwindigkeit von 150 km/h. Er wütete besonders schlimm in der Dominikanischen Republik und über der weiter östlich gelegenen Insel Dominica. Später drehte er ab nach Norden und raste auf Miami zu. Da die Menschen dort rechtzeitig gewarnt werden konnten, richtete er wesentlich weniger Schaden an. Er raste schließlich nur noch mit 70 km/h entlang der Ostküste der USA, bis er sich in den kälteren Regionen des Atlantiks auflöste. Piloten, die die Dominikanische Republik nach dem Unwetter überflogen, berichteten von schlimmsten Verwüstungen und Überschwemmungen. Insgesamt kamen 3000 Menschen um.

Im Herbst 1998 schlug Hurrikan „George" zu; er zog eine Spur der Verwüstung quer durch die Insel. Etwa 300 Menschen starben, unzählige Häuser stürzten ein, viele Brücken wurden zerstört. Und auch im Herbst 2004 streifte ein Hurrikan das Land und richtete größere Zerstörungen an, vor allem auf Samaná. Im September verwüstete **Hurrikan „Jeanne"** ganze Teile des Nachbarlandes Haiti.

Im November 2007 schlug **Hurrikan „Noel"** zu, auf der ganzen Insel kamen 125 Menschen ums Leben, und 2010 streifte **Hurrikan „Tomás"** den Westen von Haiti, wobei Wind und Regen aber auch noch deutlich in Santo Domingo spürbar waren.

tet aber sehr selten tagelange Wolkenbrüche. Meist regnet es kurz und heftig am Nachmittag oder in der Nacht. Dann kühlt der Regen die Hitze ab, die Luft ist sogar in Santo Domingo merklich sauberer, zumindest für kurze Zeit. Im Herbst können teilweise starke Hurrikans auftreten.

An der **Ostküste** ist das Klima generell ein wenig trockener, ein wenig heißer. Während es auch innerhalb der Trockenzeit im gesamten Land vereinzelt regnen kann, bleibt es meist in der Region um Punta Cana heiß und trocken.

Auf **Samaná** muss das ganze Jahr über mit tropischen Schauern gerechnet werden, doch zum Glück gilt auch hier, dass der Regen vorwiegend nachts niedergeht.

Flora

Pflanzenarten

Palmen

Tropische Vegetation, da denkt man sofort an Palmen, und die gibt es reichlich auf der Insel. Schaut man genauer hin, erkennt man schnell, dass es auch unter den Palmen **verschiedene Arten** gibt. Abgesehen von der Größe unterscheiden sie sich auch in den Blattwedeln. Manche sind schmal, andere dagegen sind weit auseinandergefächert.

Am verbreitetsten sind die Königspalme und die Kokospalme. Die **Königspalme** ist endemisch, also nur hier anzutreffen. Ursprünglich wurde sie mal aus Südostasien eingeführt und ist eine Anbaupflanze, eine der zehn von Menschen weltweit meistgenutzten Pflanzen. Beide gehören zu den sehr hochwachsenden Arten, sie erreichen teilweise eine Höhe von bis zu 30 Metern. Da die **Kokospalme** resistenter gegen Salzwasser ist, wird sie an nahezu allen Stränden anzutreffen sein. Im Inland findet man dagegen verstärkt die nur sieben Meter hohe **Wachspalme,** ebenfalls eine endemische Pflanze.

Für die Bewohner sind die Palmen überaus nützlich, denn nicht nur die Früchte werden **verwertet** (der größte Ernteanteil der Kokospalme dient der Kopragewinnung, aus dem später u.a. Bratfett hergestellt wird), die Wedel werden zu Besen verarbeitet oder zum Decken der Hausdächer benutzt. Aus Baumrinde der Stämme der Königspalme werden Möbel und teilweise sogar Geschirr hergestellt. Nicht selten wird es auch als Baumaterial verwendet.

Auffällige Blüten

Auf der Fahrt durch das Land werden dem Besucher sicherlich die roten Blüten des Baumes mit dem bezeichnenden Namen **Feuerbaum** auffallen. Auch die strauchartigen **Beerenmalven** mit ihren roten Blüten sind in jedem Park und auf jeder *Plaza* zu finden. Erstaunen ruft auch die Tatsache hervor, dass zahlreiche **Liliengewächse,** die man bei uns nur als Topfpflanze kennt, hier aber zu über einen Meter hohen Sträuchern heranwachsen.

Feuerbaum, Beerenmalven und Bananen sind allesamt Zierpflanzen, meist aus Asien eingeführt. Da es in der Karibik etwas weniger regnet als in Asien, mussten sich die Arten darauf einstellen und haben deshalb kleinere Blüten hervorgebracht, um Wasser zu sparen. Deshalb wird man selten Pflanzen mit großen, farbigen Blüten sehen.

Bananen

Bananenanpflanzungen sind fast überall anzutreffen. Auf einer Plantage kann der **Wachstumsprozess dieser Pflanze** gut beobachtet werden. An einigen Pflanzen hängen dunkelrote Blüten; dies sind die schon geschlechtsreifen, einjährigen Stauden. Die männlichen Samen sind an der Spitze der Blüte zu finden, die weiblichen Fruchtknoten, aus denen später die Bananen heranwachsen, befinden sich in der Mitte. Nach der Befruchtung werden die männlichen Blütenteile entfernt, damit die Früchte besser reifen können. Nach vier bis sechs Wochen ist aus dem Fruchtknoten eine Bananenstaude herangewachsen. Nachdem die Staude geerntet wurde, wird der Stamm der Pflanze abgeschlagen. Aus der Wurzelknolle ist jedoch bereits ein neuer Stamm gewachsen. Diese Jungpflanze, Sohn genannt, wächst erst zur vollen Höhe, wenn der alte Stamm, der Vater, entfernt wurde. Der Prozess beginnt nun wieder von vorne. Die Wurzelknolle hat somit eine unendliche Lebensdauer, es können ständig neue Söhne heranwachsen.

206dr hf

Vegetationszonen

Tropischer Regenwald

Die Dominikanische Republik weist unterschiedliche Vegetationszonen auf, ein Ergebnis der Gebirgszüge, die auf der Insel für verschiedene Klimazonen sorgen. In den regenreichen Gebieten, wie z.B. auf Samaná (2400 mm Regen, im Gegensatz zum trockenen Gebiet beim Lago Enriquillo mit 600 mm Regen) sind noch kleine Reste vom tropischen Regenwald anzutreffen.

Dieses Ökosystem kann sich nur dort ausbilden, wo durchschnittliche **Temperaturen** von 24 °C bis 28 °C herrschen. Weiterhin muss die Niederschlagsmenge die Wassermenge übersteigen, die regelmäßig verdunstet. Diese Gebiete sind also durch extrem hohe **Luftfeuchtigkeit** geprägt. Durch das Fehlen der jahreszeitlichen Klimaschwankungen finden die verschiedenen Entwicklungszyklen wie Blütezeit und Laubfall zur selben Zeit statt.

Die klimatischen Bedingungen lassen eine derartige Fülle von verschiedenen Vegetationen entstehen, dass der Bewuchs sich auf **verschiedene Stockwerke des Waldes** verteilt. Dieses hängt mit dem Lichteinfall zusammen, der zum Boden hin immer mehr abnimmt. So hat sich in jeder Höhe ein ganz spezieller Pflanzenwuchs entwickelt. Am Boden des Regenwaldes ist es im Gegensatz zu unseren Wäldern relativ kahl. Da kaum ein Sonnenstrahl das dichte Kronendach durchdringen kann, leben am Boden hauptsächlich Pilze, die nicht auf den photosynthetischen Prozess angewiesen sind. Die nächste Stufe wird von kleinwüchsigen Bäumen (z.B. Baumfarnen) und strauchartigen Pflanzen gebildet. Je weiter es in die Höhe geht, desto dichter wird der Bewuchs. Jeder Baum versucht den anderen an Höhe zu übertreffen, um mehr Sonnenstrahlen zu erhaschen.

Damit ist das wahre Leben eines Regenwaldes erst in den oberen Schichten auszumachen. Hier haben sich auf den Ästen der großen Bäume Pflanzen niedergelassen, um mehr Sonnenstrahlen einfangen zu können. Diese **Epiphyten** filtern mit ihren herunterhängenden Luftwurzeln aus der feuchten Luft die Nährstoffe heraus. Andere Epiphyten,

die Bromelien, fangen in ihren Blütenkelchen Wasser auf, dem sie nach und nach die Nährstoffe entnehmen. Diese kleinen Wasserlachen locken wiederum Frösche und kleine Säugetiere, die sich von Insekten ernähren, an.

Typische Vertreter des Regenwaldes sind **Lianen.** Diese dünnen Pflanzen verwenden Bäume als Stützen. Sie keimen zwar am Boden, verankern sich dann jedoch mittels Dornen oder Haken an dem Stamm größerer Bäume. So können sie sich dem Sonnenlicht entgegenhangeln, ohne selber einen kräftigen Stamm entwickeln zu müssen.

[<] Die Früchte des Bananenbaumes wachsen zum Licht

[>] Die Kakaopflanze wächst ursprünglich in den unteren Stockwerken des Regenwaldes

Regengrüner Wald

In Gebieten, in denen sich klimatechnisch ein Wechsel zwischen Regen- und Trockenzeit bemerkbar macht, herrscht der regengrüne Wald vor. Das Kronendach des regengrünen Waldes ist nicht dicht geschlossen, sodass mehr Sonnenstrahlen die unteren Schichten und den Boden erreichen können. Dadurch kann sich der **Unter- und Bodenbewuchs** stärker entwickeln.

Das Nebeneinander der verschiedenen **Lebenszyklen** ist nicht so stark vertreten wie beim tropischen Regenwald. Die Zyklen orientieren sich mehr an den jahreszeitlichen Schwankungen. So werfen die Bäume der oberen Vegetationsschicht während der Trockenzeit ihr Laub ab, und die Blütezeit fällt zum größten Teil mit dem Beginn der Regenzeit zusammen.

Trockenwald

Je kürzer die Perioden der Regenfälle, desto trockener wird die Zone. Nur noch niedrig wachsende Gehölze bilden dann den sogenannten Trockenwald. Auf der dem Wind abgewandten Seite der Gebirgszüge, beispielsweise bei den im Westen gelegenen Orten wie Monte Cristi und beim Lago Enriquillo, können auf dem trockenen und teilweise durch Erosion ausgelaugten Boden nur noch Kakteen, Agaven und Dornengestrüpp gedeihen.

Mischwald

Im **zentralen Hochland** ist eine ganz andere Vegetationsstufe zu finden. Die grün bewachsenen Hügel und großen Mischwälder würde wohl jeder eher im Alpenvorland erwarten, aber nicht in der Karibik.

Fauna

Die Tierwelt präsentiert sich sehr unterschiedlich. Einige Tiere sind nur sehr schwer zu beobachten, man muss (meist) sehr früh am richtigen Ort sein, was wohl mit etwas Aufwand machbar sein sollte, andere, besonders die zahlreichen Vögel, erfreuen jeden Besucher. Insgesamt zählt man mehr als 250 **Vogelarten,** von denen etwa zehn Prozent Zugvögel sind und nur in den Wintermonaten in die Karibik kommen. 23 Arten sind endemisch, kommen also nur auf Hispaniola vor. Einige Vogelarten erscheinen auf den ersten Blick überhaupt nicht fremdartig. Da gibt es beispielsweise Tauben, Schwalben, Eulen, Finkenarten, Falken und sogar Spechte. Überall sieht man auch die unseren Staren ähnelnden Antillengrackeln fliegen.

Wasservögel

Vor allem an den Küsten und Lagunen ist der Artenreichtum der Wasservögel gut zu beobachten. So kann man fast überall an den Küsten braune **Pelikane** und verschiedene **Reiherarten** beim Fischfang beobachten. Der **rosa Flamingo** ist vor allem auf der Isla Cabritos anzutreffen.

▷ Meist sieht man den Leguan nur im Zoo

Papageien

Seltener sind die Papageien zu erspähen, ihr Federkleid hebt sich kaum von dem Grün der Baumkronen ab. Der bekannteste Vertreter dieser Art ist die **Blaukronenamazone** mit dem Namen La Cotorra. Ihr Gefieder ist kräftig grün, die Cotorra wurde schon von den Tainos als Gastgeschenk an die Spanier weitergegeben. Heute ist dieser Vogel leider durch illegalen Handel vom Aussterben bedroht, genau wie der **Haiti-Sittich,** ebenfalls eine endemische Art.

Wer einmal Dutzende von frei fliegenden Papageien sehen möchte, sollte zum Sonnenuntergang zum Hotel Embajador in Santo Domingo fahren. Lohnend!

Palmschmätzer

Als **Nationalvogel** gilt der endemische Palmschmätzer, einziger Vertreter seiner Familie weltweit. Er ist weit verbreitet und kann oft in Palmkronen, in denen er sein Gemeinschaftsnest baut, beobachtet werden. Besonders auffallend ist sein schwarz-weiß gemusterter Bauch.

Honigbaumläufer

In den Hotelanlagen kann öfters der kleine gelb-schwarze Honigbaumläufer beobachtet werden.

Kolibris

Auf Hispaniola sind drei Arten von Kolibris beheimatet, der **Mangokolibri,** der sich auch oft in Hotelanlagen aufhält, die **Zwergelfe,** der kleinste Kolibri, und der **Smaragdkolibri,** der eher in Bergregionen zu finden ist. Der offensichtlichste Unterschied zwischen Mango- und Smaragdkolibri ist der Schnabel, der beim Mangokolibri gekrümmt und beim Smaragdkolibri gerade gewachsen ist.

002dr sm

Kolibris sind besonders beim **Nektaraufnehmen** zu beobachten. Diese winzigen Vögel schlagen ihre Flügel bis zu 50 Mal in der Sekunde. Dadurch können sie ruckartig die Flugrichtung ändern und sogar rückwärts fliegen. Sie setzen sich zur Nahrungsaufnahme nicht auf einen Zweig, sondern erledigen das auf der Stelle fliegend.

Schmetterlinge und Fledermäuse

Es gibt sehr viele farbenprächtige Schmetterlinge, und in der Dämmerung kann man vereinzelt Fledermäuse beobachten, immerhin leben auf Hispaniola 18 Fledermausarten.

Seekuh Manatí

Zu den Vertretern der Fauna, die der Besucher nur selten zu sehen bekommt, zählt die Seekuh Manatí. Der massige Körper des Meeressäugers hat die **Form eines Wales,** obwohl der nächste Verwandte der Elefant ist. Ein besonderes Aussehen verleiht der Seekuh die wulstige Oberlippe, die mit borstigen Haaren bestückt ist. Seekühe erreichen eine Länge von bis zu 3,50 Meter und wiegen bis zu 600 Kilogramm. Ebenso wie die Wale können sie nur eine begrenzte Zeit, ca. 25 Minuten, unter Wasser bleiben, dann müssen sie zum Luftholen auftauchen.

Die Manatís ernähren sich ausschließlich von Wasserpflanzen. Daher sind sie auch nur im flachen Wasser an der Küste anzutreffen, denn Wasserpflanzen benötigen ebenso wie ihre Vertreter an Land Licht, das in ausreichendem Maße nur bis zu einer gewissen Wassertiefe vorhanden ist. Da Pflanzen nur wenige Nährstoffe haben, müssen Manatís Unmengen davon verzehren. Um den geringen Nährstoffgehalt optimal auszunutzen, wird ein langer Verdauungsprozess durchlaufen. Bis zu fünf Tage dauert der Stoffwechselvorgang, der Verdau-

001dr fh

ungstrakt ist 40 Meter (!) lang. Im Vergleich zu anderen Säugetieren kommt die Seekuh mit wenig Energie aus. Das bedeutet gleichzeitig, dass sie trotz einer wärmenden Fettschicht sehr kälteempfindlich ist und sich bei einer Wassertemperatur von um 20 °C am wohlsten fühlt.

Atlantik-Buckelwale

Während der Wintermonate Mitte Januar bis Mitte März kommen größere Herden von Atlantik-Buckelwalen in die warmen Gewässer vor der Nordküste. Speziell in der **Gegend von Samaná** halten sich die Tiere auf, die sich in dieser Zeit paaren. In der Hauptsaison, Januar und Februar, tummeln sich mindestens 200 Buckelwale vor allem vor der Banco de la Plata, nördlich von Samaná, aber auch in der Bucht von Samaná.

Die Wale von Grönland und Neufundland wandern jährlich bis zu 6000 Kilometer, um sich in den wärmeren Gewässern zu paaren und ihre Jungen zu gebären. Die Neugeborenen werden dann für die lange Wanderung zurück ins Eismeer hier aufgepäppelt. Pro Tag nehmen die Jungen bis zu 50 Kilogramm zu. Damit ihr Körper diese enorme Leistung vollbringen kann, benötigen sie 200 Liter der äußerst fetthaltigen Muttermilch (50 % Fett, im Vergleich: Sahne hat 38 %). Die erwachsenen Tiere fressen während ihres Aufenthaltes in der Karibik dagegen nichts, sie leben von ihrer Fettschicht.

Nach ihrer Rückkehr fressen sie dafür umso mehr, bis zu einer Tonne Fisch am Tag. Die Wale ernähren sich hauptsächlich von Krill, krabbenartigen Schalentieren, und von kleinen Fischen, und sie haben eine ganz eigentümliche **Methode entwickelt, Fische zu fangen.** Entdecken Wale einen Schwarm Fische, umschwimmen sie diesen im Kreis und lassen Atemluft hochperlen. Erstaunlicherweise schaffen es die Fische nicht, diesen Rundkäfig aus Luftblasen zu durchbrechen. So kann der Wal mit aufgesperrtem Maul in den Schwarm hineinschwimmen. Die Fische saugen sie nun mit dem Wasser ein und filtern sie mit den Barten (bartähnliche Hautanhänge im Walmaul) heraus, während das Wasser aus dem Maul herausgepresst wird.

Da sich in der karibischen See im Frühling die balzfreudigen Männchen aufhalten sowie Muttertiere, deren Jungen sich noch nicht so lange unter Wasser aufhalten können, ist die Chance groß, eines dieser 15 Meter langen und vier Tonnen schweren Tiere auf einer organisierten Tour zu sichten. Von Samaná-Stadt können organisierte Ausflüge zum **Whale Watching** unternommen werden (siehe auch „Samaná-Stadt/Aktivitäten“). Mit etwas Glück macht ein

◁ Riesennager: der Hutia

Wal gerade einen Sprung aus dem Wasser, bei dem man sehr schön den massigen Kopf, die Schwertfinne, die sich etwa in der Mitte des Rückens befindet, und die Fluke, das Schwanzende, identifizieren kann. Oft sieht man die Tiere auch mit den Flippern, sozusagen den Armen, rudern.

Reptilien

Auf der ganzen Insel existieren viele Reptilienarten. Während man die kleinen Arten häufig in der Sonne sich wärmen sieht oder im Haus beim Insektenfang beobachten kann, wird man die endemischen Nashornleguane und Wirtelschwänze, die im gesamten Südwesten des Landes leben, nur schwer zu Gesicht bekommen.

Der **Nashornleguan** trägt als besonderes Kennzeichen auf der Schnauzenspitze drei Hornhöcker, die beim Weibchen viel unscheinbarer sind. Der Schwanz ist meist länger als der ganze Körper (70 cm gegenüber 50 cm). Er lebt in sehr trockenem Gelände, u.a. bei Monte Cristi, Puerto Plata und im Parque del Este, und ist in seinem Bestand recht dezimiert.

Ähnlich schwer bedroht ist der **Wirtelschwanzleguan.** Auf seinem zusammengedrückten Rumpf sitzt ein Rückenkamm, und sein Hinterkopf ist stark verbreitert (nur bei den Männchen). Er hat eine graue oder olivgrüne Färbung mit deutlichen Querstreifen.

Giftige **Schlangen** existieren übrigens auf der Insel nicht.

Die auf der Insel Cabritos im Lago Enriquillo vorkommenden **Spitzkrokodile** kann man dagegen mit etwas Glück auf einer organisierten Tour erspähen. Sie werden bis zu sieben Meter groß und haben als besonderes Merkmal eine beulenförmige Aufwölbung vor den Augen. Sie leben meist in ufernahen Gewässern und können stundenlang unbeweglich und gut getarnt, nach Beute Ausschau haltend, ausharren.

Schlitzrüssler

Der Schlitzrüssler ist ein ganz **seltenes Tier,** das nur auf zwei Inseln in der Karibik, der Dominikanischen Republik (und natürlich im Nachbarstaat Haiti) und auf Kuba, vorkommt. Die dominikanische Art *(Solenodon paradoxus)* ist hier endemisch, genau wie die kubanische *(Solenodon cubenis)* auf der Nachbarinsel.

Er ist einem **Ameisenbär** nicht unähnlich und besitzt eine rüsselartige Nase. Das Fell ist schwarzbraun, er lebt ausschließlich auf Kalkböden und ist nachtaktiv.

Die Schlitzrüssler sind die einzig bekannten Insektenfresser, deren Speichel giftig ist. Bei einem Biss kommt es selbst bei Menschen zu starken Entzündungen.

Hutia

Nicht ganz so selten ist der Hutia, ein **endemisches Nagetier.** Es gehört zur Familie der Stachelschweine *(Capromyidae)*, die auch auf anderen karibischen Inseln vorkommen. Es sieht aus wie eine große Ratte, ist mit ihr aber nicht verwandt. Die bis zu 50 cm großen Pflanzenfresser haben ein dichtes graues Fell. Die Exemplare auf Hispaniola sind die **Zagutis.**

STAAT UND GESELLSCHAFT

Staatssymbole

Die **Staatsflagge** trägt die Farben rot und blau, ein weißes Kreuz steht im Zentrum. Das weiße Kreuz symbolisiert den Glauben der Bevölkerung, Rot steht für das vergossene Blut im Freiheitskampf, Blau für die Freiheit.

Im Zentrum des Kreuzes befindet sich das **Staatswappen.** Dieses zeigt abermals die rotblaue Farbe und ein weißes Kreuz, weiterhin liegt in der Mitte eine aufgeschlagene Bibel. Rechts des Schildes befindet sich ein Palmenzweig, links davon ein Lorbeerzweig. Die beiden Zweige sind unterhalb des Schildes mit einem roten Band zusammengebunden, auf dem der offizielle Staatsname steht. Im Hintergrund weisen je drei Standarten seitlich nach oben, an ihren Spitzen hängen dann wieder stilisiert die Flaggen. „Dios – Patria – Libertad" (Gott – Heimat – Freiheit) als übergeordnete Wahrheit krönt das Wappen.

Die **Nationalhymne** wird jeden Tag um Punkt 12 Uhr mittags gespielt, auf fast allen Radiostationen des ganzen Landes. Stolz singen dann Taxifahrer und Gäste aus voller Kehle mit, kennen jede Zeile der nun wahrlich nicht kurzen Hymne. Geschrieben wurde sie von *Emilio Prud' homme* (1856–1932), und sie spiegelt die Bestrebungen der Dominikaner um ihre Unabhängigkeit wider, welche sie 1844 erstritten.

„Quisqueyanos valientes alcemos
nuestro canto con viva emoción
y del mundo a la faz ostentemos
nuestro invicto glorioso pendón.
Salve el pueblo que intrepido y fuerte

207dr hf

a la guerra a morir se lanzó
cuando en belico reto de muerte
sus cadenas de esclavo rompió ...

... Nuestros campos de gloria repiten:
Libertad, libertad, libertad“

„Mutige Quisqueyanos, erheben wir
unseren Gesang mit lebendiger
Emotion,
und vor aller Welt tragen wir
unser siegreiches, ruhmreiches Banner.
Heil dir Volk, das unverzagt und stark

zu sterben in den Krieg sich stürzte
als in kriegerischen Todesdrohungen
seine Ketten als Sklaven sprengte ...

... Unsere Ruhmesfelder wiederholen:
Freiheit, Freiheit, Freiheit“

⌃ Staatsgründer Duarte

Geschichte

Die Tainos

Besiedlung

Die Besiedlung der karibischen Inseln erfolgte in mehreren Wellen vom südamerikanischen Festland aus. Dort lebten die **Arawaks,** die beständig auf der Suche nach fischreichen Gewässern waren. Zuerst steuerten sie nur die südlichen, dem Kontinent vorgelagerten Inseln an, um den dortigen Fischreichtum auszunutzen. Später entdeckten sie die guten Möglichkeiten zum landwirtschaftlichen Anbau und emigrierten schließlich auf die Inseln, auch zu den weiter entfernt liegenden. Schließlich gelangten sie sogar nach Hispaniola. Dort und auch auf der Nachbarinsel Puerto Rico siedelten hauptsächlich die **Tainos,** die zu den Arawaks zählen.

Kultur

Sie entwickelten im Laufe der Zeit, bedingt durch die Insellage, eine eigenständige Kultur. So hatten sie zur Zeit der Entdeckung durch die Spanier 1492 eine bemerkenswerte Entwicklungsstufe erreicht. Sie lebten in Gemeinschaften, die nach festgelegten Normen organisiert waren, und glaubten an Naturgötter. Angeführt wurden die Dorfgemeinschaften von einem Kaziken. Der Begriff soll von dem Arawakwort *Kassiquam* stammen, was soviel wie „Dorfchef" heißt.

Sie hatten eine große **künstlerische Fertigkeit** erlangt, besonders in der Bearbeitung und Verzierung von Tongegenständen. Diese Entwicklung wurde noch dadurch gefördert, dass die Kaziken sich mit besonderen Preziosen zur Untermalung ihrer Stellung schmückten. Sie behängten sich unter anderem mit vergoldeten Armreifen und Ketten, die später die Goldgier der Spanier anstachelten. Weiterhin besaßen die Kaziken wertvolle Utensilien, die zur Ausübung religiöser Zeremonien benötigt wurden. Diese Gegenstände wurden von Künstlern hergestellt, die sich auf diese Arbeit spezialisiert hatten und nicht zur allgemeinen Feldarbeit herangezogen wurden, die Arbeit für die Kaziken gab ihnen somit eine Sonderstellung.

Soziale Gliederung

Im Laufe der Zeit verfestigte sich die **Macht der Kaziken.** Das Amt war bald nur noch wenigen Gruppen zugänglich, später sogar nur noch vererbbar. Dadurch entwickelte sich bald eine eigene Kaste, die eine herausragende Stellung einnahm, deren Entscheidungen von allen getragen wurden, Widerspruch war nicht üblich.

Die Bevölkerung war grundsätzlich in zwei Gruppen geteilt, der Kazike und seine Sippschaft und der große Rest. Zur Zeit der Entdeckung war diese soziale Aufteilung relativ festgefügt. Die Kaziken hatten zwar eine herausragende Stellung, aber diese wurde von niemandem in Frage gestellt. Umgekehrt bereicherten sich die Kaziken auch nicht durch ihr Amt. Sie organisierten das Zusammenleben, die Verteilung der Ernte und die religiösen Zeremonien. Zur Betonung ihrer besonderen Position verwahrten sie die bereits erwähnten wertvollen Kunstgegenstände.

Soziale Einheiten

Die soziale Einheit bestand aus **größeren Gruppen,** die in Häusern lebten, die *Canay* genannt wurden. Diese Hütten wurden in runder oder eckiger Form gebaut, der Begriff ist heute noch im Sprachgebrauch: *Bohío.* Geschlafen wurde in Hängematten. Die Gruppen setzten sich aus fünf bis sieben Familien zusammen, eine Gruppe bestand aus ca. 30 Personen. Die Familien waren meist direkt untereinander verwandt, aber eine Verbindung innerhalb der Gruppe war strikt verboten, dort herrschte eine strenge Exogamie.

078dr hf

Die einzelnen Gruppen lebten in **Dorfgemeinschaften,** sogenannten *Aldeas,* zusammen. Die größeren *Aldeas* hatten ihren eigenen Kaziken, kleinere lebten in der Regel unweit einer größeren und unterwarfen sich dann diesem Kaziken. Die *Aldeas* lebten völlig unabhängig voneinander. In gewissen Fällen schlossen sich verschiedene *Aldeas* zusammen, um z.B. eine kriegerische Auseinandersetzung zu führen. Der mutmaßlich mächtigste Kazike wurde dann zum allgemeinen Oberhaupt gewählt. Nach Beendigung der Aktion trennten sie sich wieder.

Glaube an Naturgötter

Der Glaube der Tainos basierte auf den Gegebenheiten der Natur. Die einzelnen Stämme der Tainos verehrten unterschiedliche Götter, die aus ihrer jeweiligen Tradition stammten, sodass sie keinen alles beherrschenden Gott kannten. So war der Hauptgott *Cemí* meist zugleich der **Gott der Yucawurzel,** *Yocatu Vagua Maorocoti.* Die Yucawurzel war das Hauptnahrungsmittel, deshalb gehörte diesem Gott der größte Respekt. Es gab weitere Götter, die alle auf Naturphänomenen basierten. Hier soll nur *Guabancex* erwähnt sein, die **Göttin der Hurrikane,** die als göttliche Strafe angesehen wurde. Eine weitere wichtige Gottheit war *Yocahu,* die **Göttin der Fruchtbarkeit.**

Kolumbusdenkmal in Santo Domingo

Chapetones & Criollos

Nach der Entdeckung der Gold- und Silberschätze auf dem amerikanischen Kontinent sank die Zahl der Siedler auf der Insel rapide. Auch die Bedrohung der Städte durch die Piraten tat ihr Übriges. Erst im Zuge der Domestizierung der *Boucanniers* (siehe „Die Zeit der Piraten" im Kapitel „Nordküste") im 17. Jh. kamen wieder viele, hauptsächlich französische Farmer nach Hispaniola, die sich auf der **Nordwestseite der Insel** (heutiges Haiti) ansiedelten. Sie erschlossen diesen Inselteil und gründeten Zuckerrohrplantagen. Der französische Teil prosperierte, der spanische dagegen stagnierte; wie kam das?

Die spanische Krone zog im **spanischen Teil der Insel** sämtliche Reichtümer ab, und die katholische Kirche etablierte sich als gewichtiger Machtfaktor. Somit wurde auch in der Kolonie die Inquisition eingeführt. Folglich waren auch kaum Spanier jüdischer oder arabischer Abstammung vertreten, die in Spanien traditionell das Handwerk und den Handel beherrschten.

Weiterhin war die **Sozialstruktur** in den beiden Inselteilen unterschiedlich. Es gab die reinen Spanier, *Chapetones* genannt, die die größten Machtbefugnisse besaßen. Unter ihnen standen die *Criollos*, weiße Spanier, die in der Fremde geboren waren. Beiden war aus der Heimat ein Sozialkodex bekannt, der besagte, dass ein Edelmann nicht arbeiten dürfe, sonst würde er seine Adelsprivilegien verlieren. Die waren zwar in der Neuen Welt völlig bescheiden, aber gleichwohl pflanzte sich dieses Gedankengut fort. Ein *Hidalgo,* also ein Ritter oder Edelmann, ging keinem Broterwerb nach, er suchte bestenfalls Abenteuer.

Richtig schuften mussten die anderen, die *Mulatos,* die aus einer Verbindung zwischen einem Weißen und einer Schwarzen stammten, *Mestizos,* aus einer Verbindung zwischen einem Weißen und einer Indianerin, aber vor allem die an unterster Stufe stehenden schwarzen Sklaven. Sie alle befanden sich in einer sozialen Hierarchie, die darauf hinauslief, dass nur wenige aktiv an der wirtschaftlichen Entwicklung Interesse zeigten. Der Großteil der spanischen Oberschicht wollte nur die Reichtümer herausziehen.

Im französischen Teil gab es dagegen nur drei Klassen. Die Weißen, die dunkelhäutigen Freien und die Sklaven. Dabei waren die französischen Weißen in der Mehrzahl wirtschaftlich aktiver als die spanischen Weißen. Hier wurde gezielter besiedelt und das Land urbar gemacht.

Religiöse Riten

Die Tainos glaubten an verschiedene Götter, von denen einige stärker waren als andere. Die Kaziken, die mit den stärkeren Göttern kommunizierten, standen in höherem Ansehen. Diese **Kommunikation mit den Göttern** fand in einer Zeremonie statt, die *Rito de la Cohoba* (Ritus der Cohoba) genannt wurde. Sie basierte auf der Einnahme einer **halluzinogenen Droge.** Dies war die wichtigste religiöse Zeremonie der Tainos. Der Kazike versetzte sich durch Inhalieren der Droge in einen Trancezustand, erst dann konnte er mit den Göttern in Kontakt treten.

Bevor die Tainos, die dieser Zeremonie beiwohnen wollten, den Tempel betreten durften, mussten sie sich von innen reinigen. Sie führten dazu künstlich durch einen Spatel den Brechreiz herbei und übergaben sich, erst danach durften sie die Hütte betreten.

Rolle der Behiques

Die religiösen Zeremonien nahmen einen breiten Raum im Leben der Tainos ein. Es gab eine Reihe von Leuten, die ausschließlich für die Ausübung und Hilfestellung bei den Riten ausgebildet war. Diese sogenannten *Behiques* fungierten auch als eine Art Heiler oder Medizinmann. Die *Behiques* trugen einen speziellen Schmuck, der sie von den anderen unterschied. Sie konnten ebenfalls mit den Göttern kommunizieren, jedoch hatten die Kaziken in dieser Frage die größere Autorität. Weiterhin fungierten sie als **Ratgeber der Kaziken** und unterrichteten auch deren Kinder.

Kanus

Die Tainos hatten fundierte Kenntnisse über den Bau von großen Kanus. Mit diesen Kanus fuhren sie sogar zu Nachbarinseln, um Handel zu treiben. So fuhren sie beispielsweise nach Kuba (75 km), und nach Puerto Rico soll es sogar beinahe täglich eine Verbindung gegeben haben. Sie befuhren sogar weite Strecken wie nach Florida (1200 km) oder gar nach Yucatán (1500 km), in Mexiko gelegen.

Sie erreichten eine enorme Geschwindigkeit, es ruderten teilweise 35 Mann. *Bartolomé de las Casas* berichtet, er habe auch Kanus gesehen, die Platz für 80 (!) Mann hatten.

Die Kanus wurden **aus einem Baum hergestellt.** Die Tainos brannten einen Teil aus und verfeinerten dann die Wände mit Steinäxten und kalfaterten die verbliebenen Zwischenräume.

Zeremonielle Tänze

Zu verschiedenen Gelegenheiten fanden zeremonielle Tänze statt. Normalerweise wurden die Tänze von einem **Vorsinger** begleitet, der sogenannte *Areitos* vortrug. Der Kazike setzte aus einem bestimmten Anlass ein Fest an und lud die Dorfgemeinschaft dazu ein. Es ist überliefert, dass es Feste zur Begrüßung von Fremden gab, aber auch um einen Sieg nach einer Schlacht zu feiern. Der Kazike tanzte niemals mit. Er schlug den Takt auf einer Trommel und trug die *Areitos* vor. Diese wurden mündlich weitergegeben, der Kazike lehrte sie seinem Sohn.

Die **Tänzer** bildeten meist einen Kreis, Männer tanzten getrennt von Frauen. Jeder legte den Arm um die Hüfte des Nachbarn, und alle bewegten sich im Rhythmus der vorgetragenen *Areitos.* Die Gesänge dauerten nicht selten über drei Stunden, sodass mancher Tänzer vor Erschöpfung zusammenbrach.

Ballspiel Batey

Die Tainos spielten häufig zum Zeitvertreib ein Ballspiel, *Batey,* das einem Federballspiel ähnelte. Gespielt wurde auf einem Platz vor der Hütte des Kaziken.

Die Anzahl der **Spieler** war groß, ca. 20 bis 30 Männer auf jeder Seite. Der Ball konnte nur mit Ellenbogen, Schulter, Kopf oder Hüfte gespielt werden, sprang er über die Begrenzung oder blieb er auf dem Boden liegen, wurde er als tot gezählt. Der **Ball** wurde aus Gras hergestellt, das mithilfe einer Paste rund geformt wurde.

Wahrscheinlich ist das Ballspiel von den **Mayas** aus Mexiko übernommen worden, allerdings ohne deren religiösen Hintergrund. Beim Ballspiel der Mayas musste der Ball durch einen sehr engen Ring gestoßen werden, auch darauf verzichteten die Tainos.

Ausrottung der Tainos

Die **spanischen Eroberer** schafften es, in wenigen Jahrzehnten die Tainos komplett auszurotten. Eingeschleppte Krankheiten, knochenharte Schufterei in den Minen und auf den Feldern, kollektive Selbsttötung, aber auch pure Barbarei waren die Ursachen. So ist die Geschichte überliefert, dass ein spanischer Pflanzer jeden Tag zu Ehren der 12 Apostel ein Dutzend Tainos wahllos tötete!! Es dauerte kein ganzes Jahrhundert, und die Tainos waren restlos verschwunden.

Chronologische Darstellung ab Kolumbus

■ **1492:** *Kolumbus* (*Colón* auf Spanisch) stößt bei seiner Suche nach einem westlichen Seeweg nach Indien zufällig auf eine Insel, die er Hispaniola nennt. Dieses Datum gilt seitdem als Entdeckung Amerikas.

■ **1493:** *Kolumbus* reist zurück nach Spanien, lässt einen Teil der Mannschaft auf Hispaniola. Glanzvoller Empfang durch die spanischen Könige, die umgehend eine neue Flotte ausschicken.

Kolumbus reist erneut nach Hispaniola, die zurückgelassenen Männer findet er tot vor, das errichtete Fort zerstört.

Gründung einer neuen Siedlung weiter östlich, La Isabela wird gebaut.

■ **1496:** Ein mit Gouverneur *Diego Colón* in Streit geratener und geflüchteter Seemann erreicht die südliche Küste. Indianer berichten von Goldfunden, daraufhin kehrt er zurück und benachrichtigt *Colón*. Der lässt dann am genannten Ort eine Siedlung bauen, Santo Domingo wird gegründet.

■ **1519:** erobert der spanische Abenteurer *Hernán Cortés* das Aztekenreich in Mexiko.

■ **1535:** *Pizarro* unterwirft das Inkareich in Peru.

Beide Ereignisse führen dazu, dass den Spaniern sagenhafte Gold- und Silberschätze in die Hände fallen, die Jagd nach immer neuen Goldschätzen wird eröffnet.

■ **16. Jh.:** Santo Domingo verfällt in einen Dornröschenschlaf, niemand mag sich mühsam unter karibischer Sonne auf den Feldern als Farmer plagen, wenn im nahen Amerika vermeintlich Reichtümer locken. Einige versuchen es trotzdem, denken aber gar nicht daran, selbst Hand anzulegen. Sie benötigen Sklaven, nehmen zunächst die Tainos. Diese werden so durch brutale Behandlung und körperliche Schindereien drastisch dezimiert, von gut 1 Million (1492) auf 14.000 (1517). Ersatz fehlt, und der kommt schließlich in Gestalt schwarzer Sklaven aus Afrika.

■ **17. Jh.:** Immer noch suchen spanische Glücksritter nach Reichtümern in Lateinamerika, Santo Domingo bleibt eine vernachlässigte Stadt. Im Westen der Insel siedeln französische Farmer mit größerem Erfolg.

■ **1697:** Nach diversen Streitereien zwischen Franzosen und Spaniern wird im Friedensvertrag von Rijswijk festgelegt, dass der Westteil der Insel (später Haiti) endgültig an Frankreich fällt.

1777: Trotz dieser Regelung folgen weitere Zankereien, deshalb erneutes Abkommen, diesmal im spanischen Aranjuez mit endgültiger Grenzziehung.

1790: 500.000 schwarze Sklaven, 100.000 Mulatten und etwa 50.000 Weiße leben im französischen Teil; das führt zu Unruhen. Als Konsequenz wird zunächst den Mulatten das Stimmrecht in der Abgeordnetenkammer gewährt.

1791: Landesweiter Sklavenaufstand, Plantagen werden geplündert

1794: Verkündung der Abschaffung der Sklaverei im französischen Teil

1804: Unabhängigkeitserklärung von Haiti, dem ehemaligen französischen Teil der Insel

1821: Am 4.11. erklärt *Núñez de Cáceres* die Unabhängigkeit des spanischen Inselteils von Spanien und den Beitritt zur Konföderation von *Simón Bolívar.*

1822: Haitis Präsident *Boyer* nutzt die Unruhen und besetzt Santo Domingo.

1844: Nach 22 Jahren werden die Haitianer vertrieben, *Francisco Sánchez, Pablo Duarte* und *Ramón Mella* erklären am 27.2. die Unabhängigkeit der República Dominicana.

1861: Die politische Lage bleibt instabil, Präsident *Santana* bittet Spanien um Hilfe.

1865: Am 11.7. gibt Spanien nach blutigen Kämpfen endgültig seine ehemalige Kolonie auf.

1903: Das Land kommt nicht zur Ruhe, die USA intervenieren.

1905: Die USA übernimmt die Zollverwaltung, später die gesamte Finanzkontrolle.

1916: US-Truppen marschieren ein und besetzen das Land.

1924: Die Amerikaner verlassen die Insel.

1930: General *Rafael Trujillo* gelangt durch Wahlen an die Macht und regiert diktatorisch bis zu seiner Ermordung im Mai 1961.

1960: Im August wird *Joaquín Balaguer* offiziell zum Staatspräsidenten ernannt.

1961: Ermordung von *Trujillo*

1962: *Balaguer* tritt freiwillig zurück, Neuwahlen finden statt, *Juan Bosch* wird zum Staatspräsidenten gewählt.

1963: *Bosch* wird durch das Militär gestürzt, ein Triumvirat übernimmt die Staatsgewalt.

1965: Nach Unruhen intervenieren die USA erneut, beenden einen bürgerkriegsähnlichen Zustand.

1966: *Balaguer* wird zum Präsidenten gewählt.

1970: Wiederwahl von *Balaguer*

1974: *Balaguer* wird zum dritten Mal gewählt.

1975: Ein Putschversuch gegen *Balaguer* durch Guerillatruppen scheitert.

1978: *Antonio Guzmán* gewinnt die Wahlen.

1982: *Salvador Jorge Blanco,* von derselben Partei, gewinnt diesmal die Präsidentschaftswahl.

1984: Nach drastischem Sparkurs brechen Unruhen aus, 50 Menschen werden getötet.

1986: Nach teilweise blutigem Wahlkampf gewinnt erneut *Balaguer.*

1988: Verschärfung der wirtschaftlichen Lage, nach Erhöhung der Lebensmittelpreise kommt es zu Unruhen.

1989: Die Preise steigen weiter, gewalttätige Proteste folgen und ein 48-stündiger Generalstreik.

602dr hf

■ **1990:** *Balaguer* gewinnt noch einmal, jedoch mit hauchdünnem Vorsprung; es wird seine fünfte Präsidentschaft.

■ **1994:** *Balaguer,* mittlerweile 87-jährig und erblindet, siegt mit denkbar knappem Vorsprung vor *Peña Gómez,* die Opposition akzeptiert den Wahlausgang nicht. Schließlich einigt man sich auf einen Kompromiss. *Balaguer* darf noch einmal für zwei Jahre regieren, dann finden Neuwahlen statt, bei denen er nicht wieder antreten soll.

■ **1996:** wird *Leonel Fernández* in einer Stichwahl vor *Peña Gómez* zum neuen Präsidenten gewählt.

■ **2000:** Der hemdsärmelige *Hipólito Mejía* von der PRD wird zum Präsidenten gewählt, bereits ein Jahr später sind viele Dominikaner mit ihrer Wahl unzufrieden, weil sich die wirtschaftliche Lage verschlechtert. Der Peso verlor gegenüber dem Dollar in 12 Monaten fast 30 % seines Wertes.

■ **14. Juli 2002:** *Balaguer* stirbt mit 94 Jahren.

■ **2004:** *Leonel Fernández* (PLD) wird mit 57,11 % der Stimmen erneut gewählt, *Mejía* erzielt nur 33,65 %.

■ **2008:** In Santo Domingo wird die erste U-Bahn-Strecke eröffnet. Zudem wird eine neue Schnellstraße von der Hauptstadt nach Samaná nach 27 Monaten Bauzeit fertig gestellt. Die Fahrtzeit halbiert sich nun auf etwa zwei Stunden. *Leonel Fernández* (PLD) wird mit 53,8 % der Stimmen zum dritten Mal zum Präsidenten gewählt.

■ **2010:** In Haiti kommt es zu einem fürchterlichen Erdbeben, die UNO spricht von bis zu 300.000 Toten, einer gleich großen Zahl an Verletzten und 1,2 Mio. Obdachlosen. Es wird als das schwerste Erdbeben auf dem amerikanischen Kontinent angesehen. Die Aufräumarbeiten gehen schleppend voran, Ende des Jahres bricht die Cholera aus und fordert Hunderte von Toten.

■ **2012:** Bei den Präsidentenwahlen gewinnt *Danilo Medina Sánchez* von der PLD mit knapp über der Hälfte aller abgegebenen Stimmen. Kurz vor

Karibik wie gemalt – hier in Bayahibe

Ende seiner Amtszeit konnte der alte Präsident *Leonel Fernández* noch rechtzeitig die neue Schnellstraße Autovía del Coral (70 km) eröffnen, welche die Strecke zwischen Santo Domingo und Bávaro und damit den Stränden an der Ostküste um 50 km verkürzt (und die Fahrzeit von etwa 4 Stunden auf 2½ Stunden reduziert).

■ **2014:** Die Straße nach Barahona im Westen wird ausgebaut.

Medien

Tageszeitungen

Es existieren zehn Tageszeitungen, die meisten erscheinen in Santo Domingo. Grundsätzlich kann von relativer Pressefreiheit gesprochen werden, was zu einem durchaus **breiten Spektrum von Presseerzeugnissen** geführt hat. So erscheinen sowohl links- als auch rechtsorientierte Periodika.

Listín Diario ist nicht nur die älteste Zeitung – sie wurde bereits 1889 gegründet – sie hat auch die größte Auflage.

Weitere große Blätter sind *El Caribe, El Nacional* und *Hoy*. Die Gesamtauflage beträgt fast 200.000, was für ein so kleines Land ganz erheblich ist. Außerdem gibt es das Wochenmagazin *Rumbo*.

Fernsehen

Neben den staatlichen Fernsehsendern gibt es noch eine Reihe privater, landesweit zu empfangender Sender sowie eine Vielzahl kleinerer Kabel- und Lokalsender; daneben aber auch etliche US-Sender.

Radio

Auf dem Radiomarkt betreibt die **staatliche Radio Televisión Dominicana** drei Stationen, daneben können noch über 80 weitere Sender empfangen werden.

Tourismus

Heute konzentriert sich der Tourismus auf **vier Gebiete:** den Norden rund um Puerto Plata, die Ostspitze bei Punta Cana, die Halbinsel Samaná und die Strände östlich von Santo Domingo.

Speziell in Punta Cana wird noch weiterhin gebaut. Zum Glück wurden keine Hotelbunker in die Landschaft gesetzt, sondern nett gestaltete, einzeln stehende Häuser. Qualitätstourismus soll hier entstehen, nachdem die Orte Sosúa und Boca Chica schon leicht in Verruf geraten sind. In beiden Orten wird es immer unruhiger, Prostitution breitet sich aus.

Lange galt die Dominikanische Republik als billiges Reiseziel, kein Wunder dass 1999 etwa 460.000 deutsche Urlauber hinflogen. Im Jahr 2002 erfolgte aber ein kräftiger Einbruch auf ca. 250.000 Gäste. Das hatte Folgen, im Lande schlitterten etliche Hoteliers in die Pleite. Zwar erholten sich die Touristenzahlen insgesamt, aber der Anteil der deutschen Urlauber ist seit Jahren rückläufig. Im Jahr 2006 wurden 223.000 gezählt, 2009 waren es noch 180.000, und auf diesem Niveau liegen die Zahlen seit mehreren Jahren. Aufgefangen wird dieser Rückgang durch einen deutlichen Anstieg von russischen Gästen.

MENSCHEN UND KULTUR

Bevölkerung

Bevölkerungsstruktur

Es leben etwa 10 Millionen Menschen in der Dominikanischen Republik, gut 3 Millionen allein in der Hauptstadt. Sie ist somit zur zweitgrößten Stadt der Karibik nach Havanna auf Kuba angewachsen. Das Land zählt zu den bevölkerungsreichsten Ländern des karibischen Raumes.

Die **Bevölkerungsdichte** ist regional sehr unterschiedlich. In den Städten wohnen mittlerweile 60 % der Einwohner, und die noch anhaltende Landflucht lässt die Städte weiter kontinuierlich anwachsen.

Neben der mit etwa 73 % größten **Bevölkerungsgruppe** der Mestizen gibt es etwa 16 % Weiße und 11 % schwarze Bevölkerung.

Kulturelle Einflüsse

Die Kultur und deren verschiedene Ausprägung muss im Zusammenhang mit der Kolonialzeit gesehen werden. Der Einfluss der **spanischen Kultur** ist naturgemäß am stärksten, sei es in der Sprache, in der Bauweise und auch ein wenig im persönlichen Auftreten, obwohl so mancher Dominikaner sich gerade in diesem Punkt unterscheiden möchte. Auch die katholische Glaubensrichtung ist ein Überbleibsel der spanischen Zeit. In den ländlichen Regionen mischt sich auch noch heute der Glaube an Naturgottheiten dazu. So wird nicht selten versucht, einen Kranken zunächst

Erfolgreicher Sklavenaufstand

Seit 1788, damit kurz vor Ausbruch der **Französischen Revolution,** arbeitete in Paris eine Gesellschaft der Freunde der Schwarzen. Diese Gruppe trat bereits frühzeitig gegen den Sklavenhandel ein. Im Oktober 1789 erreichte die Nachricht vom Ausbruch der Revolution und Ausrufung der Bürgerrechte endlich Haiti. In jener Zeit lebten knapp über 500.000 schwarze Sklaven im französischen Teil Hispaniolas, die hauptsächlich auf den Zuckerrohrfeldern schufteten. Dieser großen Anzahl standen gerade 50.000 Weiße gegenüber und eine doppelt so große Zahl Mulatten.

Abgesandte aus Haiti trafen sich daraufhin in Paris mit Vertretern der erwähnten Gesellschaft, um für eine gesetzliche **Gleichbehandlung zwischen Weißen und Mulatten** zu kämpfen, von den Schwarzen war vorerst keine Rede. Die Franzosen auf Haiti wollten natürlich keine Veränderungen, aber 1790 wurde den Mulatten tatsächlich das Stimmrecht in der Abgeordnetenversammlung auf Haiti gewährt. Ein Jahr später wurden dann den freigelassenen **schwarzen Sklaven** die gleichen Rechte wie den Franzosen eingeräumt.

Die Franzosen auf Haiti weigerten sich natürlich, diesen Beschluss zu akzeptieren. Am 22. August 1791 kam es zu einem **landesweiten Aufstand.** Die Schwarzen stürmten die Wohnhäuser der Plantagenbesitzer und zündeten sie an. Nach den ersten spontanen Racheakten organisierten sie sich schließlich zu großen Einheiten, die sogar die französischen Garnisonen angriffen und sie schließlich verjagten. Die überlebenden Pflanzer flüchteten nach Nordamerika oder nach Jamaika.

Nach erfolglosen Versuchen, den Aufstand noch einmal niederzuschlagen, wurde 1794 die **Abschaffung der Sklaverei verkündet.** Nachdem *Napoleon* in Frankreich an die Macht kam, wollte er noch einmal das Rad der Geschichte zurückdrehen. Er schickte ein riesiges Expeditionsheer nach Haiti, aber die Soldaten starben reihenweise an Epidemien und im Kampf. 1803 kapitulierte Frankreich endgültig. Die Ex-Sklaven hatten ihre Peiniger besiegt und verjagt, jetzt wollten sie frei sein. Es dauerte noch bis zum 1. Januar 1804, bis die **Unabhängigkeit Haitis** erklärt werden konnte. Es war die erste erfolgreiche Revolution in Lateinamerika und der einzige Sklavenaufstand, der einen solchen Erfolg verzeichnen konnte.

Im **spanischen Teil Hispaniolas** gab es deutlich weniger Sklaven, die auch beim Aufstand nicht so erfolgreich waren.

mit Mixturen und Zeremonien zu heilen. Diese Kräuter und die Amulette werden auf jedem Markt feilgeboten.

Der Einfluss der als Sklaven ins Land gekommenen Afrikaner brachte zwar keinen vergleichbar starken Kult wie den Voodoo-Kult im benachbarten Haiti hervor, aber Ansätze sind dennoch erkennbar. Von der **afrikanischen Kultur** sind auf den ersten Blick viele kleine Dinge in das tägliche Leben eingeflossen, wie z.B. das Tragen von Lasten auf

Viele Haitianer schuften auf dem Bau

dem Kopf oder das Kochen auf kleinen Holzkohleöfen, gehen aber darüber hinaus, wie die Behandlung von Krankheiten mit Heilkräutern. Unübersehbar ist eine despektierliche Einstellung der weißen Dominikaner gegenüber den Schwarzen.

Elemente der **Kultur der Urbevölkerung,** die innerhalb weniger Jahrzehnte ausgerottet wurde, zeigen sich heute noch am deutlichsten in der Bauweise der Hütten, deren Name, *bohío,* ebenfalls von den Tainos stammt. Feste Bestandteile wurden auch bestimmte Ausdrücke wie schon der erwähnte Begriff *bohío* oder auch *batey* (Dorfansammlung). Auch einige alte Ortsnamen wie Jarabacoa sind erhalten geblieben.

Weitere kulturelle Einflüsse stammen von den Bewohnern der Kanarischen Inseln (siehe auch Nordküste/ Puerto Plata), den europäischen Juden, aber auch von Asiaten, Kubanern, Italienern, Amerikanern. Und seitdem der Tourismusboom Jahr für Jahr zu neuen Rekordzahlen geführt hat, mischen immer mehr deutsche Landsleute mit. Sehr viele leben an der Nordküste zwischen Puerto Plata und Samaná. Eine genaue Zahl kann seriös nicht genannt werden, da längst nicht alle Residenten sich auch eine Aufenthaltsgenehmigung („residencia") besorgen. Schätzungen gehen von 10–15.000 *alemanes* allein an der Nordküste aus.

Haitianer

Früher kamen Haitianer nur über die Grenze, um in der **Zuckerrohrernte,** der *Zafra,* zu arbeiten. Nicht immer freiwillig, denn, es hatte sich auch in Haiti herumgesprochen, dass die Arbeitsbedingungen hart und der Lohn miserabel war.

082dr hf

Emigration in die USA

Exakte Zahlen existieren nicht, aber man schätzt, dass wenigstens eine Million Dominikaner in den USA leben, die Hälfte davon, wahrscheinlich aber noch viel mehr, in **New York City.** Im nördlichen Teil von Manhattan leben fast ausschließlich Dominikaner, hier herrscht die spanische Sprache vor. Clevere Dominikaner haben ihre eigenen Geschäfte und Dienstleistungsbetriebe etabliert und lassen Landsleute, vorzugsweise Illegale, für einen Hungerlohn schuften. Nach Santo Domingo zählt damit New York zur zweitgrößten dominikanischen Stadt.

Sehr viele Dominikaner kommen **illegal,** denn ein offizielles Visum wird kaum einem erteilt. Trotzdem harren jeden Tag Hunderte von Ausreisewilligen vor der US-Botschaft in Santo Domingo aus. Wer legal nicht einreisen darf, versucht es eben auf illegalem Weg, meist von Miches aus. Dieser kleine Ort an der Nordostküste ist Ausgangspunkt für eine 130 km lange Passage in einem „Seelenverkäufer" (altes, marodes, kleines Schiff) mit Kurs auf Puerto Rico. Von dort, immerhin schon amerikanisches Hoheitsgebiet, geht es schon irgendwie weiter, meist mit gefälschten Papieren. Die Adressen, wo man diese erhält, werden teuer gehandelt.

Geschätzte 20.000 Dominikaner verlassen jedes Jahr ihr Land. Für diejenigen, die es auf illegale Art und Weise versuchen, geht es nicht immer gut aus, denn so mancher marode Kahn kentert.

Für viele Dominikaner bleibt selbst dieser illegale Weg ein Traum, denn die **Überfahrt kostet** einige Tausend Dollar, normalerweise unmöglich aufzubringen. Da wird dann das Geld zu horrenden Zinsen geliehen, Haus und Hof verpfändet. Nicht immer ist das Geld auf ehrliche Weise zusammengekommen. Es ist ein offenes Geheimnis, dass viele Dominikaner ihre schnellen Dollars im Drogengeschäft gemacht haben.

Diejenigen, **die es bis in die USA geschafft haben,** stehen jedenfalls unter unerhörtem Druck. Sie müssen Geld machen, egal wie. Die Familie zu Hause erwartet und benötigt es. Über 2 Milliarden US$, so schätzt man, werden jedes Jahr von Emigranten in die Heimat geschickt.

Vor der Ernte zogen regelmäßig **Anwerber** herum, um Haitianer mit den tollsten Versprechen zu locken. Reichten solche Versprechen nicht aus, wurde auch mal zu härteren Mitteln gegriffen. Haitianer wurden mit Gewalt regelrecht über die Grenze gebracht. Das ist vorbei, niemand wird in Haiti mehr extra angeworben. Sie kommen von allein und verdienen ein paar Dollar am Tag, es wird nach dem Gewicht des geernteten Zuckerrohrs bezahlt. Weiterhin schuften viele auf dem Bau und vor allem im Straßenbau.

Die **Arbeitsbedingungen** sind jedenfalls hart. Die Ernte dauert etwa ein halbes Jahr, in dieser Zeit wird 12 Stunden lang geschuftet. Abends werden die Arbeiter zurück in ihre Baracken gebracht, *Bateys* genannt. Das sind meist fensterlose Behausungen, in denen sie ohne Strom, Wasser und Kanalisation hausen.

Wie viele Haitianer in der Dominikanischen Republik leben, weiß niemand, Schätzungen sprechen von etwa 800.000. Unverkennbar gibt es aber unter Dominikanern ziemliche Ressentiments ihnen gegenüber.

Religion

Fast die gesamte Bevölkerung des Landes hängt dem **römisch-katholischen Glauben** an, entsprechend groß war die Begeisterung beim letzten Papstbesuch 1992. Santo Domingo und Santiago haben den Rang eines Erzbischofssitzes.

Darüber hinaus zählt die Statistik etwa 4 % Anhänger **protestantischen** und weniger als 2 % **jüdischen Glaubens.** Obwohl in keiner Statistik erfasst, leben auch noch etliche Chinesen, die dem buddhistischen Glauben angehören, im Land.

Mit den schwarzafrikanischen Sklaven kamen einst auch deren religiöse Vorstellungen ins Land, daraus entwickelte sich dann eine Art **Volksreligion, Vudú** (englisch: Voodoo) genannt. Im Nachbarland Haiti ist dies weitaus stärker ausgeprägt, aber auch in der Dominikanischen Republik bleibt der Vudú-Glaube präsent, wenn auch verhaltener. Der *Vudú dominicano* beschränkt sich eher auf Beschwörungsmuster oder einfache Bräuche. Die schwarzen Sklaven vermischten ihre Religion mit katholischen Elementen, wie z.B. den Gebeten und dem Symbol des Kreuzes, weiterhin legten sie bestimmte Termine für ihre Zeremonien auf christliche Feiertage (Weihnachten). Dass Voodoo praktiziert wird, ist jedem bekannt, aber niemand gibt es öffentlich zu.

Wer aber mit offenen Augen durch die Straßen geht, kann vielleicht Hinweise entdecken. In einigen Geschäften könnte man das Bildnis eines Gelähmten mit Krücken sehen, zu dessen Füßen ein Schwein liegt. Diese Figur stellt *Legba* dar, der dafür sorgen soll, dass möglichst viele Kunden in den Laden kommen. Um sich seiner Gunst sicher sein zu können, muss ihm ein Schwein geopfert werden.

Musik

Merengue

Der Jumbo ist soeben gelandet, die Touristen steigen die Gangway herab und eilen dem Ausgang zu, da geht es schon los. Kaum **auf dominikanischem Boden angekommen,** wird man eingestimmt, mit Merengue. Irgendwo hat sich eine Band aufgebaut, spielt fröhlich auf und lächelt die eben noch gestressten Urlauber an, die zehn Stunden Flug in den Knochen haben. Das steckt an, die Ersten beginnen schon, leicht mitzuwippen.

Merengue steckt an, und das geht den Dominikanern überhaupt nicht anders, angeblich können sie eher Merengue tanzen als laufen. Merengue läuft ständig im Radio, in jedem Bus mag alles Mögliche defekt sein, Blinker, Hupe, Licht, aber der Kassettenrekorder funktioniert immer.

Ganz eindeutig ist der Merengue heute der **populärste Tanz und Gesang,** niemand kann sich ihm entziehen. Ob im Bus, im Wartesaal oder im Restaurant, überall hallt der durchdringende Rhythmus, überall werden die einschlägigen Refrains mitgesungen.

Der Merengue-Tanz wirkt auf uns sehr erotisch, vor ein paar Jahren war er der Sommerhit auf jeder Party. Den linken Fuß vor, den rechten im Halbkreis nachziehen, und vor allem der Hüftschwung muss kommen. Bei diesem Tanz kommt man in Körperkontakt, unweigerlich. Beide **Tanzpartner** stehen sehr nahe aneinander, durch die rhythmischen Bewegungen kommen sie sich näher und entziehen sich kurz darauf wieder. Und immer rutschen sie, einen Schritt links vor, den rechten nachziehen, Hüftschwung, ein wenig weiter voran. Bei uns sieht's meist etwas steif aus, die Dominikaner haben damit keine Probleme, sie tanzen auch alleine.

1854 wurde von der Zeitung *El Oasis* der **Tanz erstmalig beschrieben.** Schon vorher war er bekannt, aber als unmoralisch verpönt. Im Nachbarstaat Puerto Rico war der Merengue-Tanz sogar bei Strafe verboten: 50 Pesos für die Zuschauer (!), zehn Tage Gefängnis für die Tänzer.

Eine typische **Merengue-Band** besteht meist aus drei bis vier Musikern. Der Rhythmus wird hauptsächlich durch den *Guayo* erzeugt, einer zum Zylinder geformten Metallplatte mit geriffelter Oberfläche. Mit einem Metallkamm wird über die Oberfläche geschabt, wobei der durchdringende Rhythmus erzeugt wird. Selten wird noch der Vorläufer verwendet, der *Güiro,* der, da er aus einer getrockneten Kalebasse hergestellt wird, einen sanfteren Ton erzeugt. Der so erzeugte **Grundrhythmus** wird noch unterstützt durch *Maracas* (Rasseln) und/oder *Cimbeles* (ähnlich den Kastagnetten). Die Melodie wird ostinat (ständig gleichförmig wiederholend) untermalt durch ein Akkordeon oder eine Gitarre oder durch eine Marimba. Sie besteht in der heutigen Form aus einer Holzkiste. Über dem seitlichen Schallloch sind verschieden lange Metallplättchen befestigt, die zur Erzeugung des Tones gezupft werden.

Einer der bekanntesten Musiker ist mittlerweile *Juan Luís Guerra* mit seiner Gruppe *440.* Seine letzten großen Hits „Bachata rosa" oder das bekannte „Ojalá que llueva café" sind mittlerweile auch in Deutschland erhältlich.

Der **Name der Musikgruppe** leitet sich von dem Begriff *perico ripao* ab. Eine alte, umgangssprachliche Bezeichnung für einen Ort, wo sich Leute versammelten, Musik hörten und andere Dinge taten, nämlich *a ripiar el perico.* Diese Phrase ist schwer zu übersetzen, wörtlich heißt es etwa „den Papagei zerstückeln". Freier übersetzt kann man wohl sagen, „es sich in einer Kaschemme/einem Bordell gut gehen lassen".

Mittlerweile hat Merengue einen festen Platz in der Musikkultur erobert. Natürlich ganz besonders dort, wo Dominikaner leben, zum Beispiel in **New York.**

Das ist natürlich alles zu akademisch, man muss sie schon hören, diese Musik, dann versteht man, warum sie die Dominikaner fast zwanghaft zum Tanzen anregt. Aber Stillstand ist Rückschritt, und so gibt es auch hier Neuerungen.

Es kommen neue **Einflüsse von jüngeren Interpreten,** die vor allem auch die jungen Dominikaner ansprechen. Kein Wunder, sind die bisherigen Lichtgestalten, allen voran *Juan Luis Guerra* oder *Jonny Ventura,* doch alle jenseits der 50 Jahre. Die jüngeren Musiker wie *Tierra CK, Miguel Ángel* und vor allem *Las Chicas del Can* gehen nun neue Wege. Neben Merengue als Basis verfremden und bereichern sie die Musik mit Hiphop oder Pop. Und die jungen Zuhörer sind begeistert.

Die Texte

Die **Texte** erzählen von verschmähter Liebe, von Sehnsüchten und manchmal auch von Politik. Oder sogar von Unsinnigem, wie das Lied von der „Pollita" (Hühnchen). Das ging im Stil eines Techno-Merengues so: „Dame la pollita, dame la pollita (mehrmaliges Wiederholen), aunque sea pequeñita ..." (Gib mir das Hühnchen, gib mir das Hühnchen, und sei es auch winzig klein ...). In diesem Stil geht's beinahe endlos weiter, Techno eben. Auch nicht schlecht, was ich bei der letzten Reise in einem Bus hörte, nämlich ein Lied, das nur aus einem einzigen Satz bestand: „Al final, la vida sigue igual." (etwa: Am Ende bleibt das Leben immer gleich). Etwa 50 Mal wiederholt und mit schmissigen Rhythmen unterlegt, fertig ist ein Merengue. Aber ein „richtiger" Merengue hat eine ganz andere Ausrichtung, lautet übersetzt etwa so: „Ich schenke dir meine Hände, meine gefallenen Augenlider, den tiefsten Kuss, der sich in einem Seufzer ertränkt." Ein toller Schmachtfetzen! Dazu Sonnenuntergang, *Piña Colada* und Liegestuhl am Strand, so kitschig schön, man hält es kaum aus.

Und am **Abflugtag** trifft der Urlauber sie dann wieder. Die Merengueband spielt noch schöner als am Ankunftstag, verabschiedet lächelnd jeden persönlich, und der Tourist geht tatsächlich beschwingter zum Flieger.

Bachata

Neben Merengue hört man ebenfalls an jeder Ecke Bachata. Wenn man die Wurzeln des Merengue im städtischen Umfeld ansiedeln kann, kommt Bachata eindeutig **vom Lande.** Es war Musik der ärmeren Bevölkerung, die sich am Samstagabend irgendwo traf und mit Gitarre, Bongo oder ähnlich einfachen Instrumenten Musik machte. Musikalische Anklänge sollen im spanischen Bolero liegen, nur etwas karibisch-flotter gespielt und vor allem mit viel Rum unterlegt. Die **Texte** reflektieren die Armut, die Bitternisse des Lebens, erzählen von unerfüllter Liebe in melancholischer Form, mit vielen Anspielungen. Die Musik ist insgesamt nicht ganz so flott wie Merengue, aber immer sehr gefühlvoll.

Kunsthandwerk

Malerei

Wohl am auffälligsten dürften die Bilder sein, die der **naiven haitianischen Malerei** nachempfunden sind. Kein Strand, an dem sie nicht dutzendweise angeboten werden, die farbenfrohen, stilistisch einfachen, im positiven Sinne „naiven" Bilder. Auch wenn man an einem Strand nicht nur Originale finden dürfte, sehen doch selbst die Drucke sehr hübsch aus.

036dr sm

Holzschnitzereien

Nicht ganz so häufig, aber gleichwohl präsent sind Holzschnitzereien. Diese bunt bemalten Figuren stellen meist Tiere oder Masken dar und werden vorzugsweise aus **Mahagoni** hergestellt.

Keramik

Keramikfiguren werden ebenfalls gerne angeboten, sei es als Karnevalsmasken oder als buntbemalte Frauenfiguren.

Bernstein

Und dann wäre da noch der Bernstein. Immerhin zwei eigene Museen widmen sich diesem Material, das zeigt schon die Bedeutung. Bernstein wird an verschiedenen Stellen des Landes geschürft, angeboten wird er überall.

Tatsächlich zählt der dominikanische Bernstein zu denjenigen mit einer außergewöhnlich hohen Anzahl von **Einschlüssen,** vornehmlich Insekten.

Aber auch die **Farbenpracht** sucht ihresgleichen. Neben dem beinahe klassischen gelben Bernstein sind auch Funde in weiß, rot, grün, violett, blau und sogar in schwarz dokumentiert. Dabei handelt es sich allerdings doch manchmal nur um optische Täuschungen, denn die schwarzen Steine sind eigentlich auch gelb, aber durch dichte Ablagerungen entstand der schwarze Eindruck.

All diese Einzelheiten erfährt der Besucher in beiden Museen, wo kenntnisreich berichtet wird, auch über die mühevollen **Abbaumethoden.** Die muten noch archaisch an, wird doch im Wortsinn eine Grube gebuddelt und der Sand teilweise über mehrere Meter nach oben gereicht. Da lernt man dann erst den Wert der Steine so richtig schätzen. Bernstein wird überall angeboten, sowohl in beiden Museen als auch durch fliegende Händler am Strand.

Bei einer derartigen Fülle bleiben **Fälschungen** nicht aus. Worauf muss der Laie achten, um nicht reinzufallen? Zwei Möglichkeiten der **schnellen Prüfung** hat auch der Tourist. Bei der sogenannten Zahnprobe klopft man leicht mit dem Bernstein gegen die Zähne, es soll sich ein dumpfer, weicher Klang ergeben, bei einer Fälschung aus Stein klingt es heller und härter. Gegen diese Probe wird sich kaum ein Händler verwehren können, bei den folgenden Beispielen schon eher, sie sind dafür aber auch eindeutiger. Wer ein Feuerzeug bei sich hat, kann auch die Feuerprobe versuchen. Der Bernstein wird mit einer ruhigen Flamme brennen und ein angenehmes Aroma verbreiten, während Kunststoffe bei unruhiger Flamme beißend riechen. Die dritte Möglichkeit wird auch im Museum vorgeführt. Wird der Bernstein in einen Topf mit gesättigter Salzwasserlösung geworfen, schwimmt er an der Oberfläche, Steine und die meisten Kunststoffe versinken.

◁ Musiker auf einer Wandmalerei

220dr hf

9 Anhang

Samaná ist eine üppig begrünte Halbinsel

Kleine Sprachhilfe

Wir geben hier nur ein paar Phrasen an, die man schnell erlernen kann bzw. auf die keine komplizierte Antwort zu erwarten ist. Gerade der Individualtourist muss ein paar Grundkenntnisse Spanisch mitbrigen. Speziell in den abgelegenen Gebieten spricht kaum jemand Englisch.

Zu den **Besonderheiten des dominikanischen Spanisch** vgl. S. 234.

Betonung

Hier ein paar grundlegende Hinweise:

- Jedes Wort wird so ausgesprochen, wie es geschrieben wird, d. h. es werden keine Buchstaben zusammengezogen.
  Beispiel: *bien* (gut) wird „bi-en" gesprochen.
- Einzige Ausnahme: *gue* und *gui,* die werden „ge" und „gi" gesprochen.
  Beispiel: *guerra* (Krieg) „gerra"
- Grundsätzlich werden die Wörter auf der vorletzten Silbe betont, wenn sie auf einem Vokal *(a, e, i, o, u)* bzw. auf *n* oder *s* enden.
- Endet ein Wort auf einem Konsonanten (außer: *n* und *s*), wird die letzte Silbe betont.
- Abweichungen von dieser Regel zeigen die Akzente an. In diesem Fall wird dann der Buchstabe betont, über dem der Akzent steht.

Aussprache

■ *c* = „ß", fast wie englisches th	*ciudad* (Stadt) = „ßiudad"
■ *c* = „k", wenn a, u, o folgt	*casa* (Haus) = „kasa"
■ *ch* = „tsch"	*mucho* (viel) = „mutscho"
■ *j* = „ch" in huch	*Juan* = „chuan"
■ *ll* = „lj", fast wie deutsches „j"	*Mallorca* = „Maljorka"
■ *ñ* = nj	*España* = „Espanja"

Hilfreiche Phrasen

Hier stellen wir ein paar wichtige Sätze vor, die der Reisende ständig braucht.

■ Hinweis: Das umgedrehte Fragezeichen (¿) vor dem Fragesatz ist eine typische spanische Besonderheit. Analog wird vor einem Befehlssatz ein umgedrehtes Ausrufungszeichen gesetzt (¡).

Begrüßung und Verabschiedung

Buenos días	Guten Tag
Buenas tardes	Begrüßung am Nachmittag
Buenas noches	Gute Nacht und Guten Abend
Hola	Hallo
Adiós	Tschüss

Die Dominikaner verabschieden sich auch lässig mit *Salú,* was von *saludo* (Gruß) kommt.

Orientierung

■ Wo ist ...	*¿Dónde está ...*
■ ... der Busterminal von Caribe Tours?	*... la terminal de Caribe Tours?*

■ ... die Polizei?	*... la policía?*
■ ... das Hotel ...?	*... el hotel ...?*
■ ... die Post?	*... el correo?*
■ ... die Bank?	*... el banco?*
■ Haben Sie einen Stadtplan von ...?	*¿Tiene un plano de ...?*
■ Ist dies die Straße nach ...?	*¿Es esta la carretera a ...?*
■ Ist es weit?	*¿Es lejos?*
■ In welcher Richtung liegt ...?	*¿En qué dirección está ...?*

Unterkunft

■ Haben Sie ein Doppelzimmer?	*¿Tiene una habitación doble?*
■ Haben Sie ein Einzelzimmer?	*¿Tiene una habitación sencilla?*
■ Wie teuer ist es?	*¿Cuánto vale?*
■ Ich möchte ein ruhigeres Zimmer	*Prefiero una habitación más tranquila.*
■ Ich möchte bezahlen.	*Quiero pagar.*

Transport

■ Ein Ticket nach ..., bitte.	*Un billete a ..., por favor.*
■ Zwei/drei Tickets nach ..., bitte.	*Dos/tres billetes a ..., por favor.*
■ ... für morgen	*... para mañana*
■ Wieviel kostet ein Ticket nach ...?	*¿Cuánto vale un billete a ...?*
■ Wann fährt ein Bus nach?	*¿Cuándo sale un autobus a ...?*
■ Fahren Sie nach ...?	*¿Va a ...?*
■ Fahren Sie am/bei ...vorbei?	*¿Pasa por ...?*
■ Halten Sie hier!	*¡Pare aquí!*

Taxifahrt

■ Ich möchte zum Flugplatz fahren.	*Quiero ir al aeropuerto.*
■ Ich möchte zum Hotel ...fahren.	*Quiero ir al hotel ...*
■ Wie teuer ist es nach ...?	*¿Cuánto vale a ...?*
■ Das ist ziemlich teuer.	*Es demasiado caro.*

Bank

■ Ich möchte Reiseschecks wechseln.	*Quiero cambiar cheques de viaje.*
■ Ihre Adresse	*Su dirección*

(Gemeint ist die Hoteladresse, die auf den Formularen beim Geldwechseln eingetragen werden muss.)

Zahlen

0	*cero*
1	*uno* (aber: *un kilo, una cerveza*)
2	*dos*
3	*tres*
4	*cuatro*
5	*cinco*
6	*seis*
7	*siete*
8	*ocho*
9	*nueve*
10	*diez*
11	*once*
12	*doce*
13	*trece*
14	*catorce*
15	*quince*
16	*dieciséis*
17	*diecisiete*
18	*dieciocho*
19	*diecinueve*

20	*veinte*
21	*veintiuno*
22	*veintidós*
29	*veintinueve*
30	*treinta*
31	*treinta y uno*
32	*treinta y dos*
39	*treinta y nueve*
40	*cuarenta*
50	*cincuenta*
60	*sesenta*
70	*setenta*
80	*ochenta*
90	*noventa*
100	*cien*
101	*ciento uno*
102	*ciento dos*
110	*ciento diez*
138	*ciento treinta y ocho*
200	*doscientos*
300	*trescientos*
400	*cuatrocientos*
500	*qinientos*
600	*seiscientos*
700	*setecientos*
800	*ochocientos*
900	*novecientos*
1000	*mil*
2000	*dos mil*

Die Zahlen ab 1000 aufwärts werden wie im Deutschen gebildet, indem jeweils mil angehängt wird. Beispiele:

5000	*cinco mil*
14.000	*catorce mil*
10.000	*diez mil*
100.000	*cien mil*

Literaturhinweise

- *Álvarez, Julia*: **Die Zeit der Schmetterlinge.** Piper Verlag 1996. Fiktiver Roman vor dem Hintergrund einer tatsächlichen Begebenheit aus den letzten Tagen der Trujillo-Diktatur, als der Diktator die drei Schwestern *Mirabal,* die sich in Opposition zu ihm stellten, ermorden ließ. Die Schwestern Mirabal gelten heute als Märtyrer, in beinahe jedem Ort ist eine Straße nach ihnen benannt. Nur noch antiquarisch erhältlich.
- *Bolay, Eberhard:* **Hispaniola – 500 Jahre danach.** Erlanger Verlag für Mission und Ökumene, 1994. Die Indianer Quisqueyas. Der Autor beschreibt die geschichtliche Entwicklung der indianischen Bevölkerung.
- *Las Casas, Bartolomé de:* **Kurzgefasster Bericht von der Verwüstung der Westindischen Länder.** Insel-Verlag 1981. *Las Casas* berichtet als Augenzeuge über die Gräueltaten der Spanier, die u.a. auf Hispaniola stattfanden, und er erzählt vom Leben der Tainos vor der Ankunft der Spanier.
- *Barnet, Miguel:* **Der Cimarrón.** Suhrkamp 1999. Die Lebensgeschichte eines entflohenen Sklaven aus Kuba, von ihm selbst erzählt. Ein nach Tonbandaufnahmen zusammengestellter Bericht des 104-jährigen Montejo, der sein Leben als entflohener Sklave, als Cimarrón, zu Anfang des Jahrhunderts erzählt. Die Hintergründe und Umstände trafen auch auf die Sklaven Hispaniolas zu.
- *Thum, Rolf:* **Palmen, Reis und rote Bohnen.** Larimar Verlag 2010. Der Autor lebte lange auf der Insel und gibt feinfühlige, aber auch detaillierte Ein-

travel-to-nature®

Reisegesundheitsinformationen zur Dominikanischen Republik

Stand: Juni 2014

Die nachstehenden Angaben dienen der raschen Orientierung, welche Vorschriften und Gesundheitsvorsorgemaßnahmen für eine geplante Reise in das Land zu beachten sind.

Die Angaben wurden nach bestem Wissen und sorgfältiger Recherche zusammengestellt. Eine Gewähr oder Haftung kann nicht übernommen werden.

Klima

Tropisches Klima, im Norden und Osten regenreich, im Süden trockener, Regen vorwiegend von Mai bis November; durchschnittliche Monatstemperatur in Santo Domingo zwischen 24 °C und 27 °C.

Einreise-Impfvorschriften

Für die Einreise besteht zurzeit keine Impfpflicht. Neben den in Deutschland empfohlenen Impfungen können jedoch weitere Impfungen sinnvoll sein.

Empfohlener Impfschutz

Generell: **Tetanus, Diphtherie, Grippe** saisonal), **Hepatitis A**

Außerdem sind zu erwägen: Impfschutz gegen **Typhus** und **Hepatitis B** (bei Langzeitaufenthalten und engerem Kontakt mit der einhei-

Impfschutz	Reisebedingung 1	Reisebedingung 2	Reisebedingung 3
Herpes zoster [(a)]	x	x	
Meningokokken-Meningitis [(a)]	x	x	
Meningokokken Serotyp B [(a)]	x	x	
Typhus	x		
Cholera	x		
Hepatitis B [(a)]	x		
Tollwut [(b)]	x		

[(a)] vor allem bei Langzeitaufenthalten u. engerem Kontakt zur einheimischen Bevölkerung

[(b] bei vorhersehbarem Umgang mit Tieren

[(c)] bei besonderen Aufenthaltsbedingungen in bestimmten ländlichen Gebieten

mischen Bevölkerung) unter folgenden Reisebedingungen: Reise durch das Landesinnere unter einfachen Bedingungen (Rucksack-/ Trekking-/Individualreise) mit einfachen Quartieren/Hotels; Camping-Reisen; Langzeitaufenthalte; praktische Tätigkeit im Gesundheits- oder Sozialwesen; enger Kontakt zur einheimische Bevölkerung wahrscheinlich. Bei vorhersehbarem Umgang mit Tieren wird außerdem eine Impfung gegen **Tollwut** empfohlen.

Reisebedingung 1:

Reise durch das Landesinnere unter einfachen Bedingungen (Rucksack-/Trekking-/Individualreise) mit einfachen Quartieren/Hotels; Camping-Reisen, Langzeitaufenthalte, praktische Tätigkeit im Gesundheits- oder Sozialwesen, enger Kontakt zur einheimischen Bevölkerung wahrscheinlich.

Reisebedingung 2:

Aufenthalt in Städten oder touristischen Zentren (mit (organisierten) Ausflügen ins Landesinnere (Pauschalreise, Unterkunft und Verpflegung in Hotels bzw. Restaurants mittleren bis gehobenen Standards.

Reisebedingung 3:

Aufenthalt ausschließlich in Großstädten oder Touristikzentren (Unterkunft und Verpflegung in Hotels bzw. Restaurants mit gehobenen bzw. europäischen Standards).

Wichtiger Hinweis

Welche Impfungen letztendlich vorzunehmen sind, ist abhängig vom aktuellen Infektionsrisiko vor Ort, von der Art und Dauer der geplanten Reise, vom Gesundheitszustand sowie dem eventuell noch vorhandenen Impfschutz des Reisenden. Da im Einzelfall unterschiedlichste Aspekte zu berücksichtigen sind, empfiehlt es sich immer, rechtzeitig (etwa vier bis sechs Wochen) vor der Reise eine persönliche Reise-Gesundheits-Beratung bei einem reisemedizinisch erfahrenen Arzt oder Apotheker in Anspruch zu nehmen.

Malariarisiko

ganzjährig

mittleres Risiko herdförmig im Tiefland der westlichen Provinzen, besonders in Azua, Bahoruco und Dajabón, sowie in den Feuchtbiotopen im Hinterland der Provinz La Altagracia im Osten.

geringes Risiko herdförmig in den übrigen tiefer gelegenen Teilen

sehr geringes bzw. **kein Risiko** im Stadtgebiet von Santo Domingo, in Höhenlagen sowie in den Touristenresorts an der Küste.

Vorbeugung

Ein konsequenter Mückenschutz in den Abend- und Nachtstunden verringert das Malariarisiko ganz erheblich **(Expositionsprophylaxe).** Die wichtigsten Maßnahmen sind: In der Dämmerung und nachts Aufenthalt in mückengeschützten Räumen (Räume mit Aircondition, Mücken fliegen nicht vom Warmen ins Kalte); beim Aufenthalt im Freien in Malariagebieten abends und nachts weitgehend körperbedeckende Kleidung (lange Ärmel, lange Hosen) tragen; Anwendung von Insekten abwehrenden Mitteln (Wirkungsdauer etwa zwei bis vier Stunden) an unbedeckten Hautstellen (Wade, Handgelenke, Nacken); im Wohnbereich Anwendung von Insekten abtötenden Mitteln in Form von Aerosolen, Verdampfern, Kerzen, Räucherspiralen; Schlafen unter einem Moskitonetz (vor allem in den Hochrisikogebieten).

Ergänzend ist die Mitnahme von Anti-Malaria-Medikamenten zur notfallmäßigen **Selbstbehandlung** (Stand-by-Behandlung) zu empfehlen. Zu Art und Dauer der Behandlung fragen

Sie Ihren Arzt oder Apotheker, bzw. informieren Sie sich in einer qualifizierten reisemedizinischen Beratungsstelle. Malariamittel sind verschreibungspflichtig.

Ratschläge zur Reiseapotheke

Vergessen Sie nicht, eine Reiseapotheke mitzunehmen (wenigstens Medikamente gegen Durchfall, Fieber und Schmerzen, Insekten- und Sonnenschutzmittel, Salbe bei Insektenstichen sowie Verbandstoff, Pflaster und Wunddesinfektion), damit Sie für kleinere Notfälle gerüstet sind. Nicht vergessen: Medikamente, die Sie ständig einnehmen müssen! Wenn Sie spezielle Fragen zur Reiseapotheke haben, wenden Sie sich am besten an eine Apotheke mit reisemedizinisch qualifizierten Mitarbeitern.

Aktuelle Meldungen

Chikungunya: Seit Februar wurden in der Provinz San Cristobal zahlreiche Verdachtsfälle gemeldet. Inzwischen konnten 17 Erkrankungen bestätigt werden. Am stärksten betroffen sind die benachbarten Städte **Nigua** und **Haina.** Mückenschutz beachten.

Darminfektionen: Risiko für Durchfallerkrankungen landesweit. Die Dominikanische Republik gehört zu den Urlaubsländern mit den höchsten Fallzahlen für Reisediarrhöen. Im Zuge der aktuellen Cholera-Epidemie im Nachbarland Haiti sind auch in der Dominikanischen Republik inzwischen zahlreiche Menschen erkrankt. Die Ansteckungsgefahr für Reisende ohne engen Kontakt zu Erkrankten, beispielsweise in Krankenhäusern oder Flüchtlingslagern, bleibt weiterhin gering. Hygiene beachten, evtl. Impfung erwägen.

Dengue: Seit Anfang des Jahres wurden 2100 Verdachtsfälle gemeldet, 15 Menschen sind verstorben. Landesweit wurden im vergangenen Jahr 16.503 Verdachtsfälle und mindestens 111 Todesfälle registriert. Mückenschutz beachten.

Warnung!

Ciguatera-Fischvergiftung: Es besteht ein saisonales Risiko (April–September) bei Verzehr von größeren Raubfischen (auch gegart). Örtliche Warnhinweise beachten!

Fortsetzung: Literaturhinweise

blicke in den Alltag, die den meisten Touristen verschlossen bleiben. Er scheut sich auch nicht, sich selbst einen Spiegel vor das Gesicht zu halten und das „merkwürdige Verhalten" eines Ausländers aus dominikanischer Sicht zu schildern. Ein sehr vergnüglicher Lesespaß.

- *Vargas Llosa, Mario:* **Das Fest des Ziegenbocks.** Suhrkamp 2001. Die letzten Tage vor *Trujillos* Ermordung werden aus drei verschiedenen Blickwinkeln erzählt: aus Sicht der Attentäter, aus Sicht des Diktators und aus Sicht der Familie Cabral. Eine vierte Erzählebene beschreibt die Rückkehr von Urania Cabral und die Abrechnung mit ihrem Vater, einem ehemaligen hohen Trujillo-Funktionär.

Register

R

S

T

U

V

W

Z

243dr hf

Der Autor

Hans-Jürgen Fründt ist waschechter Schleswig-Holsteiner. Schon in frühester Jugend zog es ihn an die Küsten, mal zur Nordsee, um mit den Wellen zu kämpfen, mal um im ruhigen Ostseewasser zu planschen. Kaum ein Strand im platten Land, den er nicht irgendwann einmal probegelegen hätte. Aber dann war die Neugierde auf das Fremde doch stärker, es zog ihn zunächst nach Hamburg, dann nach Madrid, wo er an der Universidad Complutense Spanisch studierte. Durch mehrjährigen Aufenthalt in Spanien und später Mittelamerika kam er zum Journalismus. Mittlerweile sind über 50 Bücher entstanden, hauptsächlich über Spanien und seine Heimat Schleswig-Holstein. Der vorliegende Reiseführer ist sein fünfzehntes Buch. Daneben entstanden Reportagen, die u.a. in überregionalen Zeitungen und Reisemagazinen veröffentlicht wurden.

In die Dominikanische Republik kam er 1990 zum ersten Mal. Der vorliegende Titel wurde 2008 auf der ITB in Berlin ausgezeichnet als bester Individualreiseführer zur Dominikanischen Republik.

Spezielle Textbeiträge

Markus Harteis steuerte seine Erfahrungen beim Aufstieg auf den höchsten Gipfel der Karibik, den Pico Duarte, bei.